Schriftenreihe
der Stiftung Sächsische Gedenkstätten
zur Erinnerung an
die Opfer politischer Gewaltherrschaft

Bd. 18

Wolfgang Oleschinski
mit Julia Spohr

HEUTE: HAUS DER ERZIEHUNG

Der Strafvollzug der DDR in Torgau 1950 bis 1990

Begleitbuch zur Ausstellung

Herausgegeben von der Stiftung Sächsische Gedenkstätten zur Erinnerung an die Opfer politischer Gewaltherrschaft

SANDSTEIN

INHALT

ÜBERBLICK

Einleitung

Die sächsische Kleinstadt Torgau blickt auf eine Geschichte von über 1000 Jahren zurück. Sie nennt sich voller Stolz »Stadt der Renaissance« und »Stadt der Reformation«. Bekannt ist Torgau vielen auch als der Ort, an dem Ende April 1945 amerikanische und sowjetische Truppen erstmals direkt aufeinandertrafen und sich in der Gewissheit des bevorstehenden Endes des Zweiten Weltkriegs die Hände reichten.

Über Torgaus Rolle als Standort von Gefängnissen und Lagern im 20. Jahrhundert wurde lange hinweggesehen. Die heutige Justizvollzugsanstalt Fort Zinna – ursprünglich ein Teil der Stadtbefestigung aus napoleonischer Zeit – diente in der Zeit des Nationalsozialismus als Wehrmachtgefängnis, in der sowjetischen Besatzungszone als Speziallager und von 1950 bis zum Ende der DDR als Strafvollzugsanstalt.

Der Strafvollzug der DDR, vor allem die bedrückenden Lebens- und Arbeitsbedingungen der Gefangenen, wurden erst Ende 1989 zum Thema der öffentlichen Erörterung. Zuvor hatte man es aus politischen Gründen ebenso mit Schweigen übergangen wie die beiden Speziallager der sowjetischen Geheimpolizei NKWD in Torgau. Selbst um die leidvolle Geschichte von verurteilten Soldaten, Wehrdienstverweigererern und ausländischen Widerstandskämpfern im nationalsozialistischen Wehrmachtstrafsystem, dessen Zentrale Torgau mit zwei Wehrmachtgefängnissen und ab 1943 mit dem Reichskriegsgericht war, machten Historiker und Gesellschaftswissenschaftler in der DDR einen großen Bogen. Die einzigen Ausnahmen bildeten wenige Fälle von politisch instrumentalisierten Häftlingsbiografien. Daran änderte sich während der fast 40 Jahre bis zum Herbst 1989 nichts.

Im Jahr 2010 wurde ein Gedenkort vor dem Haupteingang der JVA Torgau im Fort Zinna eröffnet.

Archiv Stiftung Sächsische Gedenkstätten/DIZ Torgau

Heute werden im Dokumentations- und Informationszentrum (DIZ) Torgau Schicksale von Gefangenen und die Haftumstände in der damaligen Strafvollzugsanstalt (StVA) Torgau in einem eigenen Bereich der ständigen Ausstellung »Spuren des Unrechts« dargestellt. Der Strafvollzug der DDR in Torgau (1950–1990) bildet den chronologisch abschließenden Teil der ständigen Ausstellung, die in zwei vorhergehenden Teilen die nationalsozialistische Wehrmachtjustiz, Militärgefängnisse und das Reichskriegsgericht sowie die sowjetischen NKWD-Speziallager in Torgau dokumentiert.

Das DIZ Torgau geht auf eine Initiative des 1991 gegründeten gleichnamigen Fördervereins zur Errichtung einer Gedenkstätte am Ort der ehemaligen Wehrmachtgefängnisse Torgau (Fort Zinna und Brückenkopf) zurück. Der Förderverein hatte sich zum Ziel gesetzt, die Geschichte der Torgauer Haftstätten während des NS-Regimes, der sowjetischen Besatzungszeit und der DDR zu dokumentieren. Eine erste Publikation zu den komplexen zeitgeschichtlichen Gegebenheiten an diesem Ort erschien 1993 unter dem Titel »Das Torgau-Tabu«[1]. Darin wurde neben dem Wehrmachtstrafsystem und den NKWD-Speziallagern auch der DDR-Strafvollzug in Torgau beleuchtet. In mehreren Schritten entstand seit 1995 die ständige Ausstellung, die in drei Teilabschnitten die mehrschichtige Vergangenheit des Haftortes Torgau zeigt.[2]

Seit 1999 ist das DIZ Torgau Teil der Stiftung Sächsische Gedenkstätten zur Erinnerung an die Opfer politischer Gewaltherrschaft. Der zentrale Haftort – Fort Zinna – wird heute als Justizvollzugsanstalt des Freistaats Sachsen genutzt. Vor dem heutigen Gefängnis erinnert ein im Mai 2010 eröffneter Gedenkbereich an die Leiden der Opfer der verschiedenen Verfolgungsperioden vor und nach 1945.

Strafvollzug der DDR in Torgau

Wie die Justiz diente in der DDR auch der Strafvollzug den politischen Zielen der SED. Die Haft sollte den »Schutz der sozialistischen Gesellschaft« vor einer angeblich durch den »Klassenfeind« verursachten Kriminalität gewährleisten und die Gefangenen dazu »erziehen, künftig die Gesetze des sozialistischen Staates einzuhalten«[3].

Die Verantwortung für den Strafvollzug wurde nach Gründung der DDR gemäß sowjetischem Vorbild nicht dem Ministerium der Justiz, sondern dem Ministerium des Innern übertragen. Zuständig für die 1950 eingerichtete Strafvollzugsanstalt Torgau war die Deutsche Volkspolizei (DVP); sie zählte in der DDR zu den »bewaffneten Organen«. Dies manifestierte sich unter anderem in der straffen militärischen Organisation, die sowohl für die Gefangenen als auch für das Personal galt. Die aufgrund eines von der Volkskammer am 23. Juli 1952 verabschiedeten Gesetzes vollzogene Auflösung der Länder in der DDR – Torgau gehörte zum damaligen Sachsen-Anhalt – zugunsten einer neuen territorialen Aufteilung schlug Torgau schließlich dem Bezirk Leipzig zu.

Zu den ersten Insassen gehörten 1 500 Gefangene aus dem (in einem früheren NS-Konzentrationslager eingerichteten) sowjetischen Speziallager Nr. 1 in Sachsenhausen, das im Januar 1950 aufgelöst wurde. Die Häftlinge waren von Sowjetischen Militärtribunalen (SMT) verurteilt und zur weiteren Verbüßung ihrer Haft an die DDR-Behörden übergeben worden.

Mit Stand vom 11. April 1953 saßen in Torgau bei einer Gesamtzahl von 1 844 SMT-Verurteilten 582 Gefangene wegen »Kriegsverbrechen/Verbrechen gegen die Menschlichkeit« und 566 Gefangene wegen »Spionage« ein. 199 waren wegen »antisowjetischer Agitation und Flugblattverteilung« verurteilt worden.[4] Den wegen Kriegsverbrechen Verurteilten wurde unter anderem die Misshandlung von Sowjetbürgern bzw. sowjetischen Zwangsarbeitern vorgeworfen. Auch Beteiligte an dem Massaker von Gardelegen fanden sich darunter.[5] Der Vorwurf der Mitgliedschaft in der »Kampfgruppe gegen Unmenschlichkeit« (KgU) war einer der Gründe für die Verurteilung wegen »antisowjetischer Agitation«.[6]

Die Zahl der von DDR-Gerichten verurteilten Häftlinge war in dieser Zeit gegenüber der von SMT Verurteilten vergleichsweise gering. So befanden sich im August 1953 in dem mit 2 100 Häftlingen überbelegten Fort Zinna 1 764 SMT-Verurteilte; 198 Torgauer Gefangene waren nach Artikel 6 der DDR-Verfassung von 1949 (»Boykotthetze«) von DDR-Gerichten verurteilt. Auch Angehörige der Glaubensgemeinschaft der Zeugen Jehovas gehörten dazu.[7] Insgesamt sind die Namen von 221 Zeugen Jehovas bekannt, die in der DDR-Zeit in Torgau inhaftiert waren.[8]

Weitere 71 Gefangene wurden als »Wirtschaftsverbrecher« und 51 Häftlinge als »Kriminelle« eingestuft. Neben drei Untersuchungshäftlingen und einem »Sicherheitsverwahrten« waren außerdem zwölf »201er« – also auf Grundlage des SMAD-Befehls 201 als »aktive Faschisten, Militaristen und Kriegsverbrecher« Verurteilte – in Torgau inhaftiert.[9]

Mindestens 241 ehemalige Internierte der sowjetischen Speziallager in Deutschland, die 1950 in den Waldheimer Prozessen durch ein DDR-Gericht verurteilt worden waren, saßen in Torgau ein.[10] Sowohl die Waldheim- als auch die SMT-Verurteilten wurden mit wenigen Ausnahmen bis 1956 aus der Haft in Torgau – ebenso wie andernorts – entlassen.

Während des Volksaufstands vom 17. Juni 1953 versuchten Demonstranten, einige DDR-Gefängnisse zu stürmen und die Häftlinge zu befreien, wie in den Haftanstalten »Roter Ochse« in Halle (Saale) oder in Brandenburg (Havel). In Torgau fand dergleichen jedoch nicht statt. Mit Verzögerung verbreitete sich aber die Nachricht von den Protesten unter den Gefangenen, die die Unruhe innerhalb des Gefängnisses spürten: Die Hofgänge wurden daraufhin für einige Tage eingestellt und die politischen Gefangenen konzentriert in einem Flügel des Kreuzbaus untergebracht.[11] Wie in anderen Gefängnissen besserten sich danach in Torgau die Haftbedingungen geringfügig, wenn auch nur für wenige Monate.[12] Im Zusammenhang mit dem 17. Juni Verurteilte waren danach ebenfalls in der Haftanstalt Torgau inhaftiert.

In den 1950er und 1960er Jahren wurden zahlreiche aktive Gegner der SED-Politik, die von DDR-Gerichten verurteilt waren, in Torgau gefangen gehalten. Nach dem Bau der Berliner Mauer im August 1961 war der Anteil politischer Häftlinge am höchsten.

Die Existenz von politischen Gefangenen in der DDR wurde von den Verantwortlichen offiziell stets geleugnet, obwohl es eine große Anzahl von Straftatbeständen gab, nach denen Menschen wegen »Staatsverbrechen« und anderen politischen Delikten verurteilt wurden.[13] Die in der Ausstellung präsentierten Biografien ehemaliger Insassen verdeutlichen die Bandbreite an Haftgründen.

Politische Häftlinge standen besonders im Visier des Ministeriums für Staatssicherheit (MfS), das versuchte, jegliche Form von Gefangenenprotest, den es auch in Torgau gab, zu unterbinden. Im Strafvollzugsbetrieb waren Inoffizielle Mitarbeiter (IM) des MfS eingesetzt, die durch ihre Spitzeldienste das Vertrauen der Gefangenen untereinander zerstörten, aber auch für Misstrauen unter dem Strafvollzugspersonal sorgten. In den 1980er Jahren hatte das MfS jedoch wegen einer veränderten Zusammensetzung des Gefangenenbestands Schwierigkeiten, geeignete IM unter den Gefangenen zu werben. Wegen des allgemein geringen Bildungsniveaus unter den überwiegend kriminellen Häftlingen hätte es nicht genügend geeignete Kandidaten gegeben. So hatte das MfS 1980 nur insgesamt drei IM in der Haftanstalt Torgau.[14] 1986 klagte ein Stasi-Mitarbeiter, dass »die inoffizielle Basis unter Strafgefangenen in der Strafvollzugseinrichtung Torgau seit mehreren Jahren [...] relativ schwach entwickelt« sei.[15] Durch die Zusammenarbeit mit der Kriminalpolizei, die wiederum ein eigenes Spitzelsystem betrieb, seien dennoch »alle operativ bedeutsamen Vorkommnisse [...] aufgeklärt«[16] worden.

Vor dem Inkrafttreten des Strafvollzugs- und Wiedereingliederungsgesetzes am 1. Juli 1968[17] galten für die Durchführung des Strafvollzugs lediglich interne Verwaltungsvorschriften. Seit 1968 waren alle Gefangenen einer von drei gesetzlich geregelten Haftkategorien zugeordnet. Es gab den erleichterten, den allgemeinen und den strengen Vollzug, deren Unterschiede sich in der Unterbringung, der Beaufsichtigung sowie beispielsweise der Arbeitsentlohnung bemerkbar machten. Als vierte Kategorie kam 1974 noch der verschärfte Vollzug hinzu. Das Gesetz stellte den Gedanken der Erziehung der Gefangenen heraus. Ziel des Strafvollzugs in der DDR generell sollte sein, »den Tätern und anderen Bürgern die Schwere und Verwerflichkeit der Straftat und die Unantastbarkeit der sozialistischen Staats- und Gesellschaftsordnung bewusst« zu machen sowie die Gesellschaft vor weiteren Straftaten zu schützen.

1977 revidierte man die gesetzliche Grundlage erneut: Das Strafvollzugsgesetz (StVG)[18] sowie zwei Durchführungsbestimmungen wurden in Kraft gesetzt und die Wiedereingliederung in einem eigenen Gesetz (WEG) formuliert. Zudem erging auch die Strafvollzugsordnung (SVZO). Der Strafvollzug verstand sich nunmehr als »Einheit von Sicherheit, Erziehung und Ökonomie«. Er zielte auf die strikte Durchsetzung der politischen Vorgaben der SED und der wirtschaftlichen Planerfüllung mittels der »sozialistischen Gesetzlichkeit«. Diese Regelungen galten bis 1990.

Bis 1975 wurden in Torgau auch jugendliche Strafgefangene inhaftiert. Die Jugendstrafvollzugsanstalt – offiziell als »Jugendhaus Torgau« bezeichnet – befand sich mit Unterbrechungen in den frühen 1950er Jahren bis 1963 im Haftgebäude Fischerdörfchen 15, einem vormaligen Gerichtsgefängnis, und wurde dann in den Westflügel von Fort Zinna verlegt.[19] Überbelegung und unzureichende hygienische Verhältnisse prägten auch den Jugendstrafvollzug in Torgau. Interne Untersuchungen aus den Jahren 1963 und 1972 gegen Strafvollzugsbedienstete deuten darauf hin, dass in dieser Zeit Misshandlungen von jugendlichen Strafgefangenen häufiger vorkamen als im Strafvollzug an Erwachsenen.[20] Der Jugendstrafvollzug in Torgau wurde 1975 schließlich aufgegeben, weil die gesetzlich vorgeschriebene strikte Trennung von erwachsenen und jugendlichen Strafgefangenen wegen der baulichen Gegebenheiten in Fort Zinna nicht ausreichend gewährleistet werden konnte. Vor der Auflösung der Jugendstrafvollzugsanstalt befanden sich am 7. Juli 1975 noch 457 Jugendliche in Haft.[21]

Luftbild der Strafvollzugsanstalt Torgau, 1953. Deutlich sichtbar in der Mitte das kreuzförmige, vierflügelige Haftgebäude.
UVE Potsdam

In den 1970er und 1980er Jahren nahm in Torgau der Anteil derjenigen, die wegen krimineller Straftaten, wie zum Beispiel Eigentumsdelikten, inhaftiert waren, kontinuierlich zu, ebenso der Anteil der mehrfach Verurteilten.[22] Unter denjenigen, die Anfang der 1970er Jahre aus politischen Gründen in Torgau einsaßen, war Anatol Held, dessen Pläne für eine Flucht aus der DDR über Prag verraten wurden.[23]

Waren 1975 von 880 Strafgefangenen 717 vorbestraft,[24] befand sich mit Stand vom 30. Januar 1986 nur noch ein einziger Ersttäter unter den nun 898 Strafgefangenen. 727 davon waren mit drei und mehr Freiheitsstrafen vorbestraft.[25] Die Statistik legt nahe, dass in Torgau schwerpunktmäßig Straftäter ihre Haft verbüßten, die wegen Eigentumsdelikten verurteilt waren. Daneben verbüßten auch Gefangene, die wegen »ungesetzlichen Grenzübertritts« (§ 213 StGB) oder anderer »Verbrechen gegen die DDR« verurteilt worden waren, ihre Strafen in Torgau. Mit Stand vom 30. Januar 1986 beispielsweise waren von 727 Gefangenen 34 wegen »ungesetzlichen Grenzübertritts« inhaftiert.[26]

Das Gefängnisgebäude Fort Zinna war in den 1980er Jahren heruntergekommen und stets überbelegt. Hygiene und Gesundheitsschutz blieben hier bis zum Ende der DDR unzureichend. Der Alltag der Häftlinge in Torgau war durch Kontrolle, Bevormundung und Schikanen durch das Gefängnispersonal geprägt. Hinzu kamen militärische Umgangsformen und Disziplin, hohe Arbeitsnormen, der Verlust jeglicher Privatsphäre und die von den Gefangenen verächtlich als »Rotlichtbestrahlung« bezeichnete politisch-ideologische Belehrung.

Im Herbst 1989 begehrten mit den Bürgern der DDR außerhalb der Gefängnismauern auch die Strafgefangenen in Torgau gegen Missstände auf und forderten Veränderungen. Die Haftanstalten waren besondere Orte der Friedlichen Revolution.[27] Obwohl andere DDR-Gefängnisse – wie die in Brandenburg oder Bautzen – die Zentren der Gefangenenproteste waren, bildete sich in der StVA Torgau ebenfalls ein »Gefangenenaktiv«, das eine Überprüfung der Urteile und Amnestien verlangte.[28] Anfang Dezember 1989 kam es zum Hungerstreik.[29] Kirchenvertreter und Mitglieder des 1989 in der DDR gegründeten »Neuen Forums« erhielten schließlich Zutritt zur Haftanstalt. Nach der Amnestie vom 6. Dezember 1989 leerte sich die StVA Torgau deutlich. Seit der Vereinigung der beiden deutschen Staaten am 3. Oktober 1990 ist das frühere DDR-Gefängnis Torgau eine Justizvollzugsanstalt des Freistaats Sachsen.

Quellenmaterial

Die Verwaltungsakten der Strafvollzugsanstalt Torgau lagern heute im Staatsarchiv Leipzig (Sächsisches Staatsarchiv). Daneben befindet sich ein weiterer Teil der für Torgau relevanten Archivunterlagen der ehemaligen zentralen Ost Berliner Stellen des DDR-Ministeriums des Innern heute im Bundesarchiv in Berlin-Lichterfelde. Dies betrifft auch personenbezogene Unterlagen, darunter die Zentrale Haftkartei der DDR.

Wichtige Dokumentenbestände aus beiden Archiven sind in die Ausstellung und den vorliegenden Begleitband eingeflossen, wenngleich die Forschungen zum Strafvollzug in Torgau noch keineswegs abgeschlossen sind. Insbesondere im Archiv des Bundesbeauftragten für die Unterlagen des Ministeriums für Staatssicherheit der ehemaligen DDR (BStU) sind weitere Auswertungen notwendig. Akten des DDR-Staatssicherheitsdienstes wurden in der Ausstellung im Wesentlichen zur Darstellung der Biografien politischer Häftlinge herangezogen.

Blick in den Bereich DDR-Strafvollzug der Ausstellung »Spuren des Unrechts«.
Archiv Stiftung Sächsische Gedenkstätten/DIZ Torgau

Ebenso unverzichtbar für die Schilderung des Haftalltags in Torgau sind die Stimmen der Betroffenen, jener Menschen also, die in der DDR auf der Grundlage von repressiven Straftatbeständen zu oft mehrjährigen Haftstrafen verurteilt wurden. Eine wichtige Materialbasis bilden hier veröffentlichte und unveröffentlichte Zeitzeugenberichte. Die detaillierten Informationen zu dem für die Gefangenen schwer erträglichen Haft- und Arbeitsalltag in der Strafvollzugsanstalt Fort Zinna, die wir Gesprächen mit ehemaligen Gefangenen verdanken, zeichnen ein deutlicheres Bild von den Wirkungen des Strafvollzugs auf den Einzelnen als die oft formelhaften und teils verschleiernden administrativen Akten der staatlichen Stellen, die erst in der wissenschaftlichen Einordnung verständlich werden.

Der Ausstellungsteil »Heute: Haus der Erziehung«

Ziel der Ausstellung ist es, differenziert über die Geschichte Torgaus als Haftort im Nationalsozialismus, in der sowjetischen Besatzungszone und in der DDR im historischen Kontext zu informieren. Darüber hinaus soll die Ausstellung zur selbstständigen, reflexiven Auseinandersetzung mit Geschichte und Gegenwart anregen. Der Ausstellungsteil »Heute: Haus der Erziehung« will historische Basisinformationen zum DDR-Strafvollzug als Teil der Geschichte Torgaus im 20. Jahrhundert bereitstellen und Interesse hierfür wecken.

Die Ausstellung widmet sich dem Neubeginn des Strafvollzugs in Torgau ab 1950, dem Strafvollzugspersonal der Deutschen Volkspolizei, den Rechtsgrundlagen des Strafvollzugs, den Haftgründen und der sozialen Zusammensetzung der Gefangenen, dem Jugendstrafvollzug, den Haftbedingungen, Misshandlungen und Umerziehungsmaßnahmen, dem MfS und seinen Inoffiziellen Mitarbeitern im Strafvollzug Torgau, der Entlassung aus der Haft, dem Freikauf sowie dem Strafvollzug im letzten Jahr der DDR. Dabei wird die Diskrepanz zwischen staatlich artikuliertem Anspruch und dem repressiven Haftalltag im DDR-Strafvollzug deutlich. Ganz bewusst werden rechtliche Grundlagen und Erziehungsziele des Strafvollzugs, die Haft- und Arbeitsbedingungen, die Versorgungssituation (mit ihren Mängeln) oder Gefangenenmisshandlungen in einem engen Zusammenhang innerhalb der Ausstellung dargestellt. Insbesondere anhand von exemplarischen Häftlingsbiografien will die Ausstellung den staatlichen Umgang mit politisch Andersdenkenden und -handelnden aufzeigen. Sie bieten den Besuchern einen zusätzlichen persönlichen und individuellen Zugang, da sie die Informationen zur Geschichte des Haftortes in Beziehung zu den Erfahrungen der früheren Insassen der Strafvollzugsanstalt setzen.

Zwölf exemplarische Haftschicksale zeigen Angehörige verschiedener Häftlingsgruppen. Ergänzende Videointerviews thematisieren neben der Inhaftierung selbst auch deren jeweilige Vor- und Nachgeschichte. Der zeitliche Schwerpunkt liegt auf den 1950er und 1960er Jahren, in denen der Anteil an politischen Häftlingen in Torgau höher als in den beiden folgenden Jahrzehnten war.

Die Biografie Rudolf Hoffmanns[30] steht beispielhaft für diejenigen rund 1 950 SMT-Verurteilten, die nach der endgültigen Auflösung der Speziallager in den DDR-Strafvollzug überstellt wurden. Für die in den 1950er Jahren ebenfalls bedeutende Häftlingsgruppe der Zeugen Jehovas steht die Biografie von Henoch Rauthe[31], die die kontinuierliche Verfolgung von Angehörigen dieser Glaubensgemeinschaft in der DDR sowie zuvor im Nationalsozialismus verdeutlicht. Bereits Rauthes Vater saß vor 1945 im Wehrmachtgefängnis Fort Zinna ein.

Der Lebenslauf von Achim Beyer[32] aus der Gruppe der »Werdauer Oberschüler« verdeutlicht die strafrechtliche Verfolgung oppositioneller Jugendlicher in der frühen DDR. Der Fall von Dietrich Gerloff verknüpft die Verurteilung von Mitgliedern der christlichen »Jungen Gemeinde« in der Zeit des Mauerbaus mit dem Freikauf der ersten Gruppe politischer Häftlinge 1963 durch die Bundesrepublik, zu der Gerloff ebenfalls gehörte. Ein Dokument des Ministers für Staatssicherheit, Erich Mielke, bezeugt dessen Zustimmung zum Freikauf gegen 50 000 DM pro Person.[33]

Der Jugendstrafvollzug in Torgau wird am Beispiel der Biografie Michael Gartenschlägers nachvollzogen, der durch die Haft in seiner Gegnerschaft zum politischen System der DDR weiter bestärkt wurde. Dies kommt in einem Bericht, den er nach einem gescheiterten Fluchtversuch anfertigen musste, ebenso wie in einem Aktenvermerk des »Jugendhauses« Torgau sehr deutlich zum Ausdruck.[34] Nach dem Freikauf und seiner Entlassung in die Bundesrepublik – Gartenschläger war rund zehn Jahre im DDR-Strafvollzug inhaftiert – gelang ihm die Demontage einer Selbstschussanlage an der innerdeutschen Grenze. Bei einem erneuten Versuch wurde er 1976 an der Grenze nahe Leisterförde (Bezirk Schwerin) und Bröthen (Schleswig-Holstein) durch Angehörige eines MfS-Spezialkommandos erschossen.

Alle Biografien der Ausstellung eignen sich für die pädagogische Vermittlungsarbeit zu unterschiedlichen Themenschwerpunkten. Für Projekttage steht ergänzendes Material aus Archiv- und Bibliotheksbeständen des DIZ Torgau zur Verfügung, sodass auf die spezifischen Anforderungen einzelner Gruppen eingegangen werden kann. Diskussionen über das SED-Regime als »Unrechtsstaat« oder über die Charakterisierung der Häftlingsarbeit in der DDR als Zwangsarbeit können hier anschließen. Im Rahmen von Projekttagen können auch die historisch authentischen Haftorte in Torgau in die Bildungs- und Vermittlungsarbeit einbezogen werden. So eignet sich beispielsweise der Besuch in der heutigen JVA Torgau, um durch eine vergleichende Betrachtung des DDR-Strafvollzugs den Bezug zur Gegenwart herzustellen.[35]

Ausblick

Künftige Forschungen des DIZ Torgau zum DDR-Strafvollzug in Torgau sollen über die bloße Grundlegung einer Ausstellung hinausreichen. Der Strafvollzug in Torgau zwischen 1950 und 1989 gibt ortsbezogen Aufschluss über die Funktion politischer Justiz in der DDR. Dehnbare Straftatbestände wie »Staatsfeindliche Hetze«[36], »Ungesetzlicher Grenzübertritt«[37] oder »Öffentliche Herabwürdigung der staatlichen und gesellschaftlichen Ordnung«[38] boten eine nahezu beliebige Handhabe, um politisch unerwünschte Personen mit strafrechtlichen Mitteln auszuschalten. Auch die vielschichtigen Einflussnahmen des MfS auf den vom DDR-Innenministerium verantworteten Strafvollzug zeigen den totalitären Herrschaftsanspruch der SED-Führung:[39] Nicht wenige Gefangene waren vor, während und/oder nach ihrer Inhaftierung Objekt geheimdienstlicher Überwachung oder Opfer sogenannter »Zersetzungsmaßnahmen« des DDR-Staatssicherheitsdienstes oder aber Informanten des MfS. Auch unter den Angehörigen des Gefängnispersonals finden sich geheime Zuträger des MfS, ebenso wie von Überwachungsmaßnahmen Betroffene. Das oftmals nahtlose Ineinandergreifen repressiver staatlicher Maßnahmen für den Haftort Torgau zu dokumentieren, ist nach wie vor eine zentrale Aufgabe des DIZ Torgau.

Die Situation der Strafvollzugsbediensteten generell und der Zivilangestellten der Arbeitsbetriebe gilt es, noch weiter zu beleuchten. Auch einzelne Aspekte des Haftalltags, Misshandlungen an Insassen und Gewalt der Strafgefangenen untereinander sind genauer zu erforschen. Besonders der Jugendstrafvollzug in Torgau verdient eine intensivere Betrachtung, hier erscheint die Diskrepanz zwischen Anspruch der staatlichen Stellen und Wirklichkeit im Alltag der Gefangenen besonders groß. Ungeachtet aller noch offenen Fragen richtet dieser Ausstellungsteil anhand einer Vielzahl von Dokumenten, Fotos, Gefangenenbiografien und Videointerviews erstmals den Blick auf den repressiven Charakter des Strafvollzugs am Beispiel einer »ganz gewöhnlichen« DDR-Haftanstalt.

1 Haase/Oleschinski 1993. **2** Vgl. die Begleitbände zu diesen Ausstellungsteilen: Eberlein/Haase/Oleschinski 1999 sowie Oleschinski/Pampel 22002. **3** Strafvollzugsgesetz (StVG) der DDR vom 7. April 1977, § 2, Abs. 1. **4** Siehe S. 65; vgl. dazu Haase/Oleschinski 1993, S. 208, sowie Oleschinski/Pampel 1995, S. 456–466. **5** Bundesarchiv (BArch), DO 1/4567; BArch, DO 1/4283. Dies bezieht sich auf die absichtliche Tötung von über 1000 KZ-Häftlingen, die am 13. April 1945 auf Anordnung des NSDAP-Kreisleiters in der »Isenschnibber Feldscheune« bei Gardelegen eingeschlossen wurden und dort durch absichtlich gelegtes Feuer sowie durch Beschuss seitens der Wachmannschaften ermordet wurden. **6** BArch, DO 1/4879. Die »Kampfgruppe gegen Unmenschlichkeit« (KgU) war eine antikommunistische politische Organisation in West-Berlin, die von 1949 bis 1958 existierte. Sie sammelte, mit Unterstützung von DDR-Bürgern, Informationen über in der SBZ/DDR verschwundene Gegner der sowjetischen Besatzungsmacht bzw. des SED-Regimes. Die gewonnenen Erkenntnisse wurden später an den amerikanischen Geheimdienst CIC weitergegeben. **7** Ebd. In der dortigen Statistik werden 70 bis 80 inhaftierte Zeugen Jehovas erwähnt. **8** Nach einer Zusammenstellung des Archivs von Jehovas Zeugen in Deutschland aus dem Jahr 2010, K.d.Ö.R, Selters (Taunus), Archiv Stiftung Sächsische Gedenkstätten/DIZ Torgau. **9** Siehe BStU, MfS, BV Leipzig, Leitung, 00213, Bl. 19. Sicherungsverwahrung wurde in der DDR bereits Ende 1952 durch ein Urteil des Obersten Gerichts wieder abgeschafft. Vgl. Mushoff, Thomas: Strafe – Maßregel – Sicherungsverwahrung. Eine kritische Untersuchung über das Verhältnis von Schuld und Prävention. Frankfurt (Main) 2008, S. 28. **10** Summe nach dem ausgewerteten Bestand der Gefangenenpersonalakten der Strafvollzugsanstalt 1950 bis 1956, BArch DO 1/4194 bis 5303. **11** Siehe Bericht von Friedhelm Thiedig auf S. 63. **12** Dies berichteten die Häftlinge Horst Fichter und Rudolf Jahn. Siehe Müller 2012, S. 175 und S. 177 f. **13** Siehe die Aufstellung auf S. 71. **14** Siehe S. 134. **15** Siehe Zimmer 1986, S. 24 f. **16** Ebd., S. 26. **17** Gesetz über den Vollzug der Strafen mit Freiheitsentzug und über die Wiedereingliederung Strafentlassener in das gesellschaftliche Leben – SVWG – vom 12. Januar 1968 (GBl. I vom 22. Januar 1968, S. 109). **18** Das Strafvollzugsgesetz, das Wiedereingliederungsgesetz wie auch die Strafvollzugsordnung wurden von der Volkskammer am 7. April 1977 verabschiedet. Der Minister des Innern, Friedrich Dickel, der auch vor der Volkskammer das StVG begründet hatte (siehe Abdruck auf S. 22), erließ am selben Tag die 1. und 2. Durchführungsbestimmung zum StVG. **19** Nachnutzer im Haftgebäude Fischerdörfchen wurde der »Geschlossene Jugendwerkhof Torgau«, eine Disziplinareinrichtung der DDR-Jugendhilfe, die direkt dem Ministerium für Volksbildung unterstellt war. Siehe www.jugendwerkhof-torgau.de (letzter Zugriff am 16. 8. 2018). **20** Siehe S. 111 ff. **21** Sächsisches Staatsarchiv Leipzig, BDVP, 24/1/946, Bl. 199. **22** Vgl. dazu die Dokumente auf S. 69 und S. 71. **23** Vgl. Rosenbaum 2006. **24** Siehe S. 69. **25** Siehe Zimmer 1986, S. 8; vgl. auch S. 71. **26** Ebd., S. 6 und S. 8. **27** Siehe hierzu Dölling 2009. **28** Siehe S. 145 ff. **29** Siehe S. 144. **30** Siehe S. 178. **31** Siehe S. 190. **32** Siehe S. 156. **33** Siehe S. 177. **34** Siehe S. 109. **35** Zum Bildungsangebot siehe Stiftung Sächsische Gedenkstätten in Zusammenarbeit mit dem Sächsischen Staatsministerium für Wissenschaft und Kunst und dem Sächsischen Staatsministerium für Kultus (Hrsg.): Gedenkstättenpädagogische Angebote in Sachsen, Dresden 2007, S. 30–35, zum Download unter www.stsg.de/cms/torgau/paedagogisch/literaturhinweise (letzter Zugriff am 16. 8. 2018). **36** § 106 DDR-StGB. **37** § 213 DDR-StGB. **38** § 220 DDR-StGB. **39** Zur Rolle des MfS im DDR-Strafvollzug vgl. Wunschik 2009.

GRUNDLAGEN

TRADITIONEN

Die neu gegründete DDR begann 1950, den Strafvollzug aus der Justizverwaltung herauszulösen, und verlagerte bis 1953 die Strafanstalten nach sowjetischem Vorbild in die Zuständigkeit des Ministeriums des Innern (MdI). Wachpersonal und Verwaltung gehörten nun zur neu geschaffenen Deutschen Volkspolizei (DVP). Torgau war eines der ersten Gefängnisse, das in die Hände der Volkspolizei überging.

Für die auf höchster Ebene getroffenen Entscheidungen zum Strafvollzug war der politische Anspruch der SED maßgeblich, nach dem Ende der nationalsozialistischen Diktatur alles anders zu machen. Zugleich kämpften hinter den Kulissen verschiedene Gruppen in der neuen Staats- und Parteiführung um möglichst viel Einfluss auf die Justiz und den Sicherheitsapparat der DDR.

Mit den verschiedenen Traditionslinien, an die der Strafvollzug der Volkspolizei anknüpfte, wurden aber auch menschenverachtende Mittel und Methoden der Unterdrückung von Gefangenen übernommen, an die sich manche Häftlinge noch aus ihrer Haftzeit in Gefängnissen während des Nationalsozialismus erinnerten.

Der politische und ideologische Zustand der VP-Angehörigen in der Strafanstalt Torgau ist kein befriedigender. [...]
Ein schlechtes Beispiel von ideologischem Bewußtsein von VP-Wm. Ge.
»Wenn man sieben Monate auf dem Turm steht, ist man plemplem, in Frankfurt a. d. Oder, als ich aus der Gefangenschaft gekommen bin, hat man mich gezwungen, in die VP einzutreten. Wenn ich nicht zur Strafanstalt Torgau versetzt worden wäre, wäre ich [...] in meinem Heimatort schon Hptwm. Und hier bleibe ich immer Wm.« G. ist parteipolitisch nicht organisiert, auf meine Frage, warum er sich noch nicht zu einem Eintritt in eine politische Partei entschlossen habe, gab er zur Antwort, die Vorkommnisse in der Strafanstalt Torgau haben ihn abgestoßen. »Wenn in den faschistischen KZ's geprügelt worden ist, so braucht das hier auch nicht so zu sein.«

Monatsbericht der Deutschen Volkspolizei, September 1950.

Sächsisches Staatsarchiv/Staatsarchiv Leipzig

Der Chef
der Deutschen Zentralen Justiz-
Verwaltung für das Gebiet der
Sowjetischen Besatzungszone in
Deutschland

- IV A. 23.45 -

Berlin, den 16. Oktober 1945
NW 7, Dorotheenstrasse 49-52

Betrifft: Strafvollzug

An
alle Landes- und Provinzialverwaltungen

Der Strafvollzug hat unter dem Hitler-Regime schwere Einbußen erlitten. Ich beabsichtige, ihn im Anschluss an die bereits vor 1933 international entwickelten Reformgedanken und unter Nutzbarmachung der in den demokratischen Ländern mit ihnen gewonnenen Erfahrungen zu fruchtbarer Arbeit an den ihm unterworfenen Personen umzugestalten. Es ist noch nicht an der Zeit, hierfür im einzelnen Vorschriften zu geben. Dagegen halte ich es für angezeigt, schon jetzt die Leitgedanken mitzuteilen, unter denen die Reformarbeit stehen soll.

I.

Der Grundgedanke des Strafvollzuges ist der Erziehungsgedanke. Er soll von der Situation ausgehen, in welcher der Verurteilte straffällig geworden ist, ihm ihren Ernst für den Verurteilten selbst, wie für die Volksgemeinschaft klarmachen, und ihm den unbedingten Abwehrwillen des Staates dem Rechtsbruch gegenüber, und seine Macht, diesen Willen zu verwirklichen, mit aller Entschiedenheit zum Bewußtsein bringen.

Die Erziehungsaufgabe des Strafvollzuges soll mit allen Mitteln angefaßt werden, die in Wissenschaft und Praxis hierfür entwickelt worden sind. Unter welchem Gesichtspunkt auch immer ein Strafurteil ergangen sein mag (Vergeltung, Sühne, Abschreckung usw.), die Behandlung der Menschen im Strafvollzug wird also in erster Linie unter dem Gesichtspunkt stehen, den um seiner sozialen Schädlichkeit willen verurteilten Täter mit den dafür geeigneten Maßnahmen auf seine künftige Wiedereingliederung in die Volksgemeinschaft vorzubereiten, soweit das im Rahmen der Strafzeit irgend möglich ist; ihn zu resozialisieren. Diesem Ziel muss das gesamte Anstaltsgeschehen dienen.

II.

Erziehung bedeutet Persönlichkeitsaufbau. Das öde Absitzen der Strafzeit, das den haltlosen Gefangenen noch haltloser, den verantwortungslosen noch verantwortungsscheuer, den trotzigen noch verstockter macht, muß einem Persönlichkeitsaufbau Platz machen, bei dem die Einsicht des Gefangenen in seine soziale Situation geweckt wird, seine Kräfte gestaltet werden, an seinen Willen und sein Verantwortungsgefühl appelliert wird. Der Gefangene muß vom Objekt des Strafvollzuges zum Subjekt desselben werden, er muß innerlich an dem beteiligt werden, was der Strafvollzug mit ihm im Auge hat. Der Gefangene muß die Möglichkeit haben, seine Stellung im Anstaltsgefüge selbstverantwortlich mitzubestimmen. Dem dienen ein pädagogisch aufgebautes Progressivsystem mit stufenweisem Strafvollzug, die Verleihung fester Rechtspositionen an den Gefangenen nach Maßgabe seiner Einfügung in das soziale Gefüge der Anstalt, eine vorsichtig einsetzende und mit dem innerlichen Fortschreiten des Gefangenen sich steigernde Selbstverwaltung. Kein Kasernendrill, sondern Gruppenpädagogik und Gemeinschaftsbildung.

- 2 -

Ro.39

Der neu berufene Präsident der Deutschen Zentralverwaltung für Justiz in der sowjetischen Besatzungszone, Eugen Schiffer, richtete bereits im Herbst 1945 ein Rundschreiben an alle Landes- und Provinzialverwaltungen, in dem er die Grundzüge für eine Neugestaltung des Strafvollzugs darlegte. Darin knüpfte er an den liberalen Reformstrafvollzug der

- 2-

III.

Diese Arbeit setzt eine gründliche psychologische und soziale Diagnose voraus, an sie anschließend eine psychologisch und psychiatrisch unter Beteiligung ärztlicher und sozialpädagogischer Kräfte unterbaute Klassifizierung der Gefangenen. Entsprechend einer solchen Klassifizierung sollen die sozial minder gefährlichen oder gefährdeten vor dem Zusammentreffen mit bereits stärker verkommenen Menschen bewahrt werden, Jugendliche für sich gehalten werden, junge Männer und Frauen bis zum 25. Jahre von älteren getrennt gehalten werden, geistig defekte besonders medizinisch betreut werden. Die einzelnen Gruppen sollen nach Möglichkeit in besondere Anstalten untergebracht werden. Diese sollen nach dem Grad ihrer Sicherheitseinrichtungen abgestuft werden. Nur für verhältnismässig wenig Gefangene bedarf es allseitiger Sicherung durch Mauern und Gitter. Bei der Mehrzahl ist die mit Mißtrauen geladene Atmosphäre fester Häuser dem Erziehungsgedanken abträglich. Soweit als möglich soll auf Gefängnisse alten Stils zu Gunsten der Einrichtung einfacher gestalteter Arbeitslager mit gruppenweiser Unterbringung von je 20 bis 25 Personen in einem Wohnkomplex verzichtet werden.

IV.

Selbstachtung und das Gefühl für menschliche Würde sollen in dem Gefangenen geweckt und gepflegt werden. Beiden müssen das tägliche Anstaltsleben und die Gestaltung der Anstaltsräume Rechnung tragen. In diesem Sinne soll auch die Gefangenenkleidung gestaltet werden.

V.

Im Laufe der Strafzeit des einzelnen Gefangenen soll der straffe physische Zwang und die ständige Aufsicht über ihn entsprechend seinen Fortschritten im Persönlichkeitsaufbau zunehmend zurücktreten. Gefangene, die dafür reif sind, sollen in Selbstverwaltungsgruppen zusammengeschlossen werden. Das gilt insbesondere auch für die Arbeitsbetriebe. Gefangenen der obersten Stufe soll, wenn ihre Persönlichkeit gefestigt genug erscheint, die Arbeit mit freien Arbeitern möglich gemacht werden.

VI.

Die Auflockerung des Anstaltszwanges, die notwendig ist, wenn die geistigen und seelischen Kräfte der Gefangenen entfaltet werden sollen, darf nicht durch die Sorge verkümmert werden, daß dadurch Entweichungen erleichtert werden. Es ist schädlich, wenn gelegentlich ein Gefangener das ihm gewährte Vertrauen mißbraucht und entweicht, als wenn hunderten von Gefangenen das Vertrauen versagt bleibt, das allein sie für die Mitarbeit am Erziehungsplan der Anstalt gewinnen kann. / weniger

VII.

Die Hausordnungen sollen auf wenige, für den Betrieb der Anstalten unentbehrliche Grundvorschriften beschränkt werden. Jede Reglementierung in die Tageskleinigkeiten hinein soll vermieden werden. Je mehr Regeln, desto mehr Verstöße gegen sie, desto mehr pädagogischer und disziplinarischer Leerlauf. Die Initiative des Anstaltsleiters und seiner Beamten soll Gelegenheit zur Entfaltung haben.

VIII.

Die Gefangenen sollen nicht zu devoter Haltung den Beamten gegenüber gezwungen sein, sondern lernen, ihnen in freier aber höflicher Form Rede und Antwort zu stehen. Auch die Beamten müssen sich gewöhnen, dem Gefangenen mit ruhiger Höflichkeit entgegenzutreten. Ihr Beispiel ist die beste Erziehungsmethode auf diesem Wege. Beamte, die den Gefangenen als minderwertigen Menschen betrachten, den man nach Laune und Belieben grob anfahren darf und der zu parieren hat, werden im Strafvollzugsdienst künftig nicht mehr geduldet werden. Die Beamten sollen sich gegenwärtig halten, daß ruhige und freundliche Worte auch einem ungebärdigen Gefangenen gegenüber auf die Dauer besser wirken als Poltern und Schimpfen. Die Beamten sollen sich auf den Menschen im Gefangenen einstellen lernen, dem sie zur Arbeit an sich zu verhelfen verpflichtet sind.

- 3 -

Weimarer Republik an, der für kurze Zeit noch als Vorbild diskutiert wurde. In der SED-Spitze setzte sich jedoch bald das auf kollektiver Repression, ideologischer Erziehung und hohen Arbeitsnormen gegründete Modell sowjetischer Prägung durch. Seit 1950 galt das drakonische Gefängniswesen der Sowjetunion als das maßgebliche Vorbild auch für die DDR.

Bundesarchiv Berlin

Die antifaschistische Traditionspflege der Strafvollzugsangehörigen der StVA Torgau war dem Andenken Ernst Thälmanns gewidmet. Gedenkfeier am Kulturhaus der Volkspolizei anlässlich des Jahrestags seiner Ermordung. Torgau, 18. August 1956.

JVA Torgau

Der Austausch mit anderen sozialistischen Staaten wurde auch im Bereich des Strafvollzugs gepflegt, wie hier beim Besuch einer bulgarischen Delegation mit dem Leiter der dortigen Strafvollzugsverwaltung. Als Ort für das Erinnerungsfoto wurde das Denkmal der Begegnung in Torgau gewählt, das an das Zusammentreffen von sowjetischen und amerikanischen Truppen Ende April 1945 erinnert. Torgau, 16. Juni 1959.

JVA Torgau

VA 1 02126 - 10 -

5. Im sowjetischen Strafvollzug existiert ein System de[...]
Erfassung der Rückfälligen auf der Grundlage eines
Forschungsinstitut ausgearbeiteten und erprobten [...]
sungsbogens. In diesem System werden alle Rückfäl[...]n
erfaßt, die bereits vorher zu einer Strafe mit [...]eits-
entzug verurteilt gewesen sind. Der Erfassungs[...] wird
von der aufnehmenden Strafvollzugseinrichtung[...]gefüllt
und an die Hauptverwaltung Strafvollzug über[...]. Der
Erfassungsbogen ist so aufbereitet, daß er [...]els der
Datenverarbeitung ausgewertet werden kann. [...] Statistik
über die Entwicklung der Rückfälligkeit [...]n der Haupt-
verwaltung Strafvollzug geführt. Die an[...]sche Tätigkeit
und Auswertung erfolgt durch die Abtei[...]Strafvollzug
im Forschungszentrum.
Über die erneute Straffälligkeit erh[...]ie Strafvollzugs-
einrichtung, in der der Strafgefang[...]uletzt unterge-
bracht war, eine Information. Eben[...]hält eine Infor-
mation das Gebiet, in das der St[...]angene bei seiner
letzten Entlassung entlassen wu[...]nd das damit für die
Wiedereingliederung zuständig [...]Damit wird sowohl den
Strafvollzugseinrichtungen al[...]n den örtlichen Organen
die Möglichkeit gegeben, die[...]chen der Rückfällig-
keit zu untersuchen und ihr[...]ene Arbeit daran einzu-
schätzen.
Da wir uns gegenwärtig mi[...] Problem der Erfassung der
Rückfälligen ebenfalls b[...]ftigen und einschätzten,
daß das System der sow[...]chen Freunde nützlich ist, haben
wir den Wunsch geäußer[...]ns die Dokumentation zur Verfü-
gung zu stellen.

Bemerkenswert ist, [...]n der Sowjetunion die Unterbrin-
gung nach Vollzug[...] so organisiert ist, daß erst-
mals Bestrafte p[...]piell von Rückfälligen getrennt unter-
gebracht sind. [...]nd zum Beispiel in der allgemeinen und
in der verstär[...]Vollzugsart nur erstmals Bestrafte unter-
gebracht werd[...]ind in der strengen und in der besonderen
Vollzugsart [...]ückfällige untergebracht. Eine solche
strikte Tre[...]g ist bereits vom Gesetzgeber her bei uns
nicht vorg[...]en.

6. Hinsich[...] des Erkennens, der Erfassung und Behandlung
von S[...]efangenen mit abnormer Persönlichkeitsstruktur
befin[...]sich die Arbeit wie bei uns erst am Anfang.
Auf[...]d dessen, daß in der UdSSR auch die Anstalten
fü[...]koholiker (Trinkerheilanstalten) dem Ministerium
f[...]nere Angelegenheiten unterstellt sind und in Ver-
[...]ortung der Hauptverwaltung Strafvollzug liegen, gibt
[...]Erfahrungen auf diesem Gebiet. In ca. 80 % der Fälle
[...]nd die Maßnahmen erfolgreich. Gute Erfahrungen gibt es
[...]uch in der Beseitigung von Tätowierungen. Eine weitere
Zusammenarbeit auf dem Gebiet der Arbeit mit Psychopathen
wäre für beide Seiten von Nutzen.

VS 30 a (87/11) Ag 464/1174/66

Auszüge aus einem Bericht über eine Studienreise von Offizieren der Verwaltung Strafvollzug des Ministeriums des Innern der DDR in die Sowjetunion, Oktober 1970. Es wird deutlich, dass es trotz der ideologischen Übereinstimmungen und des Vorbildcharakters in der Praxis keinen regelmäßigen Erfahrungsaustausch mit den sowjetischen Fachkollegen gab. In der siebenköpfigen Studiengruppe aus der DDR befand sich nur ein Anstaltsleiter.

Bundesarchiv Berlin

7. Die Bewachung der Strafvollzugseinrichtungen, die En[...]wicklung und der Einsatz der Sicherungstechnik sow[...]r Gefangenentransport liegen in der Sowjetunion in [...]erantwortung der Hauptverwaltung der inneren Trupp[...] Diese Regelung wirkt sich günstig auf die Tätig[...] der Hauptverwaltung Strafvollzug aus. Sie ist auch[...]sichtlich der Tatsache, daß es in zunehmendem Maße [...]wieriger wird, junge gut gebildete Menschen zu f[...], die bereit sind, ausschließlich Bewachungsfunkti[...]auszuüben, eine zweckmäßige Lösung.

Hinsichtlich der Entwicklung technischer[...]herungssysteme und -anlagen zur Sicherung der Strafvo[...]seinrichtungen werden große Anstrengungen unternommen[...]te Ergebnisse liegen dabei insbesondere hinsichtli[...]r Kombination verschiedenartiger Systeme vor, die[...] geeignet sind, die beim einzelnen System vorhande[...]ücken durch ein anderes System zu schließen. So w[...]n z.B. kapazitive Feldsicherungsanlagen mit Lichts[...]ken, Beleuchtung der Umwehrung u.a. kombiniert. Etwa[...]% der Strafvollzugseinrichtungen sind bereits mit[...]chen Anlagen ausgestattet. Sie zeichnen sich d[...]geringe Störanfälligkeit aus. Gegenwärtig wird [...]inbau einer Sendeanlage mit einer Sicherungsweite [...]u 300 m vorbereitet. Besonders beachtenswert i[...]daß die in der Sowjetunion entwickelten Systeme der[...]erungstechnik geeignet sind, sowohl den Schutz nach [...]n als auch nach außen zu unterstützen. Die sowjetisc[...]Genossen haben sich bereit erklärt, uns auf Anford[...]g die notwendigen Dokumentationen zur Verfügung zu st[...]. Darüber hinaus wurden durch die sowjetischen G[...]en technische Geräte entwickelt, mit deren Hilfe s[...]l und sicher am Körper geführte Metallgegenständ[...]stgestellt werden können. Diese Geräte sind unmit[...]ar für unsere praktische Tätigkeit geeignet. Sei[...] unserer Delegation wurde der Wunsch geäußert, uns d[...] Geräte zur Verfügung zu stellen. Es ist notwendi[...]uf dem Gebiet der Entwicklung und des Einsatzes [...]sicherungstechnik in der weiteren Folge die Arbeit zu[...]dinieren und ein ständiger Kontakt aufrecht zu erhal[...]

8. Die T[...]keit des medizinischen Dienstes wird im Strafvoll[...]in der Sowjetunion in drei Richtungen wirksam. Ei[...]hinsichtlich der Betreuung der erkrankten Strafgef[...]en, zum anderen hinsichtlich der vorbeugend erziehe[...]en Tätigkeit des medizinischen Dienstes und drittens [...]sichtlich der Arbeit mit Abnormen, Psychopathen und [...]koholikern.
[...]ährend bei uns die medizinische Betreuung erkrankter Strafgefangener auch gesichert ist, ist jedoch die Wirksamkeit des medizinischen Dienstes auf dem Gebiet der Vorbeugung und der Einflußnahme des medizinischen Dienstes auf den gesamten Erziehungsprozeß noch unzureichend gelöst. Es ist erforderlich, dieser Seite in der weiteren Arbeit größere Aufmerksamkeit zu schenken. Dazu gehört vor allem eine Veränderung der Rolle und Stellung der Kräfte des medizinischen Dienstes im Strafvollzug, deren Qualifizierung sowie die weitere Vervollkommnung der personellen Voraussetzungen.

VS 30 a (87/11) Ag 464/1174/66

RECHTSGRUNDLAGEN

»Erziehung der Strafgefangenen durch gesellschaftlich nützliche Arbeit« war der gesetzliche Auftrag des Strafvollzugs. Blick in die Schlosserei der Strafvollzugsanstalt Torgau. Baulicher Zustand wie 1990, Aufnahme von 1996.

Archiv Stiftung Sächsische Gedenkstätten/DIZ Torgau

Nach der in der DDR geltenden Theorie des Marxismus-Leninismus ließ sich darüber streiten, ob die »entwickelte sozialistische Gesellschaft« überhaupt noch Verbrechen und Strafe hervorbringen würde. In der Praxis aber bildete die unbarmherzige Abwehr von inneren und äußeren »Feinden des Sozialismus« ein Leitmotiv allen staatlichen Handelns.

Erstmals 1968 regelte die DDR den Strafvollzug in einem Strafvollzugs- und Wiedereingliederungsgesetz (SVWG). 1977 wurde es als Strafvollzugsgesetz (StVG) in Teilen überarbeitet und die Wiedereingliederung in einem eigenen Gesetz formuliert. Der Strafvollzug verstand sich als »Einheit von Sicherheit, Erziehung und Ökonomie«. Er zielte auf die strikte Durchsetzung der politischen Vorgaben der SED und der wirtschaftlichen Planerfüllung mittels der »sozialistischen Gesetzlichkeit«.

Das sogenannte »humane Wesen des sozialistischen Staates« kam vor diesem Hintergrund im Recht der Strafgefangenen auf »gesellschaftlich nützliche Arbeit« in ausgewählten staatlichen Betrieben und in der »differenzierten Mitwirkung geeigneter gesellschaftlicher Kräfte im Vollzugsprozess« zum Ausdruck. Durch Einhaltung der gleichförmigen Ordnung und Disziplin, durch Teilnahme an der staatsbürgerlichen Schulung und durch hohe Arbeitsleistungen sollten die Gefangenen beweisen, dass sie von sich aus an der geforderten (Selbst-)»Erziehung zur sozialistischen Persönlichkeit« mitwirkten.

Begründung des Strafvollzugsgesetzes vor der Volkskammer der DDR am 7. April 1977 durch den Minister des Innern und Chef der Deutschen Volkspolizei, Generaloberst Friedrich Dickel

Mit den Entwürfen des Gesetzes über den Vollzug der Strafen mit Freiheitsentzug und des Gesetzes über die Wiedereingliederung aus dem Strafvollzug entlassener Bürger in das gesellschaftliche Leben wird der Forderung des IX. Parteitages der SED entsprochen, die Vervollkommnung des sozialistischen Rechts planmäßig fortzuführen und in Übereinstimmung mit den Erfordernissen der gesellschaftlichen Entwicklung zu bringen.

Das derzeit gültige Gesetz vom 12. Januar 1968 stimmt nicht mehr mit dem in der Deutschen Demokratischen Republik erreichten Entwicklungsstand überein. Die gesellschaftlichen Potenzen für die Erziehung der Strafgefangenen zu gewissenhafter Einhaltung der Gesetze und verantwortungsbewußtem Verhalten sowie auch für eine wirksame Wiedereingliederung aus dem Strafvollzug entlassener Bürger in das gesellschaftliche Leben sind beträchtlich gewachsen. In den letzten Jahren wurden bereits wesentliche Schritte getan, um die veränderten Bedingungen und die gewonnenen Erfahrungen sowohl im Strafvollzug als auch bei der Wiedereingliederung zu berücksichtigen.

Die Entwürfe der neuen Gesetze entsprechen unserer sozialistischen Staats- und Rechtsordnung. Sie gehen davon aus, daß in Verwirklichung des sozialistischen Humanismus auch den mit dem Gesetz in Konflikt Geratenen im Strafvollzug ihre grundlegenden Rechte garantiert werden. Im Strafvollzug wird zielstrebig darauf hingewirkt, die Strafgefangenen durch vielfältige erzieherische Maßnahmen wieder in die Gesell-

schaft einzugliedern. Sie unterliegen keiner Diskriminierung und werden nicht als Menschen zweiter Klasse behandelt. Die mit dem Freiheitsentzug verbundenen Beschränkungen, so die äußere Bewegungs- und Handlungsfreiheit, werden nur in dem Maße vorgenommen, wie sie für die erfolgreiche Durchführung des Vollzuges erforderlich sind.

Unser sozialistischer Staat läßt sich von dem Grundsatz leiten, daß die von einem Gericht der Deutschen Demokratischen Republik zu unbedingter Freiheitsstrafe Verurteilten weiterhin Mitglieder der Gesellschaft sind und im Strafvollzug so erzogen werden sollen, damit sie künftig die Gesetze einhalten. Die sozialistische Gesellschaft nimmt auch während des Vollzuges der Strafe durch eine ganze Reihe von Aktivitäten ihre Verantwortung für den Strafgefangenen wahr. Deutlich werden die Rechte und Pflichten der Strafgefangenen und deren Verwirklichung, besonders das Recht auf Arbeit, einschließlich der Persönlichkeitsentwicklung im Arbeitsprozeß, hervorgehoben.

Der Entwurf des neuen Strafvollzugsgesetzes rückt die Rolle der sozialistischen Gesellschaft und den Charakter des Staates als wesentlich für die Bestimmung des Inhalts und die Gestaltung des Vollzuges der Strafen mit Freiheitsentzug stärker in den Vordergrund. Er geht davon aus, daß unsere Rechtsordnung, deren Bestandteil auch der Strafvollzug ist, der Weiterentwicklung der sozialistischen Demokratie und damit unserer Gesellschaft und ihren Bürgern dient.

Insgesamt wird der vorliegende Gesetzesentwurf über den Strafvollzug durch die stärkere Hervorhebung des Erziehungsfaktors, die eindeutige Regelung der Pflichten und Rechte der Strafgefangenen sowie die konkretere Ausprägung der vollzugsregelnden Bestimmungen charakterisiert.

Zur Verdeutlichung des grundsätzlichen Anliegens des neuen Entwurfs einige Bemerkungen zu einzelnen vorgesehenen Regelungen:

Der Arbeitseinsatz Strafgefangener erfolgt in entsprechender Anwendung arbeitsrechtlicher Bestimmungen in der Regel in der volkseigenen Industrie. Davon ausgehend enthält der Gesetzesentwurf Festlegungen, mit denen die Stellung des Strafgefangenen im Arbeitsprozeß klarer bestimmt wird.

Mit dem Entwurf wird der Grundsatz der Sicherstellung der

Das Strafvollzugsgesetz von 1977 war von der Volkskammer eingebracht worden. Dennoch gab es eine ausführliche Begründung des Ministers des Innern und Chefs der Deutschen Volkspolizei, Generaloberst Friedrich Dickel. Der in der Rede zum Ausdruck gebrachte Anspruch an Aufgaben und Durchführung des Strafvollzugs wich jedoch deutlich von der Realität ab.

Kommentar zum Strafvollzugsgesetz, Ministerium des Innern, Publikationsabteilung, 1980

Namentlich die Angehörigen des Strafvollzuges, die eine bedeutungsvolle und komplizierte Tätigkeit ausüben, haben noch höheren Anforderungen gerecht zu werden. Die Angehörigen des Strafvollzuges erfüllen, ausgerüstet mit dem erforderlichen politischen und fachlichen Wissen, guter Allgemeinbildung, pädagogischen und psychologischen Kenntnissen und Fähigkeiten, ihren verantwortungsvollen Auftrag. Durch korrektes und sachliches Auftreten, stets vorbildliches Handeln, werden sie die ihnen mit diesem Gesetz auferlegten Pflichten jederzeit gewissenhaft wahrnehmen.

Der Erziehungsprozeß im Strafvollzug wird wirkungsvoll unterstützt von zahlreichen gesellschaftlichen Kräften der Kollektive in den Betrieben, in denen Strafgefangene zur Arbeit eingesetzt sind, Mitarbeitern der Volksbildung, des Gesundheitswesens und anderen staatlichen Organen und gesellschaftlichen Organisationen.

Bei der Vorbereitung und Durchführung der Wiedereingliederung wirken viele ehrenamtliche Helfer, vor allem der örtlichen Räte, mit. Diese Bürger scheuen weder Zeit noch Mühe und leisten seit Jahren eine dankenswerte erzieherische Arbeit. Auf der Grundlage der neuen Gesetze wird diese aufopferungsvolle Tätigkeit, die von großer gesellschaftlicher Bedeutung ist, noch stärker zum Tragen kommen.

Auch in dem Entwurf des Gesetzes über die Wiedereingliederung aus dem Strafvollzug entlassener Bürger in das gesellschaftliche Leben wird den gewachsenen Möglichkeiten Rechnung getragen, die sich aus der gesellschaftlichen und staatlichen Entwicklung unserer Republik namentlich nach dem VIII. Parteitag der SED ergeben. Sie noch zielstrebiger und wirksamer für den Wiedereingliederungsprozeß, für die weitere Erziehung, konkrete Hilfe und Unterstützung des betreffenden Bürgers zu nutzen, ist eines der vordringlichsten Anliegen des vorliegenden Entwurfes.

Der Gesetzesentwurf bringt nachdrücklich die prinzipielle Stellung des sozialistischen Staates zum straffällig gewordenen Menschen zum Ausdruck. Er hebt die Wiedereingliederung des Bürgers als ein gesamtgesellschaftliches Anliegen hervor.

Vor allem durch die gleichberechtigte Eingliederung in den Arbeitsprozeß und weitere gesellschaftliche Einflußnahme ist der Wille des aus dem Strafvollzug entlassenen Bürgers zu

fördern und zu festigen, künftig die Gesetze der Deutschen Demokratischen Republik und die allgemeingültigen Normen des gesellschaftlichen Zusammenlebens zu achten. Damit orientiert der Gesetzesentwurf zugleich auf die konkrete Vorbeugung von Rückfallkriminalität.

In diesem Zusammenhang sei darauf verwiesen, daß der Entwurf die Besonderheiten der Wiedereingliederung Jugendlicher berücksichtigt und auch dazu spezielle Regelungen getroffen wurden.

Allseitig geht der Gesetzesentwurf von den Möglichkeiten zur Einbeziehung entsprechender gesellschaftlicher Kräfte in den Wiedereingliederungsprozeß aus und trifft die erforderlichen Festlegungen.

Die örtlichen staatlichen Organe haben jahrelang bedeutsame Erfahrungen bei der Wiedereingliederung gesammelt. Diese finden in dem Gesetzesentwurf ihren Niederschlag, um sie nunmehr rechtsverbindlich noch stärker zum Tragen zu bringen. Konkret wird die Verantwortung der Räte der Kreise, Städte, Stadtbezirke und Gemeinden, in deren Territorium der entsprechende Bürger seinen Wohnsitz hat, für die Vorbereitung und Durchführung der Wiedereingliederung bestimmt. Ebenso die Pflichten der Leiter der Betriebe und Einrichtungen, in deren Bereich der Betreffende künftig arbeiten wird.

Selbstverständlich bilden die Erziehung im Strafvollzug und die Wiedereingliederung straffällig gewordener Bürger in das gesellschaftliche Leben eine Einheit. Im Interesse der größeren Verständlichkeit und Überschaubarkeit unserer Rechtsnormen ist vorgesehen, den Vollzug der Strafen mit Freiheitsentzug und die Wiedereingliederung aus dem Strafvollzug entlassener Bürger in das gesellschaftliche Leben jeweils in gesonderten Gesetzen zu regeln. Das erweist sich auch für die eindeutigere Bestimmung und exaktere Wahrnehmung der Verantwortlichkeit der entsprechenden staatlichen Organe als zweckmäßig.

In der DDR entsprechen die gegenwärtigen Regelungen für den Vollzug der Strafen mit Freiheitsentzug und für die Wiedereingliederung auch den Empfehlungen der UNO für die Behandlung von Gefangenen. Die Entwürfe der neuen Gesetze tragen diesen Empfehlungen unter Nutzung der Vorzüge der sozialistischen Gesellschaft noch besser Rechnung und gehen in wesentlichen Fragen über sie hinaus.

Anlage 7

Übersicht über die Etappen der Kollektiverziehung im Strafvollzug

Etappe	Inhalt/Merkmale	Konsequenzen/Aufgaben des Erziehers
1.	Etappe des gegenseitigen Kennenlernens Kennzeichnung: ● Organisatorische Gestaltung entspr. den gesetzlichen und weisungsmäßigen Bestimmungen.	● Forderungen sind eindeutig zu stellen, kategorisch durchzusetzen und wirkungsvoll auszuwerten. ● Ermittlung des positiven Kerns. Fragen: · Wie arbeiten die in Funktionen tätigen Strafgefangenen? · Wer hält die Forderungen konsequent ein? · Wer wirkt bereits auf andere Strafgefangene positiv ein?
2.	Beginn der parallelpädagogischen Einwirkung Kennzeichnung: ● Positiver Kern weitgehendst herausgebildet; beginnt als Miterzieher wirksam zu werden; zahlenmäßig noch klein, ● Besonderheiten der Gruppenstruktur (Grundstruktur, Prestigepersonen, Kleine Gruppen) werden allmählich sichtbar.	● Nach wie vor hohe Forderungen durch Erzieher, zunehmend über Strafgefangene mit konkreten Aufgaben und Verantwortung, ● umfangreiche Übertragung individuell angepaßter Aufgaben an die Strafgefangenen (Übertragung konkreter Aufträge), ● durchgängige und zielstrebige Arbeit mit dem positiven Kern, um · diese Strafgefangenen zu vom Kollektiv anerkannten Prestigepersonen zu entwickeln, · die Entwicklung positiver Gruppennormen wirkungsvoll zu beeinflussen, · positive und negative Schwerpunkte im Kollektiv rechtzeitig zu erkennen.
3.	Vollentwickeltes Kollektiv Kennzeichnung: ● Kollektiv hat sich vergrössert und gefestigt. ● Es wirkt weitestgehend selbständig. ● Charakteristische Kollektivmerkmale sind eindeutig erkennbar.	● Zielgerichtete Arbeit mit dem Aktiv, vor allem: · weitere Befähigung der Strafgefangenen, die als Beauftragte eingesetzt sind, · breitere Einbeziehung der Aktivmitglieder bei der Festlegung von Maßnahmen für die Realisierung der zu lösenden Aufgaben.

Eines der wichtigsten Elemente in der Theorie des DDR-Strafvollzugs bildete die sogenannte Kollektiverziehung. Das Schema stellt die Anleitung für die praktische Handhabung in den Haftanstalten durch das Strafvollzugspersonal dar.

Handbuch für Erzieher 1981

Diagramm aus Schulungsmaterialien für Strafvollzugsangehörige, das die Stellung des Strafvollzugs in der sozialistischen Gesellschaft verdeutlichen sollte.
Leipzig, 27. Januar 1970.
Sächsisches Staatsarchiv/Staatsarchiv Leipzig

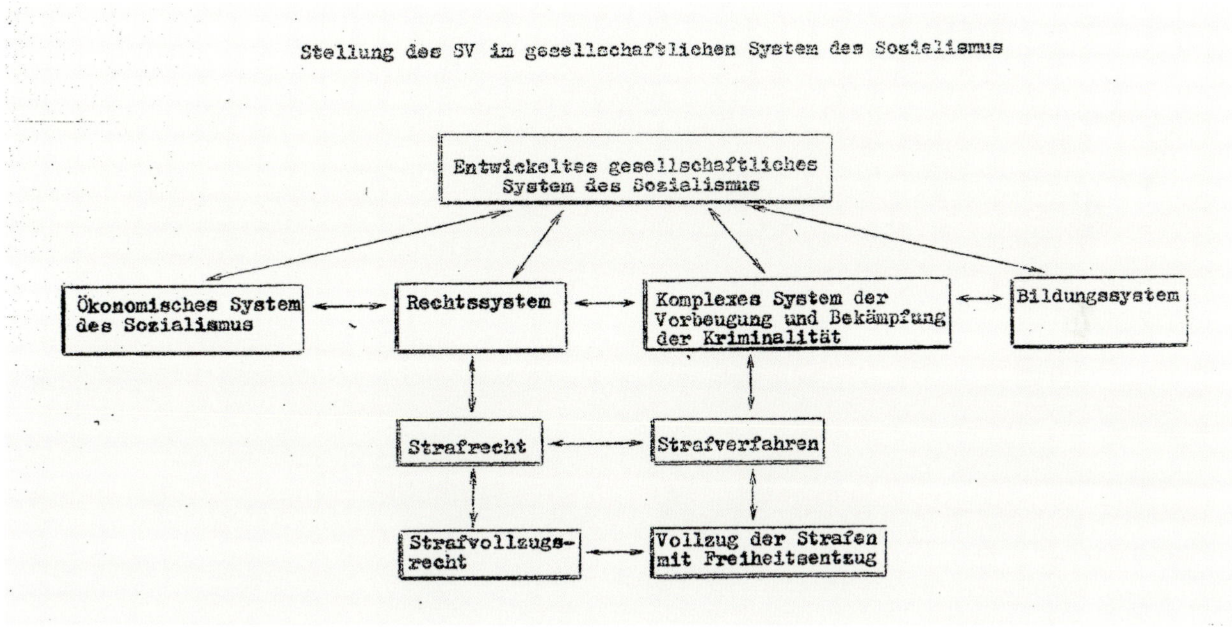

»Im Strafvollzug ist die sichere Verwahrung der Strafgefangenen zu gewährleisten«, lautete die gesetzliche Forderung. Blick auf Haupttor und Schleuse der Strafvollzugsanstalt Torgau.
Baulicher Zustand wie 1990, Aufnahme von 1996.
Archiv Stiftung Sächsische Gedenkstätten/DIZ Torgau

STRAFVOLLZUGSBETRIEB

DIE DEUTSCHE VOLKSPOLIZEI IM STRAFVOLLZUG

Zur Bewaffnung der Strafvollzugsanstalt Torgau gehörte auch dieses sowjetische Maschinengewehr, das von der Leipziger Bezirksdirektion der Deutschen Volkspolizei feierlich übergeben wurde. In der Bildmitte (mit Schusswaffe) der Anstaltsleiter Werner Tuschling. Torgau, Kulturhaus »Ernst Thälmann« der Volkspolizei, Februar 1958.
JVA Torgau

Seit 1953 oblag der Strafvollzug an Verurteilten in der gesamten DDR dem Ministerium des Innern (MdI). Zuständig war zunächst die Hauptabteilung Strafvollzug in der Hauptverwaltung Deutsche Volkspolizei (HVDVP) und später die unmittelbar dem Innenminister zugeordnete Verwaltung Strafvollzug. Neben den Strafanstalten des MdI existierten außerdem die Untersuchungsgefängnisse der Justiz und der Staatssicherheit.

Wie in den anderen Strafvollzugsanstalten gliederte sich der Gesamtbetrieb in Torgau in vier Hauptbereiche: den operativen Dienst, der für die Sicherung der Anlage zuständig war; den Vollzugsdienst; den Ökonomie- und Versorgungsdienst sowie die Verwaltung.

Die Volkspolizei gehörte nach sowjetischem Vorbild zu den »bewaffneten Organen« der DDR mit militärischen Diensträngen und Uniformen. Wie die anderen bewaffneten Organe – vor allem die Nationale Volksarmee und das Ministerium für Staatssicherheit (MfS) – verrichtete sie ihren Dienst nach den Vorgaben und zum Schutz der SED. Neben der gewöhnlichen Polizeiarbeit war die Volkspolizei auch mitverantwortlich für die Landesverteidigung der DDR. Deshalb wurde sie zum Teil mit Maschinengewehren und gepanzerten Fahrzeugen ausgerüstet. Außerdem mussten selbst Angehörige des Strafvollzugs militärische Übungen abhalten, die einen imaginären Angriff des »Klassenfeindes« aus den NATO-Staaten abwehren sollten.

Archivgut

Bezirksbehörde Deutsche Volkspolizei
– Leipzig –
Abteilung Strafvollzug

Leipzig, den 17. April 1962
0201 Be/Gr.

Bestätigt: 3480

Leiter der Abtg. SV

(Schuster)
Oberst der Volkspolizei

LVIc
13.11.62

Vertrauliche Verschlußsache
LVI - 194/62
Ausfertigungen
1. Ausfertigung 3 Blatt

Geheimhaltungsgrad aufgehoben
10.Okt.1983

LVIc
30.1.63

Taktische Aufgabe Nr. 1
zur einseitigen und einstufigen Stabsübung
mit dem Stab der StVA Torgau

Karten: Kreiskarte 1:25.000, 1. Ausgabe 1956
Lageplan der StVA Torgau 1:1.000

I.

Im Zusammenhang mit dem Abschluss eines deutschen Friedensvertrages verstärken die Bonner Ultras die organisierte Stör- und Wühltätigkeit gegen die DDR.
Das Ziel dieser Tätigkeit besteht darin, das Vertrauen der Bevölkerung und die staatliche Ordnung der DDR zu untergraben, künstliche Schwierigkeiten im System der Versorgung und der Produktion zu schaffen, Unzufriedenheit und Unsicherheit zu schüren, weitestgehende und neueste Informationen über die Verteidigungsanstrengungen zu beschaffen und insgesamt günstige Voraussetzungen zu schaffen für weitere aggressive Massnahmen.

Dabei wenden die Imperialisten und Militaristen neue Methoden und Formen der Wühltätigkeit an, einschliesslich der getarnten Einschleusung frühzeitig vorbereiteter Spezialagenten und Gruppen unter Ausnutzung der legalen Verkehrsverbindungen zwischen Westdeutschland und Westberlin.
Die Nato-Verbündeten, besonders die USA, Frankreich und England leisten dabei aktive Hilfe.
Die imperialistischen Rundfunk- und Fernsehstationen führen eine massive Hetze und fordern die Bevölkerung auf zur Verstärkung der passiven und aktiven Feindtätigkeit gegen die Staatsmacht der DDR unter Einbeziehung solcher Formen wie Sabotage und Diversion sowie Terror gegen hervorragende Bürger und Befreiung von Strafgefangenen.
Die Bevölkerung der DDR, geführt von derPartei der Arbeiterklasse vereitelt die Pläne, die mit dieser massiven Stör- und Wühltätigkeit verbunden sind, durch die erfolgreiche Durchführung des Produktionsaufgebotes, die Erhöhung der revolutionären Wachsamkeit und die Verstärkung der Anstrengungen zur Erhöhung der Verteidigungskraft der Republik. Durch die aktive Tätigkeit der Aufklärungs- und Abwehrorgane und die enge Verbindung mit de Bevölkerung wurde bekannt, dass eine verstärkte Einschleusung von Agenten und Spezialeinheiten des Gegners in Schwerpunktbezirke der DDR vorbereitet und durchgeführt wird.

-2-

147

Szenario einer Verteidigungsübung der Strafvollzugsanstalt Torgau. Auch die Befreiung von Gefangenen und Angriffe gegen die Haftanstalt sollten verhindert werden. Leipzig, 17. April 1962.

Sächsisches Staatsarchiv/Staatsarchiv Leipzig

Am Schießstand in unmittelbarer Nähe der Strafvollzugsanstalt Torgau, August 1959.
JVA Torgau

Zur militärischen Ausbildung des Vollzugspersonals gehörten auch Angriff und Verteidigung. Zinna bei Torgau, Februar 1958.
JVA Torgau

0245

– 3 –

. Soll- und Istbestand an Waffen, Geräten und Mitteln der Chemie- und Pionierversorgung

- Ausrüstung entspricht der Vorgabe
- Einsatzkoeffizient Bewaffnung Soll 98 %
  Ist 98 %
  KCB Soll 96 %
  Ist 100 %
- Die Bestandsunterlagen entsprechend den Dienstvorschriften und der Ordnung 35/72 werden geführt. Die Bestände stimmen mit den Bestandsunterlagen überein.
- Die Sicherheit für die eingelagerten Bestände in der Waffenkammer sowie Munitionsbunker, einschließlich Brandsicherheit, ist gewährleistet.

Im Sachgebiet Bewaffnung wird nach den Dienstvorschriften, Befehlen und Weisungen gearbeitet. Das wurde von der vorgesetzten Dienststelle bei ihren durchgeführten Kontrollen ständig eingeschätzt. Die Struktur der Bewaffnung und Ausrüstung entspricht den Bedingungen der StVA Torgau. Die materiell-technische Sicherstellung der operativen Dienste ist dadurch gewährleistet. Das trifft sowohl für die Absicherung der Bewachung des Objektes als auch für die Sicherstellung des Ausbildungsprogrammes zu.

Der technische Zustand der Bewaffnung und Ausrüstung ist gut. Der Einsatzkoeffizient liegt ständig höher als das von der BDVP bzw. MdI gestellte Ziel. Das kann auch vom Reinigungs- und Pflegezustand eingeschätzt werden. Hier mußten jedoch schon Auseinandersetzungen mit Genossen des 5. Zuges geführt werden, deren Waffen nach Dienstbeendigung ungereinigt in die Waffenkammer der Hauptwache eingelagert wurden. Diese Probleme wurden besonders im Kollektiv der Wachhabenden ausgewertet, die für die Waffenkammer der Hauptwache verantwortlich sind.
Die Kontrolltätigkeit in den nachgeordneten Dienstbereichen (Hauptwache und Verwahrhaus) ist gewährleistet. Hauptschwerpunkt wird dabei auf eine hohe Sicherheit und Ordnung beim Umgang mit Schußwaffen, Munition und sonstigen Ausrüstungsgegenständen gelegt.

Der normale Zufahrtsweg zum Munitionsgelände MH 24 wurde zugeschoben. Dadurch ist es nur möglich, durch den Wallgraben zum Munitionsgebäude zu kommen. Testfahrten haben ergeben, daß dies nur mit einem geländegängigen LO möglich ist. Es macht sich also bei Transporten entweder ein Umladen oder ein Abschleppen erforderlich. Das dient nicht einer schnellen Einsatzbereitschaft und Versorgung bei notwendigen Maßnahmen.
Der neue Munitionsbunker ist zwar über eine normale Straße anzufahren, kann aber noch nicht belegt werden, weil er baulich noch nicht fertiggestellt ist und die vom Stellv.f.Versorgung der BDVP Leipzig geforderten Sondermaßnahmen noch nicht erfüllt wurden.

Auszug aus einem Bericht über Bewaffnung und Ausrüstung der Strafvollzugsanstalt Torgau, 1976.
Sächsisches Staatsarchiv/Staatsarchiv Leipzig

NEUBEGINN 1950

Der später abgerissene Rundbau mit aufgesetztem hölzernem Wachturm beherrschte den Eingangsbereich. Blick von der Hofseite, um 1955. In diesem Gebäude war in der Frühzeit eine Isolierstation für die zahlreichen Tuberkulosekranken unter den Gefangenen eingerichtet.

JVA Torgau

Von September 1945 bis zum Herbst 1948 wurde der Gebäudekomplex Fort Zinna von der sowjetischen Besatzungsmacht als sogenanntes Speziallager des sowjetischen Innenministeriums (NKWD) genutzt. Nach der Übergabe an die deutschen Behörden der SBZ Mitte 1949 begann die Deutsche Justizverwaltung Sachsen-Anhalt mit Instandsetzungsarbeiten.

Ende Januar 1950 wurden in zwei Transporten 1 500 Gefangene aus dem ehemaligen sowjetischen Speziallager Nr. 7 in Sachsenhausen (nördlich von Berlin) in das Gefängnis Fort Zinna eingeliefert. Sie gehörten zu den mehr als 10 000 von Sowjetischen Militärtribunalen (SMT) verurteilten Gefangenen, die an die neu geschaffenen Behörden der DDR übergeben wurden.

Die Volkspolizei, dem MdI unterstellt, war von nun an für den Strafvollzug verantwortlich und hatte das Gefängnis in Torgau erst kurz vorher von der Justizverwaltung übernommen. Die Einrichtung war noch nicht abgeschlossen, es fehlte an Wachpersonal und an der einfachsten Ausrüstung für die Gefangenen wie Decken, Kleidung oder Medikamenten.

Die Hoffnungen der Häftlinge auf eine Überprüfung ihrer Urteile und eine Verbesserung ihrer Lage wurden enttäuscht. Die Volkspolizisten begegneten den Gefangenen mit äußerster Härte und großer Feindseligkeit. Ihnen war eingeschärft worden, es handele sich bei den Neuankömmlingen um »Nazi- und Kriegsverbrecher«. Im April und Mai 1950 kam es wiederholt zu schweren Übergriffen und Misshandlungen. Wärter, die sich den Gefangenen gegenüber menschlich verhielten, wurden wegen »Versöhnlertums« scharf kritisiert.

Die Häftlinge waren durch die in vielen Fällen langjährige Lagerhaft stark geschwächt. Ihr Gesundheitszustand war katastrophal. Viele litten an Tuberkulose oder erkrankten nach ihrer Einlieferung. Dennoch wurden sie in der Regel zu schweren körperlichen Arbeiten herangezogen. Aufgrund der schlechten Haftbedingungen starben allein im ersten Jahr nach der Übernahme der Torgauer Haftanstalt durch die Deutsche Volkspolizei 115 Gefangene.

Abschrift.

16. 1. 1951.

Bericht über die Volkspolizei-Strafanstalt in Torgau.

Am 13. Oktober 1945 wurde ich von der NKWD in Eisenach/Thüringen verhaftet. Als ehemaliger HJ-Führer wurde ich mit noch rund 60 Eisenacher Jugendlichen unberechtigt der Zugehörigkeit zu einer illegalen Organisation gegen die Rote Armee verdächtigt. Nach Durchstehen der ja bekannten NKWD-Methoden wurde ich zum Tode verurteilt und mit noch 24 Jugendlichen nach 16 Wochen Todesstrafe zu 15 Jahren Zwangsarbeit begnadigt. (9 Eisenacher Jungens sind aller Wahrscheinlichkeit nach erschossen worden). Bis zum Straferlaß am 6. Oktober 1950 lernte ich die Lager Bautzen, Sachsenhausen und Torgau kennen. Da ich zweimal in das Gefängnis Torgau - vom 6. 6. 1946 bis 30. 11.1946 und vom 25. 1.1950 bis 6. 10.1950 - eingeliefert wurde, kann ich mir ein genaues Bild über die dortigen Zustände machen.

1.) Vorgänge bei der Übergabe an die Volkspolizeibehörden.

Am 25. Januar 1950 wurde ich im Lager Sachsenhausen von den sowjetischen Behörden an die Volkspolizei übergeben. Der Transport von ca. 1000 Mann ging per Güterwagen unter Volkspolizeibewachung am selben Tage ab. 800 Mann wurden in die Anstalt Torgau eingeliefert, der Rest wurde höchstwahrscheinlich nach Luckau gesandt. 3 Tage später kam ein weiterer Transport aus Sachsenhausen in der Anstalt an (700 Mann).

2.) Anzahl der Inhaftierten in Torgau.

Januar 1950 : genau 1500 Mann. Die Zahl ging durch Todesfälle und Abtransport von 80 Schwerkranken (Tbc) nach Bautzen in den folgenden Monaten auf rd. 1400 zurück. Im Juni oder Juli wurden 200 Mann aus dem Zuchthaus Unternaßfeld eingeliefert. Im August noch einmal 200 Mann aus dem Gefängnis Bautzen, so daß die Zahl im Oktober um 1800 Mann Belegschaft war.

3.) Strafmaß und Delikte der in Torgau Inhaftierten.

Außer den 200 Mann aus Bautzen haben sämtliche Inhaftierten nicht mehr als 15 Jahre Gefängnis. Die Strafdelikte sind in der Hauptsache folgende : Sonderführer in Rußland, Soldaten und Offiziere, die im Partisaneneinsatz standen, Abwehrbeauftragte, Deutsche, die mit Ostarbeitern zu tun hatten, weiter Propaganda-Spionage-Spionageverdacht-unbefugter Waffenbesitz-Verkehrsunfälle mit russischen Soldaten-Diebstähle aus russischen Magazinen-Organisationen (illegale). Zum größten Teil wurden die Geständnisse erpreßt, so daß fast jeder der Inhaftierten von seiner Unschuld auch jetzt nach 4 Jahren Haft überzeugt ist. Eine von der Polizeibehörde angeordnete Befragung stellte zu der Frage: Fühlen Sie sich schuldig? ein überwiegendes "Nein" fest, was wiederum die Anstaltsleitung dazu veranlaßte zu behaupten : Wer sich nicht schuldig fühlt, ist noch nicht entlassungsreif.

4.) Alter der in Torgau Inhaftierten.

Durchschnittsalter 35 - 45. 400 Jugendliche unter 22 Jahren befinden sich in der Anstalt, von denen 90 mit mir entlassen wurden.

5.) Unterbringung.

In Zellen zu 3 Mann. Die Jugendlichen sind getrennt in Gemeinschaftszellen

- 2 -

Bei einer Flüchtlingsbefragung in Westdeutschland gab der frühere Häftling Klaus Müller einen Überblick über die Situation in der Strafvollzugsanstalt Torgau. Ahlen, 16. Januar 1951.

Bundesarchiv Koblenz

gelegt worden (zu 25 - 30 Mann). Zwei Mann schlafen auf dem Boden. Strohsäcke oder Matratzen sind vorhanden. Jede Zelle hat Wasserklosett und fließendes Wasser.

6.) Verpflegung.

Die Verpflegung betrug bis zum 1. September 1950 : 375 g Brot, 20 g Zucker, 10 g Margarine, 30 g Marmelade, 15 g Wurst und 1 Liter Suppe (meist wässerig, aber abwechslungsreich). Am 1. September erhöhte sich die Fettration auf 25 g und die Suppe wurde dicker (mehr Kraut und Kartoffeln).

Die Verpflegung richtete sich nach der Höhe der Grundkarte in der DDR, doch waren die ausgegebenen Rationen fast immer weniger. Die Verpflegung war im Vergleich zu dem Lager Sachsenhausen zwar besser aber weniger, eine schmerzliche Verschlechterung für die meisten, denn das Hungergefühl und damit die innere Unruhe steigerte sich. Hinzu kommt, daß bei dieser Verpflegung die Hälfte der Anstalt 6 Monate lang zu den schwersten körperlichen Arbeiten herangezogen wurde. Erst am 1. August wurde die Arbeiterverpflegung eingeführt.

7.) Gesundheitszustand.

Nach vorsichtiger Schätzung von mir und meinen Kameraden haben mindestens 70% der Inhaftierten Tbc oder einmal Tbc gehabt. Der körperliche Zustand ist, nicht übertrieben gesprochen, katastrophal. Durchschnittsgewicht 48 - 50 kg. Wer über 50 kg wiegt ist entweder erst vor kurzem verhaftet worden oder hat einmal eine Stellung im Lager innegehabt. Aller 4 Wochen ist Wiegen! Die Abnahme der Arbeitenden war in den ersten 6 Monaten das niederdrückende Gefühl. Ich selbst war in einem Arbeitskommando von 13 Jungens beim Ausschachten beschäftigt. Innerhalb der ersten 4 Wochen Arbeit haben wir zusammengerechnet 43 kg abgenommen.

8.) Betreuung.

Baden aller 10 Tage, Wäschewechsel ebenfalls. Brief_ und Paketerlaubnis (aller 6 Wochen). In den ersten 4 Monaten keine bessere Verpflegung für Tbc-Kranke. Rd. 200 Tbc-Kranke liegen isoliert im Rundbau (eine Kasematte).

In den ersten 4 Wochen begann man mit der politischen Schulung der 400 Jugendlichen, die aber plötzlich mit dem Eintreffen einer Berliner Kommission abgebrochen wurde. Am selben Tage begann der Großeinsatz an der Mauer.

9.) Arbeitseinsatz.

Da die Anstalt erst mit unserem Eintreffen von der Volkspolizei übernommen wurde, wurden zunächst alle Arbeitsstellen innerhalb der Anstalt von uns übernommen. Im Februar begann der Bau einer Mauer und die Errichtung von Wachtürmen um das Gefängnis. Gleichzeitig wurde außerhalb ein Klubhaus für die Polizei und ein Sportplatz begonnen. Zu dieser Zeit arbeiteten 600 Mann, am 6.Oktober 350 Mann, doch war mit einem Arbeitseinsatz größeren Stils gerechnet. Autoschlosserei, Tischlerei, Schusterei usw.

Die Arbeit war zunächst freiwillig, jeder der Arbeit bekam, war froh, aus der Zelleneintönigkeit heraus zu sein. Leicht konnte jedoch und wurde auch eine Arbeitsniederlegung ohne triftigen Grund oder ein Langsamarbeiten als Sabotage ausgelegt.

10.) Behandlung.

Die Behandlung von Seiten der Wachtmeister war unterschiedlich und rein individuell verschieden. Zumeist waren es politisch einwandfreie und geschulte Leute.

- 3 -

- 3 -

In den ersten Monaten waren die ruhigen und menschlichen in der Überzahl, was sich aber nach Eintreffen verschiedener höherer Kommissionen änderte. Die Zahl der notorischen Schläger wurde immer größer und das Schlagen (Gummiknüppel und Ohrfeigen, Fußtritte) wurde bei vielen zur Tagesordnung. Folgende Tatsache läßt erkennen, daß das Schlagen der Inhaftierten auch an höchsten Stellen bekannt ist :

Im März erfolgte schlagartig mitten in der Nacht eine große Umlegung innerhalb des Gefängnisses. Wahllos unter Schlägen mit Gummiknüppeln, Fußtritten und dollen Beschimpfungen wurden die Inhaftierten aus ihren Zellen heraus und in andere getrieben. Die ganze Aktion leitete ein General-Inspekteur, der zusammen mit dem Anstaltsleiter im Kreuzgang des Gefängnisses stand. Bezeichnend war, daß die in seiner Nähe aufgestellten Polizisten die meisten Schläge austeilten. Der Grund hierfür blieb uns rätselhaft.

Dieselbe Aktion erfolgte ein zweites Mal nach der Flucht zweier Inhaftierter im Mai (Poppenberger und Fischer) und wiederholte sich aller 8 Wochen.

Die Behandlung der Jugendlichen war im großen und ganzen gesehen besser. "Ihr seid doch bloß die Verführten " aber " Die Alten können sitzen bis zum Verrecken!"

Nach der erwähnten Flucht am 8. Mai setzte eine systematische Schlägerei der Wachtmeister ein. Der Disziplinar-Vollzug (Karzer)nahm zu (100 - 150 Mann saßen wegen der geringsten Vergehen an Ketten gefesselt zu dieser Zeit im Karzer.) In diesen Wochen riß das Schreien der Karzerinsassen und Klatschen der Gummiknüppel nicht ab. Es ist beobachtet worden, wie aus dem Karzer 4 Mann tot herausgetragen wurden. Einige Tage danach ließ die straffe Behandlung etwas nach.

11.) Bewachung und Behörden.

Die Bewachung besteht aus 200 Volkspolizisten, die kaserniert bei der Anstalt wohnen (überwiegend Leute aus Sachsen-Anhalt). 16 Wachmeister haben ständig Innendienst.

Der Anstaltsleiter ist Oberrat B o d n e r (fremdländischer Akzent, soll Ungar sein). Fast alle tragen das VVN-Abzeichen.

Zugführer war im Oktober Polizeimeister S p e r b e r . - In der Anstalt ist ständig ein OP (Politischer Kommissar), der häufig wechselt. Sonst sind mir von fast allen nur die Vornamen bekannt.

Die Stimmung der Inhaftierten brauche ich wohl nicht zu erwähnen. Über allem Tun schwebt die Angst.

Aalen, den 16. 1. 1951.

gez. ~~Hans~~
Klaus Müller.

Hauptabt. HS 6

Berlin, den 20. Febr. 1950

Betr.: Entlassungen und Übernahme von Häftlingen des Internierungslagers Sachsenhausen.

Am 16.1.1950 begannen die Entlassungen der Internierten mit einem täglichen Durchschnitt von rund 300 Menschen. Der gesundheitliche Zustand wie auch die Kleidung waren gut.

Am 25.1.1950 ging der erste Transport nach Fort-Zinna in Stärke von 1.008 Männern. Derselbe verlief reibungslos, abgesehen von der langen Zeitdauer der Fahrt. Die Ursachen hierfür sind zu suchen in der schlechten Betreuung des Zuges durch die zuständigen RBD's.

In zwei großen Häftlingstransporten gelangten Ende Januar 1950 insgesamt 1 500 SMT-Verurteilte aus dem aufgelösten NKWD-Speziallager Sachsenhausen bei Berlin in die neu eröffnete Strafvollzugsanstalt Torgau. Den deutschen Behörden wurden auf dem Formblatt »Urteilsauszug« nur sehr wenige Angaben über die Gründe ihrer Verurteilung mitgeteilt.

Bundesarchiv Berlin

Rundbau mit Wachhäuschen an neu errichteter Trennmauer zum Hofbereich, Außenseite, um 1955.

JVA Torgau

Eine Zelle nach der anderen wird aufgeschlossen. Kaum hat dieses Theater begonnen, da hört man auch schon die ersten Häftlinge laut aufschreien, Schüsseln auf die Erde knallen und das Schlagen der Gummiknüppel. [...] Wir stehen vorschriftsmäßig an der Wand, mein Zellenkamerad meldet, aber er bringt nur ein paar Worte heraus. Ein etwa 18jähriger Polizeianwärter schlägt ihn mit dem Gummiknüppel ins Gesicht. Zwei weitere Volkspolizisten machen sich über meinen anderen Zellenkameraden und über mich her und schlagen uns mit dem Gummiknüppel. Wir fallen alle drei auf die Strohsäcke und werden jetzt mit den Stiefeln bearbeitet. Sie nehmen keine Rücksicht, wohin sie treten. Wir schreien fürchterlich, aber das nützt nichts. Vor der Zelle müssen wir uns nackt ausziehen, wobei wir gefilzt werden. Beim Aus- und Anziehen werden wir von den meist sehr jungen Volkspolizisten, die man extra für diese Prügelaktion mit eingesetzt hat, auf den nackten Körper geschlagen. Die blauen Flecken sind noch wochenlang zu sehen. Halbnackt werden wir in irgendeine andere Zelle gejagt. Einige Häftlinge werden von Hunden angesprungen und gebissen. Die Häftlinge, die von den oberen Stationen die Treppen heruntergejagt werden, kommen teilweise zu Fall und werden von den anderen überrannt. Viele werden bewußtlos in eine Zelle geschleift. Es gibt keinerlei ambulante Behandlung. Unter anderem schreien die fanatischen Polizisten: »Wollt ihr laufen, ihr Schweine, wir werden euch verfluchte Faschisten schon klein kriegen!«

Die geglückte Flucht zweier Häftlinge aus Torgau am 7./8. Mai 1950 nahm das Vollzugspersonal zum Anlass, sich durch brutalste Misshandlungen an den Gefangenen zu rächen. Bericht des ehemaligen Strafgefangenen Heinz Grebehem, 1957.

Freiheitsglocke 19, 1957

Die Leichen der Verstorbenen wurden nach einer Anweisung der Torgauer Gefängnisverwaltung in Halle (Saale) eingeäschert und anonym auf dem dortigen Gertraudenfriedhof beigesetzt. Nach dem Ende der DDR konnte die Friedhofsverwaltung die Urnen bergen und den bestatteten Personen zuordnen. Im Jahr 2002 wurden diese nun so genannten »Torgauer Urnen« – mit Ausnahme der bereits an die Angehörigen herausgegebenen – gemeinsam erneut bestattet. Die Namen der Toten sind auf den Grabsteinen im Hintergrund genannt. Die Informationstafel vorn erläutert den historischen Kontext. Aufnahme aus dem Jahr 2003.

Sammlung Gedenkstätte Roter Ochse Halle (Saale), Michael Viebig

STRAFVOLLZUGSPERSONAL

Führende Mitglieder der SED-Grundorganisation der Strafvollzugsanstalt Torgau im Kulturhaus der Volkspolizei »Ernst Thälmann«, 1955. Als Motto an der Wand ein Zitat aus Majakowskis Gedicht »Wladimir Iljitsch Lenin«.
JVA Torgau

Im Herbst 1949 beschloss die sowjetische Besatzungsmacht, die bis dahin noch existierenden drei Speziallager in Bautzen, Buchenwald und Sachsenhausen aufzulösen. Dies wurde Mitte Januar 1950 in der DDR-Presse als »Akt der Großmut« gemeldet. Überstürzt musste das nun zuständige MdI für die übergebenen SMT-Verurteilten Tausende Haftplätze schaffen und Wachpersonal dafür zur Verfügung stellen. Die in aller Eile angeworbenen Strafvollzugsangehörigen waren in der Regel nicht für die Gefängnisarbeit ausgebildet und daher mit den im Haftvollzug anfallenden Aufgaben oft überfordert.

Nicht nur die Gefangenen in Torgau klagten über Schikanen und Übergriffe des Wachpersonals. Die Dienstvorgesetzten und die SED-Verantwortlichen waren sich der gravierenden Eignungsmängel ebenfalls bewusst. Nach außen aber wurde der Schein gewahrt und ideologische Geschlossenheit durchgesetzt.

Auch als eigene Ausbildungsmöglichkeiten für Strafvollzugsangehörige geschaffen wurden, verbesserten sich die Zustände in den Gefängnissen nur sehr allmählich. Bis zuletzt spiegelten die Berichte und Pläne der zentralen Verwaltung Strafvollzug in Berlin oft eher politisches Wunschdenken als die Wirklichkeit des Strafvollzugs in den Anstalten.

HV Deutsche Volkspolizei
Hauptabteilung H S

B e r l i n , 17. Oktober 1950
Gt./Ka.

Az. I 26
Tgb.Nr. I 121 272/50

00104

An den
C h e f der Deutschen Volkspolizei,
Herrn M a r o n ,
über
Herrn General-Inspekteur M a y e r .

Betr.: Volkspolizei-Oberrat B o d n a r , Leiter der Strafanstalt T o r g a u

Mehrere schlechte Vorkommnisse in der Strafanstalt Torgau, für die Volkspolizei-Oberrat B o d n a r als Leiter der Anstalt, entweder voll oder zumindest mit verantwortlich ist, geben Anlaß, hier eine grundsätzliche Änderung zu schaffen.

VP-Oberrat Bodnar kommt aus dem zivilen Wirtschaftssektor und wurde auf Vorschlag von Herrn Chefinspekteur R ö b e l e n als Leiter der Strafanstalt Torgau eingesetzt und besitzt wenig Erfahrung im Polizeidienst.

Oberrat Bodnar blickt auf eine jahrelange Zugehörigkeit zur Arbeiterbewegung zurück und war in dieser ein aktiver Funktionär.
In politischer Hinsicht muß Oberrat Bodnar als unbedingt zuverlässig angesehen werden. Auch seine Parteitreue ist als unbegrenzt zu bezeichnen.
Charakterlich gesehen ist Bodnar ein Mann mit sehr viel eigener Initiative, aber auch sehr eigenwillig. Auf Grund seiner Unerfahrenheit im Polizeidienst sieht Bodnar die zu einer ordentlichen Dienstführung notwendige Administration mitunter als Bürokratismus an und beachtet darum Anweisungen seiner vorgesetzten Dienststelle nicht mit der notwendigen Korrektheit. Sein eigenwilliger Charakter führt auch dazu, daß er sich nicht an koordiniertes Arbeiten mit seinen Stellvertretern und den verantwortlichen Polizeioffizieren gewöhnen kann.
Als gewisse Spannungen mit dem z.Zt. PK-Stellvertreter, VP-Oberkommissar A c k e r m a n n - welcher verhältnismäßig sehr jung ist - festgestellt wurden, wurde eine Auswechslung der PK-Stellvertreter vorgenommen.

Der derzeitige PK-Stellvertreter, VP-Kommandeur K a l b , hat sich in der Strafanstalt W a l d h e i m als solcher gut bewährt und dem dort. Strafanstaltsleiter - der ebenfalls aus dem zivilen Sektor kam - wesentlich geholfen, sich in einen geordneten Dienstbetrieb einzuarbeiten.

- 2 -

- 2 -

00105

Aber auch VP-Kommandeur Kalb führt Klage darüber, daß Oberrat Bodnar durch seine Eigenwilligkeit schwer anzuleiten ist.

Es wird darum seitens der Hauptabteilung H S vorgeschlagen,

VP-Oberrat Bodnar für drei bis vier Wochen als V o l o n t ä r in die Strafanstalt B r a n d e n b u r g / Havel einzuweisen, damit er dort - ohne Befehlsgewalt - einen geordneten Verwaltungsbetrieb kennenlernt.

Andererseits ist VP-Kommandeur Kalb durchaus in der Lage, nach Aufhebung der Friedenswacht für drei bis vier Wochen die Strafanstalt Torgau zu leiten und wird seinerseits versuchen, unbehindert von der Eigenwilligkeit Bodnars, die notwendige Administration einzurichten.

Zur Verstärkung des operativen Dienstes befindet sich der VP-Rat Z i e m a n n als I n s t r u k t e u r der operativen Abteilung in der Strafanstalt Torgau, sodaß seitens der Hauptabteilung HS der geordnete Dienstablauf für diese Zeit als gesichert angesehen werden kann.

Bei der Beurteilung des VP-Oberrat Bodnar wird nochmals betont, daß Bodnar, wenn er die notwendige Administration und den Wert polizeilicher Verfügungen und Anordnungen erkannt hat, durchaus geeignet ist, Leiter eines solchen Objektes zu sein.
Oberrat Bodnar hat es bei der Übernahme verstanden, die Anstalt in kurzer Zeit - die sich in einem etwas verwahrlostem Zustand befand - in Bezug auf Sauberkeit durch seine Initiative gut aufzubauen.
Auch die Erstellung der Umfassungsmauer mit verhältnismässig unwesentlichen Kosten ist auf seine Initiative zurückzuführen.

Bei seinem Erscheinen in der Hauptverwaltung Deutsche Volkspolizei am 16. Oktober 1950 hatte Oberrat Bodnar die Absicht, aus der Volkspolizei auszuscheiden. Der Grund für diese Depressionsstimmung war der Strafbefehl des Chefs und mehrere Rügen seitens der Hauptabteilung HS.

Nach einer Rücksprache bei Herrn Chefinspekteur Röbelen und Herrn Z s c h i n d a erklärte sich VP-Oberrat Bodnar mit der Lösung seiner Abstellung nach Brandenburg einverstanden und will alles tun, um seine jetzigen Mängel zu beseitigen.

komm. Hauptabteilungsleiter H S

Gertich

(Gertich)
Volkspolizei - Inspekteur

Einverst.
17./10. Marons

Der erste Anstaltsleiter in Torgau Peter Bodnar entsprach zwar den politischen Anforderungen, war aber mit den Verwaltungsanforderungen so wenig vertraut, dass er für einige Wochen zur Nachhilfe in die Haftanstalt Brandenburg (Havel) geschickt wurde. Unten links die Zustimmung Karl Marons, damals Chef der Deutschen Volkspolizei und stellvertretender Minister des Innern. Berlin, 17. Oktober 1950.

Bundesarchiv Berlin

Strafvollzugsbedienstete marschieren an der Festtribüne am Friedrichplatz in Torgau vorbei, 1. Mai 1960.
JVA Torgau

Vorkommnis:	Schwere passive Bestechung (Verdacht der Agententätigkeit)	13	12	2

Dienststelle:	StVA Torgau	Bezirk:	Leipzig	13

Zeitpunkt	des Vorkommnisses: / der Feststellung: 27.7.1961	Wiederergreifung:	-.-

Beschuldigte / Beteiligte

G	Name, Vorname	Alter	Delikt	Straf- maß	Straf- rest	Vorstrafen

VP	Name, Vorname	Alter	Eintrittsjahr VP	Eintrittsjahr SV	Eintrittsjahr SED	Eintrittsjahr FDJ	übern. NVA	Dienst- grad	Dienst- stellung	Strafen
	Bauer, Rudolf (4.6.23)	38	56	58	x		49-56	Mstr.	SB Rechnungswesen	Festnahme

SV 78 a (87/11) 6572 8. 59 — Ag 464/59

Ein Angehöriger des Wachpersonals wurde wegen des Vorwurfs der Bestechlichkeit entlassen, aus der SED ausgeschlossen und schließlich durch das MfS festgenommen. In der politisch angespannten Situation kurz vor dem Mauerbau wurde tatsächliche oder vermeintliche Agententätigkeit in den eigenen Reihen rigoros geahndet. Torgau, 4. August 1961.

Bundesarchiv Berlin

Durch eine Genossin der StVA wurde bekannt, daß der Bauer in brieflicher Verbindung mit Angehörigen Strafgefangener steht. Er beförderte illegal Pakte indie StVA. Weiterhin begünstigte er durch falsche Eintragungen bestimmte Strafgefangene. Es handelt sich bei den Strafgefangenen vorwiegend um Gefangene mit staatsgefährdenden Delikten. Bei der körperlichen Durchsuchung sowie der Durchsuchung am Arbeitsplatz wurde geheimzuhaltendes Material, wie Stärke der Strafgefangenen, die Produktion, die Ausfallstunden gefunden. Für seine Straftaten nahm er Schokolade und Zigaretten in Empfang.

Bauer wurde am 1.8.1961 durch die Kreisdienststelle MfS festgenommen, die auch die weitere Bearbeitung durchführt.

Ausschluß SED. Fristlose Entlassung.

24

Stellv. Ps OAK II III 4.8.1961

0111

Strafvollzugsanstalt Torgau
Stellvertreter für pol. Arbeit

Torgau, 12.04.1972

Politisch-moralischer Zustand

- Die Offiziere und Wachtmeister der StVA und JStA sind fähig, bereit und in der Lage, die in der Direktive 01/72 des Ministers des Innern gestellten Aufgaben jederzeit und unter allen Bedingungen zu erfüllen.
- Die bisherige Aufgabenerfüllung, insbesondere die jederzeitige Gewährleistung einer hohen Ordnung und Sicherheit der StVA, durch Beaufsichtigung und sichere Verwahrung der SG dokumentiert Optimismus und Vertrauen der Offiziere und Wachtmeister in die Politik von Partei und Regierung und die Bereitschaft, alle gestellten Aufgaben im Sinne der allseitigen Stärkung der DDR zu erfüllen.
- Die überwiegende Mehrheit der SV-Angehörigen steht den Grundfragen der Parteipolitik aufgeschlossen gegenüber. Es gibt sachbezogene Standpunkte zur Erhöhung der Leistungsbereitschaft.
- In der Dienststelle sind alle Potenzen vorhanden, um mit der Kraft der SED-GO die Beschlüsse, Befehle und Weisungen zu erfüllen.
- Stützen uns auf 93,4 % Mitglieder bzw. Kandidaten unserer Partei. 10langjährige SV-Angehörige haben den Weg zur Partei noch nicht beschritten. Ursachen: Bequemlichkeit, Zurückweichen vor Anforderungen
- 90,4 % der SV-Angehörigen entstammen der Arbeiterklasse.
- 79,6 % der SV-Angeh. haben mit über 10 Jahren Dienstzeit im Organ SV langjährige Erfahrungen in der politischen und fachlichen Arbeit des Organs SV.
- 78,2 % aller SV-Angehörigen haben ihren Dienstvertrag bis 1975 bzw. 1980 verlängert.
- 100 % Mitglieder der DSF
  Die Haltung aller SV-Angehörigen zur Sowjetunion und den anderen sozialistischen Staaten beweist feste Freundschaft und Verbundenheit.
- Die SV-Angehörigen stehen fest an der Seite des vietnamesischen Volkes und aller anderen um ihre Freiheit kämpfenden Völker. Solidarischer Standpunkt zeigt sich im Spendenergebnis von bisher 26.921,- M und 317 Blutspenden. 1971 pro Gen. 28,50 M.
- Im Prozeß der Aufgabenerfüllung zeigen sich jedoch in
  - der militärischen Ordnung und Disziplin,
  - der Befehls- und Weisungstreue,
  - der Atmosphäre des Kampfes um hohe Leistungen und insbesondere
  - in der Leitungs- und Führungstätigkeit

  noch ungerechtfertigte Unterschiede.

- 2 -

- Die Dienstvorgesetzten verstehen es noch nicht genügend, die Grundfragen der Parteipolitik praxisverbunden zu erläutern und das bewußte Handeln und die Eigenverantwortung der SV-Angehörigen wirksamer zu entwickeln.

- Mangelnde Anforderungen an sich selbst und die unterstellten Genossen, zum Teil bestehende Kumpelhaftigkeit sind Hemmnisse bei der Lösung der Aufgaben.

- Die klare Aufgabenstellung, die Kontrolle und Abrechnung weis im Arbeitsstil der Dienstvorgesetzten noch erhebliche Lücken auf. Besonders i. d. VzA. - die analytische Arbeit

- Der Kampf der Dienstvorgesetzten um die Herausarbeitung und Klärung ideologischer Probleme im Denken und Handeln der SV-Angehörigen sowie die konsequente, parteiliche Überwindung von Mängeln und Hemmnissen ist noch zu zögernd, z.B. wird die konsequente parteiliche Auseinandersetzung bis zur Herbeiführung von Klärungen gescheut.

- Praktizismus in der Leitungstätigkeit ist noch nicht überwunden. Urs. im Mangel d. Studiums der Parteibeschl. Befehle u. Weisungen

- Verbreitet ist die Tendenz der Bewertung der Ergebnisse der Dienstdurchführung im Vergleich nach rückwärts, Ergebnisse werden zum Teil überbewertet, was zur Selbstzufriedenheit führ

+ - Bei einem Teil SV-Angehörigen bestehen ideol. Unklarheiten zum Problem der klaren Abgrenzung von der imperialistischen BRD. 16 Wm. der Dienststelle haben aktive Westverbindung zu Verwandten in der BRD.
2 Genossen hatten die Verbindung der Dienststelle nicht gemel (Mstr. Jäschke, Mstr. Sorge)

- Gegenwärtig wird auf dienstl. und parteilicher Ebene der Kampf um die ideologische Klärung verstärkt geführt. Der Klärungsprozeß geht bis zur Festlegung erforderlicher Kaderentscheidungen.

- In den letzten Wochen traten Verletzungen der Verschwiegenheit und Wachsamkeit durch SV-Angehörige gegenüber SG auf.
So wurden SG dienstliche Probleme u. a. durch Mitteilungsbedürfnis und Schwatzhaftigkeit einiger SV-Angeh. bekannt.
1 Gen. wurde disziplinarisch bestraft und aus dem op. Vollzugsdienst herausgelöst.

- Der Disziplinarzustand kann nicht befriedigen.
Bis zum gegenwärtigen Zeitpunkt wurden bereits 11 SV-Angeh. - 2 Offz. und 9 Wm - disziplinarisch zur Verantwortung gezogen.
Schwerpunkt: operativer Dienst

Jäschke, Manfred kann u. wird das Problem nicht klären
Richter, Max " " " " "
Körner,
Jensch,
Winterhalter
Hanndke
Sorge } " " " " "
Hedel
Jelisert
Radewald / Rudolf, Friedrich LM, Löbel LM, Strehle, Abratis, Lamprecht, Schol

Obwohl der »Stellvertreter für politische Arbeit« der Strafvollzugsanstalt sich um eine möglichst positive Darstellung bemühte, führten die regelmäßig zu erstellenden Berichte der Anstaltsleitung für die übergeordnete Bezirksdirektion der Deutschen Volkspolizei in Leipzig immer wieder disziplinarische Mängel und Verstöße der Strafvollzugsbediensteten auf. Torgau, 12. April 1972.

Sächsisches Staatsarchiv/ Staatsarchiv Leipzig

WILLKÜR UND ÜBERGRIFFE

Verbote, Schikanen und Misshandlungen in den Gefängnissen beschränkten sich nicht auf die frühen Jahre der DDR. Zwar wurden im Laufe der Jahrzehnte die Vorschriften zum Strafvollzug stark erweitert und überarbeitet, um sie den Anforderungen der »sozialistischen Gesetzlichkeit« anzupassen. Doch die meisten Bestimmungen wurden selbst in den zuständigen Verwaltungen als »vertrauliche Verschlusssache« behandelt. Die Gefangenen erlebten sich überwiegend als Objekte reiner Willkür des Wachpersonals und der Anstaltsleitung. Auch nach der Haftentlassung war es ihnen verboten, über ihre Erfahrungen in den Strafanstalten zu sprechen.

Nur die ehemaligen Häftlinge, die von den bundesdeutschen Behörden freigekauft worden oder auf anderem Weg in den Westen gelangt waren, konnten von den Zuständen im DDR-Strafvollzug berichten. Ihre persönlichen Zeugnisse wurden von der im November 1961 eingerichteten Zentralen Erfassungsstelle der Landesjustizverwaltungen in Salzgitter dokumentiert. Diese hatte unter anderem die Aufgabe, Informationen zu Unrechtsurteilen aus politischen Gründen und Misshandlungen von Gefangenen in der DDR zu sammeln.

Zu den härtesten Disziplinarmaßnahmen in der DDR-Haft zählte der Arrest. Er konnte als Einzelarrest in besonderen Zellen regulär bis zu 21 Tage andauern und wurde oft schon wegen geringfügiger Verstöße gegen die Anstaltsordnung ausgesprochen. Dabei waren Übergriffe und Misshandlungen, beispielsweise das Anketten von Gefangenen an die Gitter, keine Seltenheit.

Weil ich die Arbeit in Torgau (Mai – Juli 1966) verweigert habe, brachte mich ein Wachtmeister in das Zimmer des X. Dort nannte mich X. einen Dreckskerl und der Wachtmeister schlug mir mit der Rückhand in das Gesicht, wobei meine Unterlippe aufplatzte. An der Unterlippe habe ich noch heute eine kleine Narbe. [...]

Nach diesem Vorfall brachte man mich in die Arrestzelle, wobei ich von dem Wachtmeister gejagt wurde. Auf dem Weg dorthin hat mir ein anderer Wachtmeister den Fuß gestellt, so daß ich der Länge nach hinfiel. In der Zelle wurde ich dann mit Handschellen an einen Haken an der Mauer gehängt und zwar so, daß ich gerade noch mit den Zehenspitzen den Boden berühren konnte. Erst nach zwei Stunden wurde ich wieder losgebunden.

Aus einem Häftlingsbericht für die Zentrale Erfassungsstelle der Landesjustizverwaltungen in Salzgitter, Februar 1979.

OLG Braunschweig/ZESt

Die antikommunistische »Kampfgruppe gegen Unmenschlichkeit« (KgU) in West-Berlin sammelte Informationen über Misshandlungen von Häftlingen in DDR-Gefängnissen. Sie versandte Flugzettel und Rundschreiben an »Wachtmeister und Offiziere des Strafvollzuges« in der DDR, worin sie diese dazu aufforderte, ihren Dienst nach rechtsstaatlichen Grundsätzen auszuüben. In der ersten Hälfte der 1950er Jahre kamen Gefangenenmisshandlungen besonders häufig vor.
Berlin, etwa 1954.

Bundesarchiv Berlin

Warnung

Wegen Körperverletzung im Amt werden folgende Angehörige des Strafvollzuges der Volkspolizei gesucht:

1. **Gustav Werner**
   VP-Meister
   etwa 1910 geboren
   wohnhaft Staßfurt, Wächterplatz, Ecke Karl-Marx-Straße
   1950 Karzerkommandant der SVA Torgau
   1954 Torposten im VPKA Staßfurt, Hecklinger Straße
   seit Januar 1955 Schließer in der UHA Staßfurt, Ernst-Thälmann-Platz 6
   Spitzname „Der eiserne Gustav"
   im Familienkreise „Gustel" genannt.

2. **Fritz Ackermann**
   VP-Oberrat, Leiter der SVA Bützow-Dreibergen
   etwa 1910 geboren
   wohnhaft Bützow-Dreibergen
   Dienstwohnung.

3. **Robert Tiedemann**
   VP-Hauptwachtmeister
   z. Z. Außenkommando Mallies der SVA Bützow-Dreibergen
   etwa 1909 geboren
   wohnhaft Bützow.

4. **Egon Ziegler**
   VP-Meister, Kommandoleiter in der SVA Berlin I
   etwa 1910 geboren
   wohnhaft Werneuchen bei Berlin, Altstadt 21.

5. **Ernst Seidel**
   VP-Meister, Leiter AKE der Schneiderei in der SVA Brandenburg-Görden
   etwa 1904 geboren
   wohnhaft Brandenburg/Havel, Schubertstr. 7.

Lt. Aussagen von entlassenen Häftlingen und geflohenen Volkspolizisten haben sich die Obengenannten der Körperverletzung im Amt schuldig gemacht. Da sie alle überzeugte Verfechter des SED-Regimes sind, warnen wir eindringlich vor diesen Personen.

Wer kann weitere Angaben über die Obengenannten machen? Zweckdienliche Angaben, die auf Wunsch streng vertraulich behandelt werden, erbittet die

Kampfgruppe gegen Unmenschlichkeit
Berlin-Nikolassee
Ernst-Ring-Straße 2
Tel. 84 43 46 und 84 46 73

Weitere Warnungen folgen!

000022

Strafvollzugsanstalt Torgau
- Der Leiter -

Torgau, den 1. 10. 1969

Arrestordnung für Einzelarrest

Während des Einzelarrest ist folgendes zu beachten:

1. In der Zelle ist auf Ordnung und Sauberkeit zu achten. Mit dem Inventar und Bekleidung ist schonend umzugehen. Für mutwillige Beschädigung und Zerstörung werden die Strafgefangenen haftbar gemacht.

2. Mit Einzel- und strengen Einzelarrest ist der Entzug jeglicher Lektüre einschließlich der Tageszeitung, der Raucherlaubnis, der HO-Einkaufskarte und der persönlichen Verbindungen für die Dauer der Disziplinarmaßnahme verbunden.
Bei strengem Einzelarrest erfolgt der Entzug der Einkaufsberechtigung für die Dauer von zwei Monaten.

3. Während des Arrestes ist die Teilnahme an Kulturveranstaltungen, Qualifizierungslehrgängen nicht statthaft.

4. Entsprechend den feststehenden Normen wird Nichtarbeiterverpflegung ausgegeben.

5. Einzelarrestanten bekommen entsprechend der gesetzlichen Bestimmung 30 Minuten Freistunde.

6. Strenger Einzelarrest ist verbunden mit dem Entzug der Freistunde.

7. Besondere Vorkommnisse sind morgens bei der Zählung zu melden (z. B. Krankheit).

8. Für die Dauer des Arrestes gibt es hartes Lager (keine Matratzen, keine Decken. Entsprechend der Jahreszeit kann eine Decke gewährt werden, sofern die Weisung erlassen wird.

9. Am Tage werden die Pritsche, Hocker und Kübel aus der Zelle genommen (wenn nicht eine andere Weisung erlassen wird).

10. Während des Arrestes wird die Oberbekleidung abends zum Päckchen zusammengelegt und beim Sachenausschluß mit dem Hocker vor die Zelle gestellt.

Im Arrest wurden die Gefangenen sehr hart behandelt. Der militärische Duktus dieser Arrestordnung war charakteristisch für den gesamten DDR-Strafvollzug. Torgau, 1. Oktober 1969.

Sächsisches Staatsarchiv/Staatsarchiv Leipzig

000023

- 2 -

11. Die Jacken und Schuhe sind während der Tageszeit ständig zu tragen.

12. Beim Öffnen der Zellentür ist dem SV-Angehörigen Meldung zu erstatten, wie z. B.: "Zelle 51, belegt mit einem Arrestanten, bestraft mit 12 Tagen strengen Einzelarrest. Es meldet Strafgef. Meier."

13. Den Weisungen der SV-Angehörigen ist unbedingt Folge zu leisten.

Die Festlegungen beruhen auf § 24 der 1. DB zumSVWG und sind somit gesetzlich begründet.

- R a s c h i c k -
Major d. SV

Zentrale Erfassungsstelle der Landesjustizverwaltungen in Salzgitter

3327 Salzgitter-Bad, 15. OKT. 1970
Am Pfingstanger 2
Tel.: 3 11 52

AR ZE 338/70

An das
Gesamtdeutsche Institut
Bundesanstalt für Gesamtdeutsche Aufgaben
- Abteilung IV -

1 Berlin 15
Bundesallee 216-218

Gesamtdeutsches Institut
Bundesanstalt für gesamtdeutsche Aufgaben
21. OKT. 1970

Betrifft: Erfassung von SBG- und SBZ-Rechtsbrüchen

Anlage: 1 Heft Akten Winter

Ich übersende den Vorgang mit der Bitte um Kenntnisnahme. Bei Rücksendung wäre ich für eine Mitteilung dankbar, ob dort Tatsachen bekannt sind, die für die Beurteilung des Sachverhalts bedeutsam sein könnten.

(Retemeyer)
Erster Staatsanwalt

Die Zentrale Erfassungsstelle der Landesjustizverwaltungen im niedersächsischen Salzgitter war eingerichtet worden, um Rechtsbrüche der DDR-Behörden zu dokumentieren, wie hier im Fall eines Torgauer Häftlings. Oktober 1970.

Bundesarchiv Koblenz

KK III A 4 München, den 8.10.70

4

Vernehmungsniederschrift

Auf Vorladung findet sich bei der Dienststelle ein der Zeuge

S c h u l z Dieter,
geb. 3.12.37 in Berlin,
wohnt München 45, Karl-Postl-Str. 21/II,

und gibt zur Sache folgendes an:

"Der Strafgefangene W i n t e r lag auf Station I, das war die Arreststation. Für diese Station war Meister Stollberg zuständig. Ich selbst war des öfteren auch auf dieser Arreststation untergebracht.

Winter ist auf dieser Station zu Reinigungsarbeiten verwendet worden. Teilweise war er auch Kalfaktor. Manchmal konnte ich sehen, wie die Aufseher mit Winter umgingen. So war ich einmal auch zur Absonderung nach Station I gebracht worden. Dabei war es so, daß man auch als Abgesonderter manchmal zu Reinigungsarbeiten innerhalb der Station herangezogen wurde. Meine Zellentür stand bei einer solchen Gelegenheit offen, und ich verrichtete meine Arbeit. Dabei sah ich einmal, wie Stollberg den Winter rief und ihn beauftragte, in seinem Zimmer (Stationsleiterzimmer) sauber zu machen. Winter machte dort sauber. Nach getaner Arbeit bot Stollberg ihm Tabak an. Als Winter nach Aufforderung eine Zigarette rauchte, grinste Stollberg ihn freundlich ~~xx~~ an und knallte ihm eine, daß die Zigarette davonflog. Dann fragte er, ob er, Winter, denn nicht wisse, daß das Rauchen hier verboten sei. Stollberg hatte Winter mit der Faust geschlagen. Bemerken möchte ich dabei, daß Stollberg 190 cm groß war und gut 2 Zentner wog. Den Vorfall habe ich durch die offene Tür gesehen. Es dürfte dies im Jahre 1967 gewesen sein.

Weitere konkrete Fälle kann ich nicht im einzelnen angeben. Ich kann nur soviel sagen, daß ich mehrmals gesehen habe,

Schikanen und Quälereien des Vollzugspersonals an Gefangenen sind zahlreich überliefert. Der hier von einem Torgauer Mithäftling geschilderte Fall aus den Akten der Zentralen Erfassungsstelle der Landesjustizverwaltungen in Salzgitter endete sogar mit dem Selbstmord des Gefangenen. Vernehmungsniederschrift, München, 8. Oktober 1970.

Bundesarchiv Koblenz

wie Winter von Stollberg, manchmal aber auch von anderen Aufsehern, geschlagen wurde. Welcher Anlaß dazu jeweils bestand, weiß ich heute nicht mehr. Stollberg schlug dabei Winter zum größten Teil mit dem Schlüsselbund. Dies spielte sich zumeist auf dem Flur beim Saubermachen ab. Winter war sehr naiv und fiel immer wieder auf die Tricks des Stollberg herein. Zwischendurch behandelte Stollberg den Winter fast kameradschaftlich, dann jagte er ihn wieder im Laufschritt hin und her. Stollberg war unberechenbar und sehr seinen Stimmungen unterworfen.

Wenn sich ein mißhandelter Gefangener zum Arzt melden wollte, dann wurde die Vorstellung beim Arzt meist so lange hinausgezögert, bis etwaige Verletzungen nicht mehr sichtbar waren, bzw. die Aufseher gingen vorher selbst zu dem Arzt und erzählten ihm, der Gefangene wäre ein Simulant usw., dem man nicht ~~igxx~~glauben könne. Winter war meist blau und grün am Körper, das heißt, Winters Bewegungen ließen darauf schließen, daß er geschlagen worden war. Ich nehme an, daß auch er sich öfters zum Arzt meldete. Ob er jeweils vorgelassen wurde, weiß ich nicht.

Winter war die letzten Jahre schon total durchgedreht und konnte kaum mehr logische Gedanken von sich geben. Die Behandlung, die man ihm angedeihen ließ, mußte ihn schließlich zu Selbstmordversuchen treiben. Als Beispiel hierzu möchte ich anführen, daß der Strafgefangene Klopffleisch, dessen Schicksal ebenfalls bei den hiesigen Gerichten bekannt ist, ähnliches durchgemacht hat wie Winter und deshalb heute nicht mehr als geistig normal angesehen wird. Bei Winter war es nur noch schlimmer gewesen.

Zu der Zeit, als Winter seinen letzten Selbstmordversuch verübte, befand ich mich nicht auf Station I sonder war auf Station IX auf der gegenüberliegenden Seite. Ich habe von diesem Vorfall somit nur gehört.

Als weiteren Zeugen für Mißhandlungen des Winter kann ich A r m b r u s t e r Heinz, wohnt München, Pappenheimstr. 7, angeben."

S.g.u.u. Aufgenommen:

Schulz

....

Prinz, KHM
Nbst. 7470

Das Strafvollzugspersonal war mit Gummiknüppeln ausgestattet. Das Bild stammt aus der StVA Torgau und wurde 1984 für Schulungszwecke aufgenommen.

Bundesarchiv Berlin

In der Festung Torgau bin ich mehrmals von Angehörigen des Strafvollzugs mißhandelt worden. Wie bereits kurz geschildert, sind am 15. 5. 71 der Erzieher Unterleutnant X. mit 6 Mann zu mir in die Zelle gekommen, haben mich auf den Gang gebracht und forderten mich auf, eine utopische Anzahl von Kniebeugen und Liegestützen zu vollziehen. Als ich nicht mehr konnte, warf man mir Unwilligkeit vor und verprügelte mich gemeinsam mit Gummiknüppeln. Durch Hochheben und Fallenlassen schlug ich mehrmals mit der rechten Gesichtshälfte auf den Fußboden und zog mir eine erhebliche Schwellung des Gesichtes zu. Anschließend brachte man mich in den Waschraum und schrubbte mir den Rücken wund. Grund für diese Mißhandlung war ein Brief von mir, den ich in Unkenntnis des Instanzenweges wegen meiner angestrebten Übersiedlung an den Generalstaatsanwalt der DDR gerichtet hatte. Am 19. und 20. 5. 71 bin ich wiederum jeweils vom Obermeister X. und einem anderen, unbekannten Angehörigen des Strafvollzuges mit Knüppel und Ketten sowie mit den Fäusten geschlagen worden.

Häftlingsbericht, 15. Februar 1984.

Bundesarchiv Koblenz

In der StVA Torgau wurde ich einmal von dem Obermeister X. im Mai 1974 geschlagen. Ich war zu dieser Zeit magenkrank und konnte nicht aufstehen. Daraufhin kam er in die Zelle und hat mit einem Schlagstock kräftig auf mich eingeschlagen, u. a. auch in den Magen, wodurch sich meine Krankheit noch verschlimmerte. Man kann sagen, daß es in Torgau an der Tagesordnung war, daß Häftlinge vom Aufsichtspersonal geschlagen wurden. Ich habe auch später noch gesehen, daß Obermeister X. andere Häftlinge geschlagen hat, wenn die Häftlinge nicht bedingungslos seinen Anordnungen Folge leisteten.

Häftlingsbericht, 17. Dezember 1974.

Bundesarchiv Koblenz

Blick über den »Stern«, die Schnittstelle der vier Gebäudeflügel, in einen Zellengang der Strafvollzugsanstalt Torgau. Aufnahme von 1990.

Manfred Bräunlich, Torgau

In meiner Zelle bin ich einmal von dem Unterleutnant X. verprügelt worden. Ich hatte ihm, seiner Meinung nach, auf eine seiner Fragen nicht richtig geantwortet.

Ein Obermeister des SV, seinen Namen weiß ich nicht, hat mich in der StVE [Strafvollzugseinrichtung] *Torgau am 3. Tage meines dortigen Aufenthaltes mit dem Gummiknüppel auf den Mund geschlagen. Ich verlor dabei 2 Vorderzähne.*

Ich hatte den Obermeister gebeten, mich zum Zahnarzt zu bringen, weil ich einen vereiterten Zahn hatte. Der Schlag mit dem Gummiknüppel war die Antwort auf meine Bitte.

Häftlingsbericht, März 1979.

Bundesarchiv Koblenz

In der Vollzugsanstalt Torgau wurde ich öfters wegen Kleinigkeiten mißhandelt. Dies ging so vor sich, daß sie immer einzelne aus der Station holten, diese in den Keller verbrachten und dort verprügelten. Manchmal geschah dies auch in den Zellen. Zu diesem Zweck wurden alle anderen Zellen versperrt, so daß niemand unversehens die Vorgänge beobachten konnte.

Ich hatte im Gefängnis eine relativ gute Arbeitsstelle. Die Leute der Staatssicherheit forderten mich ganz offen auf, mit ihnen zusammen zu arbeiten, sonst würde ich diese Arbeitsstelle verlieren. Ich verweigerte diese Zusammenarbeit, und kurz darauf wurden mir die Vergünstigungen, die ich durch diese Arbeitsstelle beanspruchen konnte, gestrichen. Anwerbungsversuche im Hinblick auf eine Spionagetätigkeit im Westen fanden nicht statt.

Häftlingsbericht, 1984.

Bundesarchiv Koblenz

UMERZIEHUNG UND AUSBILDUNG

Die sogenannte Erziehung erwachsener Gefangener gehörte zu den wichtigsten Ansprüchen des DDR-Strafvollzugs.

Neben der »Erziehung der Besserungsfähigen durch gemeinsame produktive Arbeit« bildeten die »staatsbürgerliche Schulung« und die unnachsichtige Durchsetzung von Ordnung und Disziplin ihre Grundpfeiler. Widersprüche zwischen diesen schwer miteinander zu vereinbarenden Zielen wurden geleugnet.

In der Strafvollzugsanstalt Torgau konnten Gefangene Bildungs- und Berufsabschlüsse nachholen. Es bestand die Möglichkeit, Weiterbildungslehrgänge zu besuchen, die anstaltseigene Bibliothek zu nutzen sowie an Filmvorführungen, Arbeitsgemeinschaften und Sportgruppen teilzunehmen. Der Zugang unterlag jedoch vielfältigen Einschränkungen. In allen Bereichen wurde starker Druck ausgeübt, um die Gefangenen ideologisch zu beeinflussen und zu »sozialistischen Persönlichkeiten« zu erziehen. Beispiele dafür waren der Staatsbürgerkundeunterricht, sogenannte aktuell-politische Gespräche oder der gemeinsame Besuch von Propagandafilmvorführungen.

Erziehung im Strafvollzug bedeutete unter allen Umständen Kollektiverziehung. Das hieß im Alltag der Gefangenen, dass sie sich anzupassen hatten und sich an Misstrauen und wechselseitige Kontrolle untereinander gewöhnen mussten. Individuelle Besonderheiten und persönliche Wünsche spielten kaum eine Rolle, sondern wurden unterdrückt. So bildeten Erziehung und Repression eine untrennbare Einheit.

Vor allem bei den politischen Gefangenen versagte dieses Erziehungsmodell oftmals. Sie wurden in ihrer häufig ohnehin bestehenden Ablehnung der politischen oder gesellschaftlichen Verhältnisse nur noch bestärkt. Zudem verfügten sie in der Regel bereits über ein hohes Bildungsniveau und waren auf die Qualifizierungsmöglichkeiten in den Strafanstalten nicht angewiesen.

Politischer Unterricht und Zeitungsschauen

In jeder Woche mußten die Häftlinge ein- oder zweimal an Zeitungsschauen bzw. am politischen Unterricht teilnehmen. Die Redner wurden von der Haftanstalt, von der SED oder von anderen politischen Organisationen gestellt. Angesprochen wurden alle politischen Probleme, so wie sie im »Neuen Deutschland« behandelt wurden. Der Redner baute seine Ausführungen auf die Berichte im »Neuen Deutschland« auf. Eine Aussprache bzw. Diskussion gab es nicht, aber die Häftlinge verständigten sich auch so untereinander. Sie hatten ihre Zeichensprache und ihre »Sklavensprache«. Politisch diskutiert wurde natürlich sehr vorsichtig und so, daß die meisten angewendeten Ausdrücke von den Wachmannschaften gar nicht verstanden wurden.

Häftlingsbericht, 20. Mai 1964.

Bundesarchiv Koblenz

EINST: Festung der Vernichtung
HEUTE: Haus der Erziehung

Über den Unterschied der ehemaligen Festung und heutigen Strafvollzugsanstalt Torgau besteht bei einem Teil der Bürger unseres Kreises noch nicht völlige Klarheit.

Die ehemalige Festung diente ausschließlich der Durchsetzung imperialistischer und faschistischer Politik. Jeder, der sich ihr aktiv entgegenstellte, wurde entweder eingekerkert oder vernichtet. Einzig und allein diesem Zweck diente die Festung in den Jahren der sogenannten „guten, alten Zeit", der Weimarer Republik und der faschistischen Barbarei.

Tausende Patrioten, wie z. B. der Genosse Otto Schlag, nach dessen Namen die Zugangsstraße zur Strafvollzugsanstalt benannt wurde, verbrachten viele Jahre hinter den Kerkermauern der Festung. Selbst viele Offiziere und Soldaten der ehemaligen faschistischen Armee, die dem Faschismus den Rücken gekehrt hatten, befanden sich unter den Gefangenen, unter anderem der ehemalige U-Boot-Kommandant Günter Prien und seine Besatzung.

Täglich standen Erschießungen und Folterungen auf der Tagesordnung. Noch heute sind die Spuren der Vergangenheit sichtbar. Einschüsse über Einschüsse im Mauerwerk des Wallgrabens, Menschenknochen, die innerhalb des Geländes immer wieder gefunden werden, sind Zeugen der grauenhaften Verbrechen des Faschismus. Zur Verschleierung der Erschießungen diente ein Motor, der das Geknatter der Maschinengewehre und Maschinenpistolen im Morgengrauen übertönte.

Die Morde an unseren Genossen Peter Göring und Reinhold Huhn sind eine Neuauflage der faschistischen Verbrechen, sie sind die Fortsetzung der militaristisch-faschistischen Politik in Westdeutschland und Westberlin.

Wie grundlegend anders dagegen sieht es bei uns in der Deutschen Demokratischen Republik aus.

Der Strafvollzug in der Deutschen Demokratischen Republik ist ein Teil des einheitlichen Staatsapparates unserer Arbeiter-und-Bauern-Macht und dient dem Schutz beim Aufbau des Sozialismus. Er hat die Aufgabe, die zu Freiheitsstrafen verurteilten Rechtsbrecher von der Gesellschaft physisch zu isolieren und auf diese während der Isolierung erzieherisch einzuwirken.

Der Inhalt der Aufgaben und die Tätigkeit des Strafvollzuges ergeben sich aus dem Artikel 137 der Verfassung der Deutschen Demokratischen Republik, der besagt:

„Der Strafvollzug beruht auf dem Gedanken der Erziehung der Besserungsfähigen durch gemeinsame produktive Arbeit."

Von diesem Artikel der Verfassung der Deutschen Demokratischen Republik werden alle Rechtsgrundlagen und Maßnahmen des Strafvollzuges abgeleitet. Bei der Übernahme des Strafvollzuges durch die Deutsche Volkspolizei 1950 waren fast keine Produktionsstätten vorhanden. Das konnte auch nicht anders sein. Der Imperialismus und Faschismus nutzte und nutzt die Arbeit nicht als Mittel der Erziehung, sondern als Mittel der Beschäftigung. Noch heute sind im kapitalistischen Strafvollzug solche „Arbeiten" wie: Tütenkleben, Federnzupfen und andere weit verbreitet. Bei uns dagegen wurden im Laufe der Jahre moderne Produktions- und Ausbildungsstätten aufgebaut. Zu den Ausrüstungen dieser Betriebe zählen die modernsten Maschinen aus der Deutschen Demokratischen Republik, der Sowjetunion und anderen sozialistischen Ländern.

In einer Lehrwerkstatt erhalten solche Strafgefangene die Möglichkeit, einen Beruf zu erlernen, die bisher ohne Beruf waren oder umschulen wollen. Es gab berufslose Strafgefangene, die heute als Dreher, Fräser, technische Zeichner oder in anderen Berufen große Leistungen vollbringen.

Die gemeinsame produktive Arbeit ist aber nur eine Seite der Erziehung. Neben einer straffen Ordnung, Disziplin und Sauberkeit spielt die politisch-kulturelle Erziehung eine große Rolle. Eine gute Bücherei, wissenschaftliche Vorträge, ausgewählte Filme, die Presse, bestimmte Rundfunksendungen, Presseinformationen und anderes sind die Grundlagen dieser Seite der Erziehung.

Bei der Erziehung und Umerziehung der Strafgefangenen während der Strafhaft und der Entlassenen nach der Strafhaft gewinnt die Arbeit der breiten Öffentlichkeit immer größere Bedeutung. Für die Gesellschaft erwächst die Pflicht, alle entlassenen Strafgefangenen in geordnete Verhältnisse zu bringen. An erster Stelle steht hierbei, die Entlassenen sofort in den Arbeitsprozeß einzugliedern. Das bedeutet aber, daß bereits noch während der Verbüßung der Strafe die volkseigenen Betriebe, landwirtschaftlichen Produktionsgenossenschaften, volkseigenen Güter, staatlicher und genossenschaftlicher Handel usw. mit den Organen des Strafvollzuges Verbindung aufnehmen, um die Eingliederung in das gesellschaftliche Leben gut vorzubereiten.

Unseren sozialistischen Brigaden in Industrie, Landwirtschaft und Handel erwächst dabei eine verantwortungsvolle Aufgabe, die Entlassenen in das Kollektiv aufzunehmen und den im Strafvollzug begonnenen sozialistischen Erziehungsprozeß fortzusetzen.

Wir sind uns bewußt, daß die erfolgreiche Durchführung unserer sozialistischen Strafrechtspolitik nur mit Unterstützung aller Schichten der Bevölkerung gelöst werden kann.

Deshalb werden die Aufgaben des Dienstzweiges Strafvollzug der Deutschen Volkspolizei von VP-Angehörigen erfüllt, die ein hohes politisches Bewußtsein, eine feste sozialistische Moral und unerschütterliche Treue und Ergebenheit zu unserer sozialistischen Heimat besitzen.

Tuschling
Major der Volkspolizei

Sonntag, den 1. Juli 1962

Der Leiter der Strafvollzugsanstalt Torgau, Major Werner Tuschling, stellte in einem Presseartikel die Erziehung der Strafgefangenen in der DDR dem Wehrmacht-Strafvollzug gegenüber. Die Geschichte des Gebäudes als Speziallager des sowjetischen NKWD erwähnte er nicht. Leipziger Volkszeitung, 1. Juli 1962.

JVA Torgau

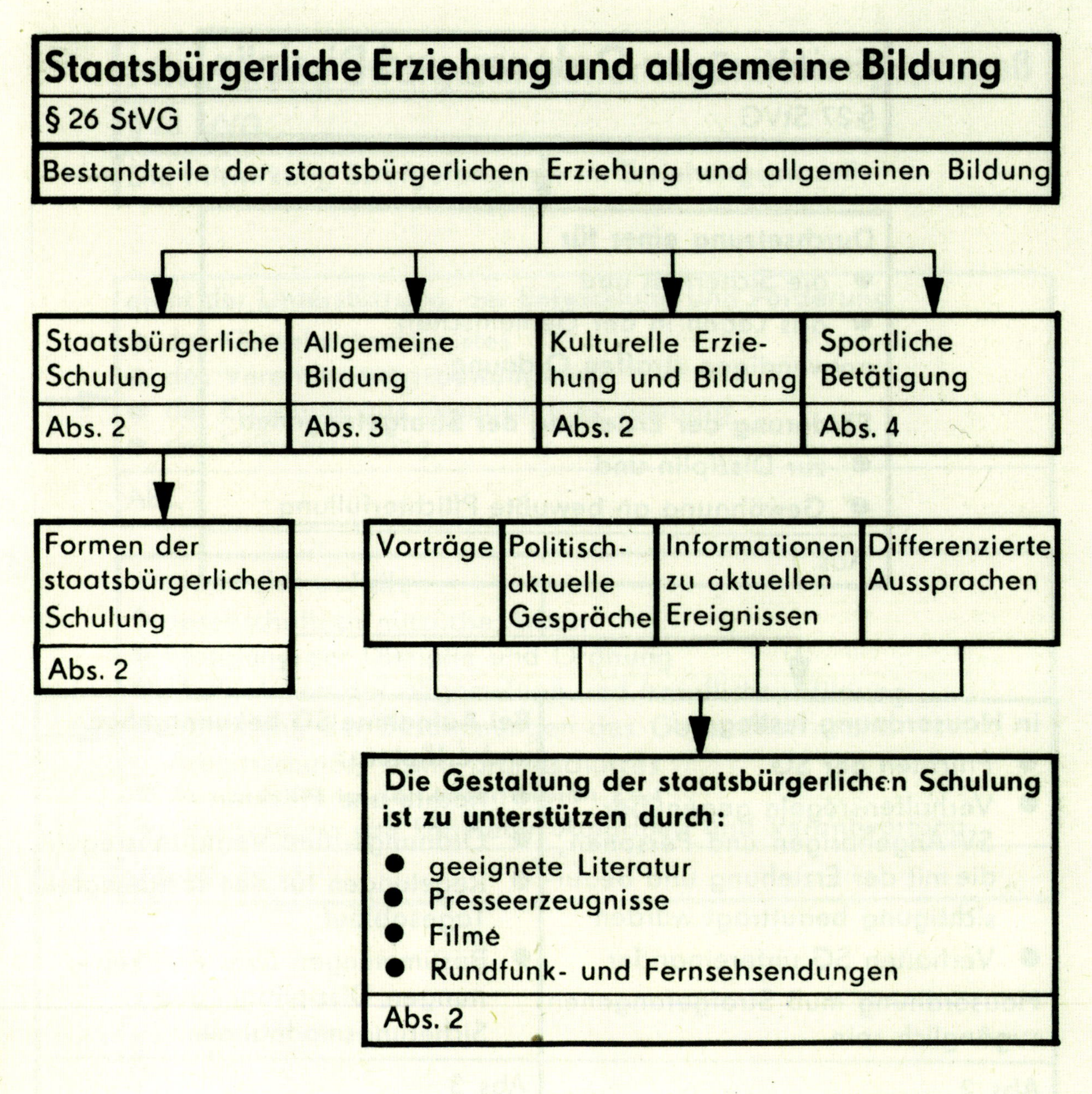

Schematische Darstellung der »Staatsbürgerlichen Erziehung und allgemeinen Bildung«, die ebenso wie die gesamte Publikation »nur für die Angehörigen des Organs Strafvollzug des Ministeriums des Innern bestimmt« war.

Weigt/Wittwer 1980.

Hof der Strafvollzugsanstalt Torgau mit Ost- und Nordflügel des Haftgebäudes. Das oberste Stockwerk des Ostflügels (links), in dem auch die Schulstation untergebracht war, wurde für Filmvorführungen genutzt. Aufnahme von 1992.

Manfred Bräunlich, Torgau

Die politische Umerziehung wird durch die Initiative des Politoffiziers, Oberleutnant G., sehr emsig betrieben. Dazu dienen regelmäßige Pflichtveranstaltungen. Einmal monatlich führt er selbst die staatspolitische Schulung durch, in der zentrale Themen, wie Entwicklung der Arbeiterklasse, von ihm im Referat behandelt werden. Dazu kommen dann etwa alle sechs Wochen Vorträge von Referenten der »Urania«, die aktuelle politische Themen behandeln. Diesen Referaten und Vorträgen ist gemeinsam, daß eine wüste Hetze gegen die Bundesrepublik betrieben wird. Ferner müssen alle Häftlinge einmal im Monat ins Kino gehen, wo ein Dokumentarfilm gezeigt wird. Zu einer zweiten Kinovorstellung im Monat, in der Spielfilme vorgeführt werden, dürfen nur vom Stationsleiter ausgesuchte Häftlinge gehen. Genauso wird mit der Fernsehgenehmigung verfahren. Auch hierfür werden die Häftlinge ausgesucht.

Alle Häftlinge, die nicht die 8. Klasse erreicht haben, müssen Schulunterricht besuchen. Außerdem laufen Kurse zum Abschluß der 10. Klasse. Dazu werden die Häftlinge ihren Voraussetzungen entsprechend ausgesucht. Der Schulbesuch wird alle 14 Tage eine ganze Woche durchgeführt. Unterrichtet wird von Lehrern aus Torgau.

Obwohl die Weiterbildung angeblich so großgeschrieben wird, muß das Ausleihen oder Bestellen von Fachbüchern durch den jeweiligen Stationsleiter besonders genehmigt werden. In der Gefängnisbibliothek ist das Ausleihen einer bestimmten Reihe von Büchern allgemeiner Literatur ebenfalls genehmigungspflichtig.

Häftlingsbericht, 7. Dezember 1970.

Bundesarchiv Koblenz

DIE GEFANGENEN

POLITISCHE GEFANGENE

Am 17. Juni 1957 forderten Demonstranten vor dem Rathaus Schöneberg in West-Berlin Freiheit für die politischen Gefangenen in den Gefängnissen der DDR, darunter auch Torgau.

dpa

Torgau war eine von 44 Strafvollzugsanstalten der DDR mit insgesamt rund 30 000 belegten Plätzen für verurteilte Straftäter aller Deliktgruppen, die der Verwaltung Strafvollzug im MdI unterstanden (Stand: 1989). Die genaue Zahl der Haftplätze, insbesondere die tatsächliche Anzahl der Gefangenen, wurde während der gesamten DDR-Zeit als streng geheim behandelt und war nur wenigen Regierungsmitgliedern zugänglich.

Offiziell gab es in der DDR keine politischen Gefangenen. Dennoch verfolgte die politisch gelenkte Strafjustiz eine große Anzahl von Delikten, die als »Straftaten gegen den sozialistischen Staat« beurteilt wurden. In den ersten beiden Jahrzehnten der DDR waren in der Strafvollzugsanstalt Torgau bis zu 85 Prozent aller Gefangenen aus politischen Gründen verurteilt. Dahinter blieben die gewöhnlichen Vergehen und Verbrechen der Kriminalstatistik weit zurück. Erst in den späteren Jahren veränderte sich das Verhältnis und die Zahl der immer noch als politisch erkennbaren Delikte sank gegenüber den kriminellen Delikten. Jüngere Schätzungen gehen von rund 180 000 Menschen aus, die in der DDR aus politischen Gründen inhaftiert waren.

Landesregierung Sachsen-Anhalt
Der Ministerpräsident
Hauptabteilung Justiz
Akts.: 430 VI 696/51

Halle/Saale, den 16.10.1951 28

Ges. 28.X. [illegible]

Rundverfügung Nr. C 42/51

An Verteiler IV (10) a – h

Betr.: Gebrauch der Bezeichnung "Politische Häftlinge".
Bezug: Rundverfügung Nr. 125/51 der DDR, Ministerium der Justiz, Berlin vom 5. September 1951 -4300-II-1569/51.-

Nachstehende Rundverfügung des Ministeriums der Justiz in Berlin geben wir mit der Bitte um Kenntnisnahme und Beachtung bekannt. Diese Rundverfügung ist nicht nur durch Umlauf bekanntzugeben, sondern in den Arbeitsbesprechungen vorzutragen, zu erläutern und ihre Bekanntgabe nach einiger Zeit zu wiederholen.

In Vertretung:
gez. Ortlepp
Hauptabteilungsleiter

"Die faschistischen Gewalthaber in Deutschland haben zehntausende aufrechter Antifaschisten in die Gefängnisse, Zuchthäuser und Konzentrationslager geworfen. Es genügte, eine andere politische Überzeugung zu haben, den Faschismus abzulehnen, Mitglied oder Funktionär in der Arbeiterbewegung gewesen zu sein, um verfolgt, mißhandelt und der Freiheit beraubt zu werden. Für diese Opfer des Faschismus gebrauchen wir die Bezeichnung "Politische Häftlinge".

Heute wird niemand seiner Gesinnung wegen inhaftiert. Wer unsere antifaschistisch-demokratische Ordnung angreift, wer den Aufbau unserer Friedenswirtschaft stört, begeht eine strafbare Handlung und wird seiner verbrecherischen Taten wegen bestraft. Die Strafgefangenen dieser Art sind deshalb auch keine "politischen" Gefangenen, sondern k r i m i n e l l e Verbrecher. Die Bezeichnung dieser Strafgefangenen als politische Häftlinge wird daher hiermit untersagt. Wenn im Einzelfalle eine nähere Kennzeichnung der Strafgefangenen erforderlich ist, sind konkrete Bezeichnungen zu wählen, wie beispielsweise Verbrechen nach Artikel 6 der Verfassung, nach Befehl Nr. 201 usw."

Beglaubigt:
[illegible]
Sachbearbeiter

gez. Fechner

Der Begriff »Politische Häftlinge« sollte in der DDR den »Opfern des Faschismus« vorbehalten bleiben. Der Sprachregelung des Justizministers Max Fechner aus dem Jahr 1951 folgten auch die Strafvollzugsorgane des MdI.

Landesarchiv Sachsen-Anhalt, K4 Ministerium der Justiz, Nr. 908, Bl. 28

Die Gefangenenhilfsorganisation Amnesty International setzte sich immer wieder für die Freilassung politischer Häftlinge in der DDR ein. Ihre Briefe an Gefangene durften in den Anstalten nicht ausgehändigt werden, sondern mussten an das MdI weitergeleitet werden.

Archiv Stiftung Sächsische Gedenkstätten/DIZ Torgau

edens,
Abrüstung

FRAGE: Auf welchen Gebieten sehen Sie Chancen für weitere vertragliche Vereinbarungen zwischen beiden deutschen Staaten?

ANTWORT: Es gibt manches, was da auf den Weg gebracht werden könnte. Das betrifft vor allem Bemühungen um Frieden und Abrüstung, ebenso Fragen der wirtschaftlichen Zusammenarbeit, des Verkehrs, der Wissenschaft und anderer Gebiete. Im Zeichen einer Konfrontationspolitik wird es allerdings nicht vorangehen können. Mehr denn je sind also Vernunft und Realismus vonnöten.

FRAGE: Seit Ihrer Rede von Gera ist von Ihnen kein Grundsatzreferat zu außenpolitischen Fragen veröffentlicht worden. Funktionäre Ihrer Partei reden bereits von einer außenpolitischen Sprachlosigkeit. Welchen Grund hat diese Zurückhaltung?

ANTWORT: Ich weiß nicht, wer Ihnen das erzählt hat. Die außenpolitische Sprachlosigkeit liegt wohl bei denen, die die Entwicklung der Welt nicht verfolgen und nicht bereit sind, für eine wirkliche Rüstungsbegrenzung und Abrüstung einzutreten, die Verhandlungen darüber auf der Grundlage der Gleichheit und der gleichen Sicherheit für alle nicht führen wollen.

Vor dem Gesetz sind bei uns alle gleich

FRAGE: Amnesty International. Zum drittenmal seit 1966 ist vor wenigen Tagen eine Dokumentation veröffentlicht worden, die der DDR vorhält, sie verletze internationale Verträge, die von Ihnen selbst unterzeichnet worden seien. Etwa den '73 ratifizierten Vertrag über Bürger- und politische Rechte oder auch die Schlußakte von Helsinki. Wie stellen Sie sich zu diesem Vorwurf? Zwischen 3000 und 7000 DDR-Bürger, meint Amnesty International, seien gegenwärtig in Haft, weil sie ihr Land verlassen wollten. Stimmt das, und gibt es politische Gefangene in der DDR?

ANTWORT: Offensichtlich ist diese Gesellschaft einer der vielen Vereine im Westen, die aus dunklen Quellen finanziert werden und es sich zur Aufgabe gemacht haben, anständige Staaten zu verleumden. Ich bitte Sie, sich unsere Verfassung und die Gesetze der DDR anzusehen. Sie werden finden, daß die Grundsätze des Völkerrechts in der Verfassung verankert sind.

Die Angabe, daß 3000 bis 7000 Bürger der DDR aus politischen Gründen gegenwärtig in Haft seien, ist schlicht gesagt eine grobe Lüge. Allein die Differenz von 4000 zeigt, wie ernsthaft diese Leute an solche Fragen herangehen.

Im übrigen können Sie davon ausgehen, daß bei uns alle Bürger vor dem Gesetz gleich sind. Seit der letzten Amnestie im Jahre 1979 gibt es bei uns keinen einzigen politischen Gefangenen mehr.

FRAGE: Bei Ihrem Staatsbesuch in Österreich haben Sie sich einen stärkeren Kulturaustausch zwischen beiden Staaten, zwischen der DDR und Österreich, gewünscht und einen Jugendtourismus in Aussicht gestellt. Wird es in den Beziehungen zwischen Österreich und der DDR schnellere Fortschritte geben als zwischen der Bundesrepublik und der DDR?

ANTWORT: Die gute Entwicklung der Beziehungen zwischen der DDR und der Republik Österreich ergibt sich aus der konstruktiven Haltung, die beide Seiten zu den wichtigsten internationalen und bilateralen Fragen einnehmen. Selbstverständlich wird es auch künftig so sein, daß es im Verhältnis zu jenen Staaten gut und schnell vorangeht, die ihre

Erich Honecker gab in einem Interview gegenüber dem britischen Verleger Robert Maxwell im Februar 1981 indirekt zu, dass in der DDR politische Gefangene existierten.

Neues Deutschland, 13. Februar 1981

Tg 1

Bestand der Strafgefangenen und Verhafteten ab 1953
DDR - Gesamt

Jahr	Strafgefangene u. Verhaftete Gesamt		davon					
			Strafgefangene		Verhaftete		Arbeitserziehung	
	Ende	ø	Ende	ø	Ende	ø	Ende	ø
1953	43 116	51 829	36 186	39 214	6 930	12 615		
1954	45 553	43 092	39 440	36 439	6 113	6 653		
1955	47 693	48 457	39 920	41 804	7 773	6 653		
1956	22 861	34 331	20 743	30 615	2 118	3 716		
1957	27 745	24 304	22 760	20 573	4 985	3 731		
1958	36 889	36 158	31 850	28 884	5 039	7 274		
1959	34 172	35 151	28 739	29 687	5 433	5 464		
1960	23 414	32 639	18 198	27 010	5 216	5 629		
1961	37 866	28 445	30 124	22 828	7 617	5 166	767	451
1962	22 509	32 625	19 671	27 028	2 030	4 537	808	1 060
1963	28 046	23 916	22 806	20 028	4 511	3 242	729	646
1964	18 067	25 680	14 221	21 610	2 749	3 065	1 097	1 005
1965	24 050	21 694	18 058	16 651	4 323	3 717	1 669	1 326
1966	28 446	27 058	21 105	20 504	4 911	4 393	2 430	2 161
1967	32 257	31 082	24 578	23 274	4 708	5 077	2 971	2 731
1968	28 093	30 466	20 552	23 713	3 842	3 586	2 853	3 070
1969	28 283	28 324	20 731	21 120	4 217	3 979	3 335	3 225
1970	30 910	29 766	21 717	21 439	5 791	4 998	3 402	3 329
1971	36 122	34 416	25 732	24 325	5 874	6 045	4 516	4 045
1972	18 261	34 318	11 464	24 208	4 568	5 717	2 229	4 393
1973	42 716	28 904	25 977	15 728	6 756	7 827	9 983	5 349
1974	48 005	47 693	30 905	30 093	4 953	5 665	12 147	11 935
1975	45 013	46 974	29 488	30 644	4 616	4 966	10 909	11 364
1976	38 005	41 598	25 297	27 548	4 267	4 167	8 441	9 883
1977	34 373	35 632	28 760	30 895	5 613	4 737		
1978	35 907	35 375	31 345	29 448	4 562	5 927		
1979	26 512	37 175	20 468	31 830	6 044	5 345		
1980	39 854	36 153	35 591	30 827	4 263	5 326		
1981	41 113	40 958	35 968	36 179	5 145	4 779		
1982	40 624	40 589	35 296	35 410	5 328	5 179		
1983	39 175	39 756	34 067	34 658	5 108	5 093		
1984	37 668	38 917	32 667	33 846	5 001	5 071		
1985	33 578	35 105	28 632	30 248	4 946	4 857		
1986	33 623	33 259	28 038	28 151	5 585	5 108		
1987	15 266	28 872	1 806	24 546	3 460	4 326		

090037

4. Ausfertigung, Blatt 1

Geheimhaltungsgrad ~~aufheben~~/aufgehoben

Die Häftlingszahlen der DDR unterlagen erst Anfang 1990 nicht mehr der Geheimhaltung. Die Aufstellung aus dem MdI zeigt für Ende 1987 einen deutlichen Rückgang, der auf eine Amnestie anlässlich des Besuchs Erich Honeckers in der Bundesrepublik zurückzuführen ist. Zu diesem Zeitpunkt betrug die Zahl der Strafgefangenen lediglich 1 806 – Ende 1986 waren es noch 28 038 gewesen. Nach der Amnestie stiegen die Zahlen jedoch schnell wieder an.

Bundesarchiv Berlin

Die 1950er und 1960er Jahre standen im Strafvollzug der DDR noch ganz im Zeichen der Nachkriegszeit. Das galt auch für die hohe Zahl von politischen Gefangenen, von denen anfangs ein Großteil zu den schon während der Besatzungszeit von SMT Verurteilten zählten. Beinahe ein Drittel war nach sowjetischem Recht wegen des Vorwurfs der Beteiligung an NS-Verbrechen verurteilt. Die übrigen wurden wegen tatsächlicher oder vermeintlicher Aktivitäten gegen die sowjetische Besatzungsmacht verurteilt. Infolge mehrerer Amnestien wurden bis 1956 dennoch viele dieser Verurteilten freigelassen und zum Teil in den Westen abgeschoben.

Die Haftgründe der von DDR-Gerichten verurteilten Gefangenen in Torgau reichten in den 1950er Jahren von »Boykotthetze«, »Spionage« (darunter viele Angehörige der schon vom NS-Regime verfolgten Glaubensgemeinschaft der Zeugen Jehovas) über »Wirtschaftsverbrechen« bis hin zu Delikten der allgemeinen Kriminalität. In den Waldheimer Prozessen wurden 1950 über 3000 frühere Internierte der mittlerweile aufgelösten sowjetischen Speziallager in Schnellverfahren nach politischen Vorgaben verurteilt. Mehr als 200 Verurteilte gelangten zur Haftverbüßung nach Torgau. Im Umgang mit politischen Gefangenen, die als »Nazi- und Kriegsverbrecher«, Feinde der neuen Ordnung und »Agenten des Klassenfeinds« angesehen wurden, waren besondere Härte und Rohheit an der Tagesordnung.

In der zweiten Hälfte der 1950er Jahre wuchs die Zahl der Gefangenen, die von DDR-Gerichten verurteilt waren: Nach dem Mauerbau im August 1961 stieg die Zahl der Häftlinge, die von DDR-Gerichten wegen »Ungesetzlicher Verbindungsaufnahme« in den Westen, »Republikflucht« und ähnlicher Delikte verurteilt waren, immens. Dabei war der Anteil politischer Häftlinge in den 1960er Jahren am höchsten. Seit den 1970er Jahren veränderte sich die Gefangenenstruktur in Torgau und anderen Strafvollzugsanstalten der DDR. Torgau entwickelte sich dabei zu einer Haftanstalt, in der überwiegend mehrfach Vorbestrafte einsaßen.

Der Abschluss des Grundlagenvertrags mit der Bundesrepublik von 1972, die Aufnahme beider deutscher Staaten in die Vereinten Nationen 1973 und das internationale Helsinki-Abkommen der Konferenz über Sicherheit und Zusammenarbeit in Europa (KSZE) von 1975 schufen für DDR-Bürger neue, formal zunächst legale Kontaktmöglichkeiten in Richtung Bundesrepublik. Dennoch blieb die innerdeutsche Grenze für die meisten unüberwindbar.

Durch eine Fülle gesetzlicher Bestimmungen versuchte die SED-Führung, die eigene Bevölkerung von Informationen aus dem Westen abzuschirmen und Fluchten aus der DDR zu verhindern. Ebenso versuchten die Verantwortlichen, das seit Mitte der 1970er Jahre verstärkt auftretende Phänomen der Ausreiseantragsteller zurückzudrängen. Viele von ihnen nahmen eine Inhaftierung in Kauf, um als politische Gefangene durch die Bundesrepublik freigekauft zu werden.

Obwohl die DDR die Existenz politischer Gefangener auch in den 1970er und 1980er Jahren entschieden leugnete, wurden die politischen Delikte in den internen Berichten der Strafvollzugsverwaltung genau erfasst. Politische Gefangene wurden in den Anstalten oft in die härteste Vollzugskategorie eingewiesen. Sie waren häufig Disziplinarmaßnamen unterworfen und in der Regel von den wenigen Vergünstigungen ausgeschlossen, die sich andere Häftlinge durch Arbeitsleistungen, Gehorsam oder Bespitzelung ihrer Mitgefangenen verdienen konnten.

Blick auf den Nordflügel der Haftanstalt. Heimliche Aufnahme, die ein Gefangener mit einer selbstgebauten Kamera 1967 machte.

Ullstein Bildarchiv

Am 5. oder 6. März 1953 geschah plötzlich etwas Unerwartetes, ein zunächst für den Häftling nicht erklärbares Ereignis: die Arbeiten in allen Arbeitskommandos wurden unterbrochen und alle Häftlinge mußten zurück in ihre Zellen. Weil niemand von uns wußte, welche Ursache zu dieser Maßnahme geführt hatte, entstand Unruhe in den Zellenhäusern. Am späten Nachmittag wurden wir zellenweise von einem Wächter zu einem Friseur geführt, bei dem uns das Haupthaar geschoren wurde. Wir waren entsetzt und verunsichert über diese Erniedrigung. Einem von uns gelang es, von dem Friseur, der auch ein Häftling war, den Grund für diese Maßnahmen zu erfahren. Er raunte uns zu: Stalin ist tot. Offenbar fürchtete die Stasi die Erregung oder Aufstände bei den Häftlingen. Wir wußten ja auch nicht, ob Stalin eines natürlichen Todes gestorben war, oder ob es in der Sowjetunion einen Putsch oder Aufstand gegeben hatte. Wir politischen Häftlinge freuten uns riesig über den Tod des Diktators, und wir spekulierten heftig über die möglichen politischen Auswirkungen. [...]

Wenige Monate später, am 17. Juni 1953, erlebten wir erneut einen absoluten Stillstand der Arbeit und einen sehr strengen Verschluß in den Zellenhäusern. Beklemmend und beängstigend war die absolute Stille, die Ruhe, nichts schien sich zu bewegen, keine Geräusche drangen an unsere Ohren. Die politischen Häftlinge, die es ja in der DDR gar nicht gab, wurden isoliert im ersten Stockwerk des südlichen Flügels untergebracht. Da es in dem Stockwerk keine Holzblenden vor den hoch angebrachten Fenstern gab, hatte ich zum ersten Mal die Möglichkeit, vom oberen Stockwerk aus einen sehnsüchtigen Blick auf die entfernte Elbe zu werfen. Kurz nach der Verlegung in die Isolation wurden wir »Politischen« neu eingekleidet. Die neuen Uniformen, graue Drillichhosen und -jacken, besaßen breite eingenähte knallrote Biesen entlang der Ärmel und Hosenbeine und zusätzlich noch einen roten Ring oben auf den Ärmeln. Mit dieser sehr auffälligen neuen »Generalsuniform«, wie wir sie nannten, konnte man uns schon aus großer Entfernung als besonders gefährliche Häftlinge erkennen.

Von den Ereignissen des 17. Juni 1953 haben wir wegen unserer strengen Isolation erst nach einigen Tagen erfahren. Die sog. »Freigänge«, das war 20minütiges Marschieren in einer Kolonne auf dem Hof, waren zunächst völlig eingestellt worden. Bei diesem Marschieren konnte man sonst von den benachbarten Zelleninsassen Neuigkeiten erfahren. [...] Auch von Torgau munkelte man, daß es bei den Soldaten der sog. »Kasernierten Volkspolizei«, die in benachbarten Kasernen streng und abgeschirmt in Bereitschaft gehalten wurden, starke Unruhen gegeben hätte, woraus einige von uns folgerten und hofften, daß sie unsere Befreier werden könnten. Daraus wurde aber nichts, und wir warteten einige Wochen untätig auf Veränderungen, die dann auch tatsächlich kamen.

Der Tod Stalins im März 1953 und der Volksaufstand vom 17. Juni 1953 in der Strafvollzugsanstalt Torgau. Bericht von Friedhelm Thiedig, November 2002.

LStU Sachsen-Anhalt

In der Tat genossen wir ab 1. Juli 1953 größere Freiheiten, als wir erwartet hatten und die uns zeitweilig darüber hinwegtäuschten, noch Gefangene der Unmenschlichkeit zu sein: [...]

Für die Zensur eingehender Gefangenenpost war nach dem 1.7.53 ebenfalls ein besonders beauftragter Gefangener verantwortlich, der zeitweise sogar die Berechtigung erhielt, ausgehende Monatsbriefe vorzuzensieren.

Den Nichtarbeitern war bisher das Rauchen inner- und außerhalb der Zellen bei hohen Hausstrafen untersagt gewesen. Ab 1. Juli 1953 durften sie von eigenem Geld Zigaretten kaufen und anfangs während der »Freistunde« (Rundgang), später in besonders festgesetzten Raucherpausen auf dem Hof rauchen.

Die »Freistunde« wurde nicht nur von dreißig auf sechzig Minuten heraufgesetzt, sondern ab 1. Juli 1953 sogar regelmäßig und ohne Zwang zum Gleichschritt durchgeführt; in den vorhergehenden Jahren bestand das Verbot der Unterhaltung, wurde es überschritten, mußte der Gefangene mit 21 Tagen schwerem Arrest rechnen. Ab 1. Juli war dieses Verbot aufgehoben, die Gefangenen durften langsam oder schnell, in größeren Gruppen oder einzeln gehen, miteinander diskutieren, sich auf Rasenflächen lagern oder Steine zum Beieinanderhocken benützen. [...]

Ein Wachtmeister schloß morgens 5 Uhr (Wecken) lediglich die Zellen auf, um sie erst nach 9 Uhr abends wieder zu verschließen; sie blieben also tagsüber geöffnet. Besuche in anderen Zellen waren ohne vorherige gesonderte Erlaubniseinholung gestattet. [...]

Ab 1. Juli 1953 bestand die Anordnung, Wach- und Schließerdienst ohne Gummiknüppel zu versehen. Gefangenenmißhandlung war untersagt; Arreststrafen wurden nur noch bei schwerwiegenden Vergehen gegen die Hausordnung, nicht jedoch bei politischen Gesprächen der Gefangenen untereinander verhängt; früher als Polizeispitzel eingesetzte Gefangene wurden von der Volkspolizei in den weitaus meisten Fällen nicht mehr gehört, sodaß die Zellen auf der Strafabteilung leer blieben. [...]

In den vergangenen Jahren waren uns Bilder und Briefe der Angehörigen abgenommen worden; auf Anforderung bei der Strafvollzugsabteilung konnte jeder Gefangene Bilder und Briefe seiner Angehörigen zurückerhalten.

Die Arbeitseinsatzabteilung setzte neue Arbeitsnormen fest, die in erträglichen Maßen gehalten waren. [...]

Plötzlich – am 31.12.1953 – wurde alles untersagt, Bilder und Briefe wieder eingezogen, das Essen schlechter als vorher, Vergünstigungen genommen, Normen erhöht; die Gummiknüppel traten erneut in Tätigkeit, die Strafabteilung war überbelegt, Volkspolizisten brüllten herum, inspizierten unvermittelt Zellen; das Denunziantenwesen blühte, es war nichts mehr gestattet! [...]

Nach dem 17. Juni 1953 wurde der Strafvollzug an politischen Häftlingen vorübergehend gelockert. Bericht von Rudolf Jahn, um 1958.

Archiv Stiftung Sächsische Gedenkstätten/DIZ Torgau

0004[illegible] 24

3 Exemplare
2. Ausfertigung

Strafvollzugsanstalt Torgau

Art des Verbrechens:	Insgesamt	davon unterteilt in Strafzeit				
		Lebenslängl.	25 Jahre	15 b. 25 J.	1o.b. 15 J.	bis 1o Jahre
1. Spionage	566	-	418	48	48	52
2. Kriegsverbrecher (Verbr.g.d.M.)	582	27	92	21	69	373
3. Terroristen	69	-	28	5	12	24
4. Diversanten	16	-	4	-	1	11
5. Schädlingsarbeit Sabotage	8o	-	16	6	14	44
6. Aufruf z. Aufstand u. Teilnahme an antisowj. Org. und Gruppen	97	-	44	2	5	46
7. Antisowj.Agitation Flugblattverteilung	199	-	116	1	-	82
8. Verheimlichung oder Mitwisserschaft	9	-	-	-	-	9
9. Illegaler Waffenbesitz	124	-	14	5	18	87
1o. Sonstige Verbrechen	1o2	1	1o	4	18	69
	1.844	28	742	92	185	797

SMT-Verurteilte als Häftlinge in der stark überbelegten Strafvollzugsanstalt Torgau, aufgeschlüsselt nach insgesamt neun Kategorien von politischen Delikten. Torgau, 17. Dezember 1953.

Bundesarchiv Berlin

- 9 -

Jahr	1 Boykotthetze (Art. 6 d.Verf. v. 7.10. 1949) und Erfindung oder Verbreitung friedensgefährd. Gerüchte (Art. III A III Kontrollratsdir. 38)	2 Sabotage (bis 19. 9.1955 nach Befehl Nr. 100 der SMAD, danach bis 31.1.58 nach Art. 6 d.Verf., dann § 23 StEG)	3 Abwerbung (§ 21 StEG)	4 Republikflucht (§ 8 Paßges.)	5 Hetze u. Staatsverleumdung (§§ 19, 29 StEG)	6 Spionage, Samlg. v.Nachrichten, verbrecherische Verbindungen (§§ 14-16 StEG)	7 Terrorismus (§§ 17, 18 StEG)	8 Waffenbesitz (VO vom 29.9. 1955)
1950	1210	45	-	-	-	-	-	5
1951	878	53	-	-	-	-	-	14
1952	1692	98	-	-	-	-	-	20
1953	2448	90	-	-	-	-	-	21
1954	2386	56	-	-	-	-	-	38
1955	1500	26	-	-	-	-	-	135
1956	898	3	-	-	-	-	-	-
1957	661	-	-	-	-	-	-	17
1958	66	-	54	340	719	438	11	54
1959	-	-	29	183	452	366	12	28
1960	-	-	39	325	419	287	15	19
1961	-	-	136	667	578	332	54	10
1962	-	-	180	711	241	201	130	15
1963	-	-	171	752	97	191	89	8
1964	-	-	137	661	99	182	51	15
1965	-	-	155	665	88	150	74	8
1966	-	-	97	494	78	110	40	10
1967	-	-	33	334	74	53	19	3

In der DDR wurden keine Zahlen zu Verurteilungen bekannt gegeben. Diese Übersicht zu politischen Verurteilungen wurde vom Untersuchungsausschuss Freiheitlicher Juristen (UFJ) auf der Grundlage namentlich erfasster Fälle erstellt und unter Vorbehalt veröffentlicht. West-Berlin, 1968.

Bundesarchiv Koblenz

Das Gebäude der Ständigen Vertretung der Bundesrepublik Deutschland bei der Deutschen Demokratischen Republik in der Hannoverschen Straße 28–30 in Ost-Berlin, 1974. Hierhin flüchteten sich trotz Verboten immer wieder DDR-Bürger, die um ihre Ausreisegenehmigung kämpften.

Bundesarchiv Bildarchiv

Ich wurde vier Jahre lang vom MfS beobachtet. Dies geschah auf Grund meines Kontaktes zur Ständigen Vertretung der BRD in Ost-Berlin. Dieser Kontakt bestand bis zu meiner Verhaftung durch das MfS 1978, wegen mehrerer Anträge auf Übersiedlung nach Berlin-West. [...]

Wegen meiner Ausreiseanträge und meiner politischen Einstellung wurde ich von den Ost-Berliner Gerichten zu drei Jahren und sechs Monaten Freiheitsentzug verurteilt. Am 22.6.78 wurde ich von [der Haftanstalt Berlin-]Rummelsburg nach Torgau verlegt. [...]

Am ersten Tag meiner Haft wurde ich zu einem Hauptmann gebracht, der mir sagte, ich sei ein Staatsfeind und ein Schwerverbrecher. Man sagte weiterhin zu mir: »Solange Sie in Torgau sind, werden wir Ihnen das Leben so schön wie möglich machen.« Dies bedeutete, daß ich als Mensch dritter Klasse behandelt wurde und den Schikanierungen der Wachleute ausgeliefert war. Ich begab mich zweimal in Hungerstreik, wofür ich mit Arrest und Einzelhaft bestraft wurde. [...]

Das MfS sorgte weiterhin dafür, daß es zwischen den SV-Angehörigen (der Wachmannschaft) und den politischen Gefangenen zu Auseinandersetzungen kam. Die politischen Häftlinge wurden von der Wachmannschaft zu staatsfeindlichen Äußerungen provoziert. Die Angehörigen von MfS und SV schlugen brutal auf die politischen Gefangenen ein [...].

Einige [inzwischen] entlassene Gefangene versuchten, über diese Zustände Nachrichten rauszuschleusen, welche nach dem Westen gelangen sollten. Dies wurde jedoch von anderen Mitgefangenen durch Anzeige unterbunden. Diese Häftlinge bekamen für ihre Meldung eine Belohnung. Kriminelle und politische Gefangene wurden unterschiedlich behandelt, was sich darin äußerte, daß kriminelle Gefangene an Freizeitveranstaltungen teilnehmen konnten, während politische Gefangene unter Verschluß blieben.

Der Besuch von Verwandten politischer Häftlinge wurde den Verwandten erschwert, wenn nicht sogar verleidet. Oft wurde den Verwandten inhaftierter Häftlinge durch SV-Angehörige fälschlicherweise mitgeteilt, daß sich der Gefangene schlecht verhalten habe. Ein Besucher konnte dann nur durch eine Trennscheibe zu dem Gefangenen sprechen, der persönliche Kontakt war so unterbunden. Auch Geschenke wurden den Gefangenen nicht immer ausgehändigt.

Aus einem Häftlingsbericht für die Zentrale Erfassungsstelle der Landesjustizverwaltungen in Salzgitter, 29. September 1984.

OLG Braunschweig/ZESt

0085

Strafvollzugsanstalt Torgau
Der Leiter

Torgau, den 16. o5. 1974

L a g e e i n s c h ä t z u n g
der StVA Torgau

1. Entwicklung des Gefangenenbestandes

1.1 Der Gefangenenbestand in der StVA Torgau beträgt am 30.05.74
15. o5. 1974 = 1.518 Strafgefangene.

Er gliedert sich auf				
	StVA	=	992	994
	JStA	=	526	542
				1536

1.2 Der Gefangenenbestand setzt sich wie folgt zusammen:

StVA

Verbrechen gegen die DDR	§§ 96 – 111	= 2,o %
Straftat. geg. d. Persönl.	§§ 112 – 14o	= 26,6 % ✓
Straftat. geg. Jug.u.Fam.	§§ 141 – 156	= 7,7 %
Straftat. geg. soz. ET	§§ 157 – 176	= 17,8 %
Straftat. geg. pers. ET	§§ 177 – 184	= 7,3 %
Straftat. geg. allg.Sich.	§§ 185 – 2o9	= 5,5 %
Straftat. geg. staatl.Ord.	§§ 21o – 25o	= 33,1 % ✓

JStA

Verbrechen gegen die DDR	§§ 96 – 111	= 2,o %
Straftat. geg. d. Persönl.	§§ 112 – 14o	= 33,1 % ✓
Straftat. geg. Jug.u.Fam.	§§ 141 – 156	= 2,4 %
Straftat. geg. soz.ET	§§ 157 – 176	= 27,1 %
Straftat. geg. pers. ET	§§ 177 – 184	= 6,6 %
Straftat. geg. allg.Sich.	§§ 185 – 2o9	= 6,6 %
Straftat. geg. staatl.Ord.	§§ 21o – 25o	= 22,2 % ✓ 27,6 %

Unter den gegenwärtigen Bedingungen (zusätzliche Belegung) ist eine Aufnahme von insgesamt 1.575 Strafgefangenen möglich.

17,8
27,1

26,6
33,1
59,7 : 2 = 29,85

33,1
22,1
55,2 : 2 = 27,6

Mitte der 1970er Jahre war ein Drittel der erwachsenen Gefangenen wegen »Straftaten gegen die staatliche Ordnung« in Haft. Torgau, 16. Mai 1974.

Sächsisches Staatsarchiv/Staatsarchiv Leipzig

Strafvollzugsanstalt
T o r g a u
Stellvertreter Vollzug

Torgau, den 26.05.1975

Leiter der StVA
Gen. Oberstltm. des SV Wallat

Im H a u s e

Betreff: Zuarbeit für den Auskunftsbericht an die Staatsanwaltschaft über Situation im Erwachsenenstrqfvollzug

Der Gefangenenbestand am 26.05.1975 = 880 SG, davon 717 vorbestraft.
Hauptdeliktgruppe sind Straftaten gegen die staatliche Ordnung = 276 Strafgefangene. Davon
30 SG wegen Widerstand gegen staatliche Maßnahmen (§ 212 StGB)
49 SG wegen ungesetzlichen Grenzübertritt (§ 213 StGB)
51 SG wegen Rowdytum (§§ 215, 216 StGB)
33 SG wegen Staatsverleumdung (§ 220 StGB)
46 SG wegen asozialen Verhalten (§ 249 StGB)
46 SG wegen Verletzung von Kontrollmaßnahmen (§ 238 StGB)
Die weitere Aufgliederung nach Deliktgruppen ist:
Verbrechen gegen die DDR = 8 SG

Anders als in den 1980er Jahren befand sich zum Zeitpunkt dieser internen Zusammenstellung in den 1970er Jahren noch eine größere Anzahl an politischen Häftlingen in der Strafvollzugsanstalt Torgau.
Torgau, 26. Mai 1975.
Sächsisches Staatsarchiv/Staatsarchiv Leipzig

- 8 - VVS JHS o001-632/86

In der Strafvollzugseinrichtung Torgau sind seit dem IV. Quartal 1985 durchschnittlich ständig 800 - 1000 Strafgefangene inhaftiert. Das Strafmaß beträgt bei ca. 80 % der Strafgefangenen zwischen einem Jahr bis zu drei Jahren. Der überwiegende Teil der Strafgefangenen ist wegen Eigentumsdelikten, Straftaten gegen die staatliche Ordnung und gegen die Persönlichkeit zu Freiheitsstrafen verurteilt. Eine besonders starke Konzentration ist bei Rückfalltätern mit durchschnittlich 8 Vorstrafen zu verzeichnen.

Mit Stand vom 30. 1. 1986 waren 727 Strafgefangene mit 3 und mehr Freiheitsstrafen vorbestraft, bei 111 Strafgefangenen gab es zwei und bei 59 Strafgefangenen nur eine Vorstrafe. Es war lediglich 1 Ersttäter inhaftiert.

Wegen Verbrechen gegen die DDR sind gegenwärtig 3 Strafgefangene inhaftiert, wobei alle 3 Straftäter Terrorhandlungen begangen haben. 5 Strafgefangene sind wegen Mord und 34 Strafgefangene gemäß § 213 StGB inhaftiert.

Als besonders gefährliche Straftäter gemäß den Weisungen des MdI sind 7 Strafgefangene eingestuft, welche speziellen Vollzugsgestaltungsmaßnahmen unterliegen.

Unter dem Strafgefangenenbestand befinden sich 3 ehemalige Angehörige der Bundeswehr der BRD (1 ehemaliger Fallschirmjäger) und 1 früherer Fremdenlegionär. Es sind auch 60 Reservisten der NVA inhaftiert.

Durch 54 Strafgefangene wurden Versuche zur Erreichung einer Übersiedlung in das nichtsozialistische Ausland und nach Westberlin, davon 32 während der Strafverwirklichung, unternommen. Von diesen Strafgefangenen sind 10 als "hartnäckige Antragsteller" einzuschätzen, welche teilweise eine offene Mißachtung der Gesetze bekunden und auch Gewaltakte androhen. Durch intensive Einflußnahme auf derartige Strafgefangene konnten im IV. Quartla 1985 7 Rücknahmen von Übersiedlungs-

- 9 - VVS JHS o001-632/86

ersuchen erreicht werden. Im Januar 1986 gab es aber bereits schon wieder 3 neue Versuche zur Erreichung einer Übersiedlung in das nichtsozialistische Ausland und nach Westberlin.

In Torgau saßen Mitte der 1980er Jahre auch nach § 213 des Strafgesetzbuchs der DDR (»Ungesetzlicher Grenzübertritt«) verurteilte Gefangene ein und solche, die ihre ständige Ausreise in die Bundesrepublik beantragt hatten. Sie stellten zusammen etwa zehn Prozent der Inhaftierten. Auszüge aus einer Fachschulabschlussarbeit der Juristischen Hochschule des MfS, Potsdam, 1986.
BStU

Anlage: 2

Zur Struktur des Strafgefangenenbestandes (Stand: 10.10.1987)

Dienst-stelle (StVE)	Alter (in %)				Strafrest (in %)			
	18-25 Jahre	25-35 Jahre	35-50 Jahre	über 50 Jahre	bis 6 Monate	6-12 Monate	1-2 Jahre	über 2 Jahre
Leipzig	31,9	44,7	17,7	5,6	37,2	35,7	21,6	5,5
Waldheim	20,5	47,3	26,0	6,2	30,6	26,9	32,4	10,1
Regis	38,9	43,5	13,7	3,9	52,2	34,5	12,4	o,9
Torgau	12,8	45,5	37,5	4,2	32,7	25,6	31,7	10,0
Bezirk	26,4	45,4	22,9	5,3	37,0	31,2	25,0	6,8

Dienst-stelle (StVE	mit Freiheitsentzug vobrestraft (in %)			Straftaten-gruppen (in %)		Allgemeinbildung (in %)		
	1-mal	2-mal	3 und mehrm.	soz.u.pers. Eigentum	allgem.od. staatl. Ordn.	10. Klasse	8. Klasse	7. Klasse und darun
Leipzig	22,6	26,9	50,9	28,8	57,9	23,2	51,5	25,3
Waldheim	5,4	12,2	82,4	71,3	17,2	18,7	53,0	28,3
Regis	20,4	17,0	62,6	25,5	54,2	26,3	58,6	15,1
Torgau	5,4	18,1	76,5	67,8	17,9	15,8	59,4	24,8
Bezirk	13,0	18,4	68,6	49,9	35,6	20,6	54,9	24,5

Der Prozentsatz der Straftäter »gegen die allgemeine oder staatliche Ordnung« lag in den letzten Jahren der DDR in Torgau unter dem Durchschnitt der vier Haftanstalten im Bezirk Leipzig. Anlage zu einem Bericht der Bezirksdirektion der Volkspolizei an die Bezirksleitung der SED. Leipzig, 20. Juli 1988.

Sächsisches Staatsarchiv/Staatsarchiv Leipzig

HAFTALLTAG

Der gesamte Tagesablauf der Gefangenen in Torgau folgte für alle Strafvollzugsanstalten in der DDR einheitlichen Regeln. An erster Stelle stand die »Einhaltung von Ordnung und Disziplin«: Wecken, Bettenbau, Antreten, Anrede, Grüßen, Ausrücken zur Arbeit, Abkommandierung zu den Mahlzeiten und den kollektiven Freizeitbeschäftigungen, auch Körperpflege und Sport unterlagen militärischen Umgangsformen, begleitet vom Kommandoton des Vollzugspersonals.

Das Fehlen jeglicher Intimsphäre – gemeinsames Duschen, offene Toiletten in den Zellen – wurde bewusst als Mittel der Erziehung zum Kollektiv und zur Entindividualisierung praktiziert. Auch die sogenannte Freizeit, vom gemeinsamen Hofgang bis zur propagandistisch umrahmten Zeitungslektüre, erlaubte den einzelnen Gefangenen keinen Rückzug ins Private.

Bis zum Ende der DDR blieb es bei dieser rigorosen Einschränkung alles Persönlichen. Ständige Kontrollen der Hafträume und Habseligkeiten der Gefangenen waren an der Tagesordnung. Briefe oder Päckchen von Angehörigen, der Zukauf von Lebensmitteln, Lektüre und andere Vergünstigungen konnten mit fadenscheinigen Begründungen jederzeit entzogen werden.

Einwände oder Beschwerden der Gefangenen wurden als Renitenz ausgelegt. Arbeitsverweigerungen oder Versuche unerlaubter Gruppenbildung von Häftlingen wurden hart bestraft. Misshandlungen und Übergriffe seitens des Strafvollzugspersonals waren hingegen von den Gefangenen kaum nachweisbar und wurden nur in Ausnahmefällen von der Anstaltsleitung geahndet.

Postverkehr:

Jeden Monat einmal konnte ein Brief mit zwanzig Zeilen geschrieben und empfangen werden.

Besuch:

Jedes Vierteljahr konnte einmal ein Besucher für eine halbe Stunde empfangen werden.

Sport:

Die arbeitenden Häftlinge konnten sich mit Tischtennis und Volleyballspiel beschäftigen. Nichtarbeitende Gefangene wurden zum Sport nicht zugelassen.

Film:

Ab und zu wurden Filme aus SU, CSR, Ungarn und der »DEFA« für alle Gefangenen gezeigt.

Bücherei:

In der Strafanstalt bestand auch eine Bücherei. Jeden Montag konnte ein Buch ausgeliehen werden. Es handelte sich nur um sogenannte »Fortschrittliche Literatur«.

Häftlingsbericht über Freizeitmöglichkeiten im Gefangenenalltag der StVA Torgau, 19. Juli 1956.

Bundesarchiv Koblenz

Blick in einen Zellentrakt der Strafanstalt Torgau. Baulicher Zustand wie 1990, Aufnahme von 1995.

Archiv Stiftung Sächsische Gedenkstätten/DIZ Torgau

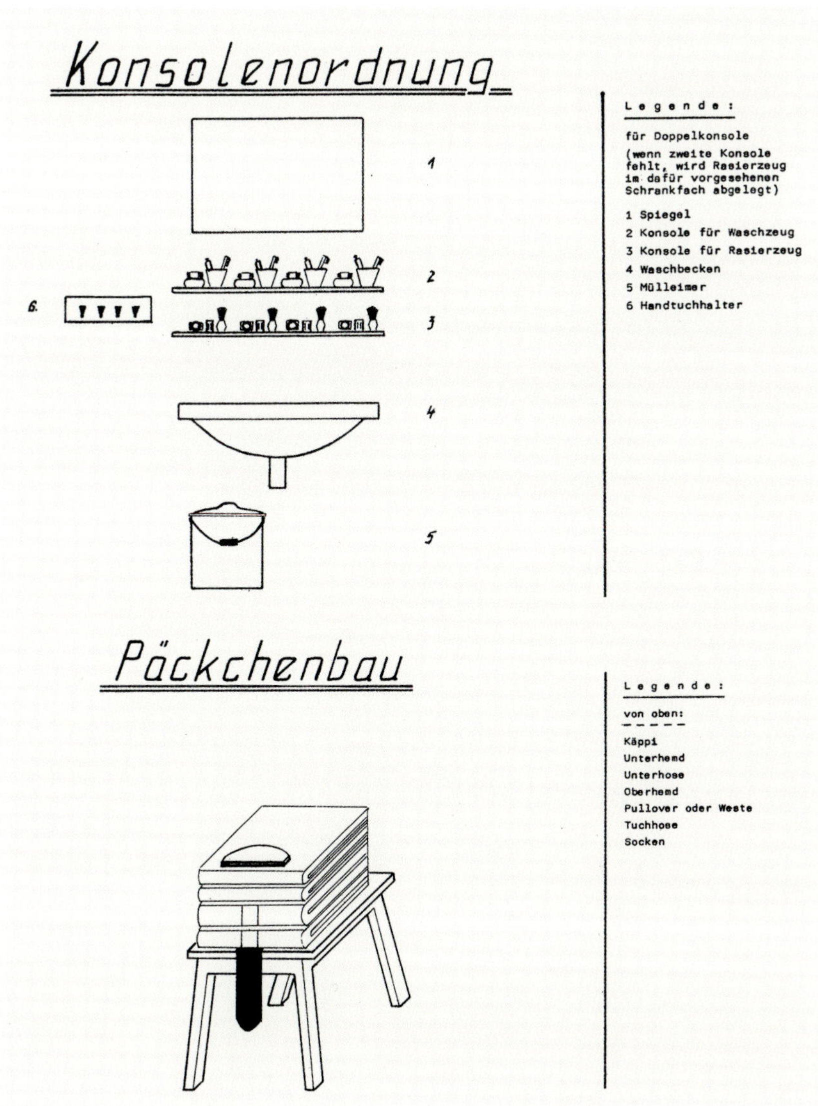

Die Kleidung der Strafgefangenen musste abends nach militärischem Vorbild zusammengelegt werden. Auch die Anordnung der Toilettenartikel auf der Spiegelkonsole war genau vorgeschrieben. Musterzeichnungen aus der Hausordnung von Bautzen II.

Stiftung Sächsische Gedenkstätten/Gedenkstätte Bautzen, Historische Sammlung

- 2 -

1. Allgemeine Grundsätze

(1) Strafgefangene haben die Pflicht,

- den Anordnungen der Strafvollzugsangehörigen und deren Beauftragten Folge zu leisten,
- den Tagesablaufplan einzuhalten,
- die ihnen zugewiesene Arbeit ordnungsgemäß zu verrichten, sich dabei gegenseitig zu unterstützen und die Arbeitszeit voll zu nutzen,
- Gefahren für Personen und Sachen unverzüglich zu melden und soweit wie möglich abzuwenden,
- das Volkseigentum sorgfältig zu behandeln und es vor Beschädigung, Verlust und Mißbrauch zu schützen,
- die Bestimmungen über den Gesundheits- und Arbeitsschutz sowie über den Brandschutz einzuhalten,
- an den staatsbürgerlichen Erziehungs- und Bildungsmaßnahmen sowie am Unterricht zur Vervollkommnung der Allgemeinbildung teilzunehmen und sich die für die Arbeit notwendige Qualifikation anzueignen,
- sich den ärztlichen Untersuchungen und angeordneten Schutzimpfungen zu unterziehen und den ärztlich angeordneten Maßnahmen und Verhaltensweisen im Krankheitsfalle uneingeschränkt nachzukommen,
- den Personalbogen und alle an sie gerichteten Fragen wahrheitsgemäß auszufüllen bzw. zu beantworten und den Lebenslauf ausführlich niederzuschreiben,
- den Weisungen oder Kommandos der mit besonderen Aufgaben beauftragten Strafgefangenen (Verwahrraumälteste, Brigadiere, Aktivmitglieder u.a.) Folge zu leisten.

(2) Es ist untersagt,

- andere als die erlaubten Gegenstände zu besitzen,
- Veränderungen an technischen und Sicherungsanlagen vorzunehmen oder diese zu mißbrauchen,
- auf Diensthunde einzuwirken,

Die Hausordnung, deren Kenntnisnahme von den Gefangenen beim Strafantritt mit Unterschrift zu bestätigen war, enthielt eine Fülle von Verhaltensregeln, die im Detail immer weiter ausgearbeitet wurden. StVA Torgau, Entwurf vom 25. März 1968.

Sächsisches Staatsarchiv/Staatsarchiv Leipzig

000015

- unerlaubte Verbindungen aufzunehmen,
- sich tätlich auseinanderzusetzen,
- körperliche Selbstbeschädigungen herbeizuführen,
- sich selbst oder andere zu tätowieren bzw. sich tätowieren zu lassen,
- alkoholische Getränke zu beschaffen, herzustellen bzw. zu sich zu nehmen,
- andere als die erlaubten Unterhaltungsspiele auszuführen.

2. Anrede

(1) Die Strafvollzugsangehörigen sind mit Herr bzw. Frau und Dienstgrad, die in Strafvollzug tätigen Zivilpersonen mit Herr bzw. Frau und Familiennamen anzusprechen.

(2) Sofern Strafgefangene einen Strafvollzugsangehörigen zu sprechen wünschen, haben sie sich vom Platz zu erheben, eine ordentliche Haltung einzunehmen und, sofern Kopfbedeckung getragen wird, diese abzunehmen.
In gleicher Weise ist zu verfahren, wenn Strafgefangene von einem Strafvollzugsangehörigen angesprochen werden.

3. Grußerweisung und Meldungen

(1) Den Strafvollzugsangehörigen und den im Strafvollzug tätigen Zivilpersonen ist der Tagesgruß zu entbieten.

(2) Beim Aufschluß bzw. Betreten des Verwahrraumes durch Strafvollzugsangehörige haben die Verwahrraumältesten "Achtung" zu rufen und Meldung zu erstatten. Die Meldung hat zu enthalten:
- die Bezeichnung des Verwahrraumes,
- die Belegungsstärke,
- abwesende Strafgefangene,
- Vorkommnisse,
- Name des Meldenden.

(3) Betritt ein Vorgesetzter während des Aufenthaltes eines Strafvollzugsangehörigen den Verwahrraum, erfolgt kein Achtungsruf. Strafgefangene haben sich in diesen Fällen ohne Aufforderung von ihren Sitzplätzen zu erheben.

Literaturhinweise:

Lehr- und Handbücher sowie Arbeitsmittel

SV-Lehrbuch, insbes. Abschn. 8.3 und 9.4
SV-Pädagogik, insbes. Abschn. 8, 9, 11, 13 bis 16 und 23
StVG-Kommentar, insbes. zu § 26
Schlag nach für SV-Angehörige

Artikel/Broschüren

AUTORENKOLLEKTIV, Grundlagen der Methodik des marxistisch-leninistischen Grundlagenstudiums, VEB Deutscher Verlag der Wissenschaften, Berlin 1974
EBELING/HOPPE, Die planmäßige Mitarbeit gesellschaftlicher Kräfte bei der staatsbürgerlichen Erziehung, FdK, Heft 2/1979, S. 50—52
FRIEDRICH/MEHLHORN, Kleine Methodik für Zirkelleiter, VEB Deutscher Verlag der Wissenschaften, Berlin 1976
FUCHS/KNOLL, Audiovisuelle Lehrmittel, VEB Fotokinoverlag, Leipzig 1976
KARGER, Niveau und Wirksamkeit der staatsbürgerlichen Schulung der Strafgefangenen weiter erhöhen, FdK, Heft 1/1979, S. 41—45
KEIKERT, Staatsbürgerliche Erziehung durchdringt alle Bereiche des komplexen Vollzugsprozesses, FdK, Heft 1/1979, S. 56—58
KOLB, Mitwirkung Strafgefangener im Erziehungsprozeß, MdI — PA, 1979, insbes. Abschn. 2.2
KRASILNIKOW, Über die bewußtseinsbildende Arbeit unter den Verurteilten, FdK, Heft 5/1977, S. 52—56
NENSEL, Alle Möglichkeiten erzieherischer Einflußnahme nutzen, FdK, Heft 1/1979, S. 53—55

3.6. Erziehung der Strafgefangenen zu Ordnung und Disziplin

3.6.1. Ziel der Erziehung der Strafgefangenen zu Ordnung und Disziplin

Die Erziehung zu Ordnung und Disziplin ist ein wesentlicher Bestandteil der Erziehung der SG. Sie hat die strikte Einhaltung der Normen und Regeln des Zusammenlebens im SV, die Durchsetzung von Anweisungen SV-Angehöriger und anderer befugter Personen und die Erfüllung der auferlegten Pflichten zum Ziel. Das ist Voraussetzung für eine gesellschaftlich verantwortungsbewußte Gestaltung ihres künftigen Lebens.

116

Vergleiche:

§ 27 Abs. 1 StVG

Die **Disziplin im SV umfaßt alle Lebensbereiche der SG,** vor allem:
— Disziplin im persönlichen Verhalten;
— Arbeitsdisziplin;
— Disziplin im Rahmen der Maßnahmen der staatsbürgerlichen Erziehung und allgemeinen Bildung;
— Disziplin bei der Durchführung kollektiver Pflichten.

Beachte:

Die Erziehung der SG zu Ordnung und Disziplin im SV der DDR
- fußt auf dem StVG und der zur Durchführung erlassenen Rechtsvorschriften und Weisungen,
- findet für den SG ihre konkrete Grundlage in der Hausordnung.

Vergleiche:

Anl. 6 zur SVZO

3.6.2. Verinnerlichung der Normen und Regeln zu einem disziplinierten Verhalten bei Strafgefangenen

Der Normverinnerlichungsprozeß ist ein dialektischer, sich ständig neu vollziehender Prozeß. Diszipliniertes Verhalten ist stets das Ergebnis bestimmter Aktivitäten (s. dazu auch Anl. 15).

3.6.3. Durchsetzung der Ordnungs- und Verhaltensregeln in den Einrichtungen des Strafvollzugs

3.6.3.1. Hausordnung

Die **Hausordnung** erhält die wesentlichsten **Anforderungen an das Verhalten der SG** und bildet die **vorbildliche Orientierungsgrundlage** für
— die Forderungen der SV-Angehörigen und anderer in die Erziehungsarbeit einbezogener Personen gegenüber den SG;
— das Tun und Unterlassen der SG während des Vollzugs der Strafe mit Freiheitsentzug.

117

Vergleiche:

Anl. 6 zur SVZO

Die SG sind:
— bei der Aufnahme mit dem Inhalt der Hausordnung eingehend vertraut zu machen und zu belehren.
Zur Veranschaulichung sind Bildmaterialien und Muster zu verwenden. Die Belehrung und das Studium der Hausordnung sind durch die SG auf dem Übersichtsblatt (Vordruck SV 7 a) unterschriftlich zu bestätigen.
— in periodischen Abständen entsprechend der Erziehungssituation im jeweiligen Bereich über die gesamte oder Teilabschnitte der Hausordnung zu belehren.
Die Belehrung muß an Hand der Auswertung positiver und und negativer Verhaltensweisen der SG sowie unter Anwendung von Lob und Tadel durchgeführt werden.

Die Hausordnung muß zur **ständigen Einsichtnahme** durch die SG in den Verwahrräumen bzw. -bereichen ausliegen.
Die konsequente Durchsetzung der Hausordnung erfordert
- deren exakte Kenntnis;
- ihre einheitliche und abstrichlose Durchsetzung;
- eine sofortige und unmißverständliche Reaktion auf Abweichungen

durch die SV-Angehörigen und andere am Erziehungsprozeß beteiligte Personen.

3.6.3.2. Tagesablauf

Für eine straffe Vollzugsgestaltung und -organisation ist ein exakt geplanter und durchgesetzter Tagesablauf Voraussetzung.
Der **Tagesablaufplan** enthält alle in zeitlicher Reihenfolge (täglich und wöchentlich) ablaufenden, sich wiederholenden und anderen notwendigen (z. B. Sprechzeiten) Aktivitäten der SG eines bestimmten Bereichs.

Bei der Erarbeitung des Tagesablaufplans sind folgende **Zeitfaktoren** zu **berücksichtigen:**
— die **Arbeitszeit** unter Beachtung von Schichtarbeit, einschließlich der Wegezeiten. Sie bildet die zentrale Ausgangsgröße aller anderen zeitlichen Festlegungen.
— die **Zeit der Befriedigung persönlicher Bedürfnisse,** wie:
  - Einnahme der Mahlzeiten;

118

  - Schlaf;
  - Körperliche Reinigung;
  - Reinigung der Verwahrräume und -bereiche;
  - Studium der Tagespresse;
  - Ausbesserungsarbeiten bzw. Pflege der Bekleidung;
  - Schreiben von Briefen;
  - Ärztliche und zahnärztliche Behandlung;
  - Aufsuchen von Sprechstunden zur Wahrnehmung persönlicher Interessen;
  - Einkauf von Waren des persönlichen Bedarfs;
  - Aufenthalt im Freien

— **Zeitvolumen für Erziehungs- und Bildungsarbeit.**

Beachte:

Die zeitlichen Festlegungen müssen exakt, ausreichend und realisierbar sein.
Der vorhandene Zeitfonds ist maximal für die Erziehungsarbeit zu nutzen.
Die Aktivitäten des Tagesablaufs müssen mit anderen Bereichen der StVE bzw. JH und der Dienstorganisation der SV-Angehörigen abgestimmt sein.
Den SG muß eine ununterbrochene Schlafenszeit von mindestens 8 Stunden gewährt werden.

Vergleiche:

§ 34 Ziff. 1 StVG

Die konsequente Durchsetzung des festgelegten Tagesablaufs erfordert:
— die gründliche Kenntnis und Einweisung der SV-Angehörigen und anderer mit der Erziehung beauftragter Personen sowie der SG in den Ablauf;
— die unbedingte Einhaltung der festgelegten Zeiten;
— die ständige Gewährleistung der Kontrolle der Beaufsichtigung durch die SV-Angehörigen;
— die regelmäßige und schwerpunktmäßige Kontrolle des Ablaufs durch den Erzieher und die Vorgesetzten.

3.6.3.3. Appelle bei Strafgefangenen

Appelle zur Überprüfung der Vollzähligkeit und des Zustands der Bekleidung und Gegenstände des persönlichen Bedarfs sind Be-

119

standteil der Erziehung der SG zu Ordnung und Disziplin und sind ein sicherheitsmäßiges Erfordernis.

Zu **unterscheiden** sind **zwei Appellarten:**

— **Tägliche Bekleidungsdurchsichten** beim Ausrücken zum Arbeitseinsatz, zur Bewegung im Freien und zum Morgenappell.
Zu kontrollieren sind:
- Einhaltung der angewiesenen Bekleidungsart;
- Sauberkeit und Trageweise der Bekleidung;
- Persönliche Körperpflege, insbesondere Rasur und Haarschnitt bei männlichen SG.

— **B/A-Appelle,** in der Regel nach Instandsetzungsarbeiten.
Zu kontrollieren sind:
- Sauberkeit;
- Zustand;
- Vollzähligkeit;
- Vorschriftsmäßigkeit.

Beachte:

B/A-Appelle können angekündigt oder nicht angekündigt durchgeführt werden.

3.6.3.4. Ordnung in den Verwahrraumbereichen

Das gemeinsame Zusammenleben SG auf engstem Raum erfordert ein Höchstmaß an Ordnung und Sauberkeit.

Die **Verwahrraumordnung** verlangt:

— Der Verwahrraum muß stets sauber sein.
— Es dürfen keine Bekleidungsstücke und Gegenstände des persönlichen Bedarfs herumliegen.
— Die Aschenbecher sind ständig zu leeren, insbesondere wenn der Verwahrraum verlassen wird.
— Abfälle und andere Gegenstände sind wegzuräumen.
— Die Verwahrraumeinrichtung, Wände, Türen und Fenster sind zu schonen.
— Bekleidungsstücke dürfen nicht zum Trocknen im Verwahrraum und am Fenster aufgehängt werden.
— Die Betten und Schränke sind nach den festgelegten Bestimmungen einheitlich zu bauen bzw. einzuräumen.
— Die Betten, Schränke bzw. Schrankfächer und Kleidungsablagen sind zum Zwecke der Kontrolle mit Namen zu kennzeichnen.
— Es ist verboten, im Bett zu rauchen.

120

Beachte:

Die Möglichkeiten der erweiterten Ausstattung von Verwahrräumen als Anerkennung gemäß § 31 Abs. 4 Ziff. 4 StVG.

Die Verwahrraumordnung umfaßt:
- Die **Einrichtung der Verwahrräume entsprechend den Ausstattungsnormen,** unter Wahrung der notwendigen Übersichtlichkeit.

Beachte:

SG dürfen in der Grundeinrichtung und an einzelnen Einrichtungsgegenständen keine Veränderungen vornehmen.
Die Wände dürfen nicht beschriftet und beschmiert werden.
Die Vollzähligkeit der Einrichtungsgegenstände und deren schonende Behandlung sind zu gewährleisten.
Die Aufbewahrung verbotener Gegenstände ist zu verhindern.

- Die **Schrankordnung**

  Die Schränke sind einheitlich einzuräumen und sauberzuhalten. In den Schränken dürfen keine verdorbenen Lebensmittel oder schmutziges Eßgeschirr aufbewahrt werden. Es ist nicht erlaubt, in die Schränke Nägel oder Haken einzuschlagen.

- Der **Bettenbau**

  Die Betten sind einheitlich zu bauen. Die Matratzen bzw. Aufleger sind beim Wechsel der Bettwäsche umzudrehen, damit sie nicht einseitig eingedrückt werden. Einmal im Monat sind die Decken zu klopfen, Matratzen zu lüften.

- Es ist **nicht gestattet,**
  - ✧ Gegenstände im Bett aufzubewahren (außer Nachtbekleidung);
  - ✧ sich mit der Unterwäsche oder der Sportbekleidung zur Nachtruhe ins Bett zu legen.

Beachte:

Zur Durchsetzung der Verwahrraumordnung hat es sich in der Praxis als förderlich erwiesen, in der StVE bzw. im JH einen Musterverwahrraum einzurichten, an Hand dessen Belehrungen und Einweisungen durchgeführt werden.

121

Die einzuhaltende Ordnung in den Zellen war genau festgelegt.

Handbuch für Erzieher 1981

VERSORGUNG

Aus einem beschränkten Warensortiment der anstaltseigenen Verkaufsstelle konnten Strafgefangene zusätzliche Nahrungs- und Genussmittel kaufen. Aufnahme von 1959.
JVA Torgau

Bei den meisten Strafvollzugsanstalten in der DDR handelte es sich um Gefängnisbauten, die bereits in der zweiten Hälfte des 19. Jahrhunderts errichtet worden waren. Gemäß den aktuellen Anforderungen boten sie weder genug Platz noch ausreichende Hygiene für die große Zahl von Gefangenen. Auch in vergleichsweise modernen Gefängnissen wie Torgau, dessen Haftgebäude in der zweiten Hälfte der 1930er Jahre errichtet worden war, mangelte es den Strafgefangenen in den 1950er Jahren an Notwendigem wie Arbeitskleidung oder Bettwäsche. Die Haftanstalten kämpften mit den zahllosen Versorgungsmängeln der staatlich gelenkten Planwirtschaft. Sie hatten Mühe, die von der Verwaltung Strafvollzug am grünen Tisch verfassten Vorschriften im Alltag umzusetzen.

Es blieb bis zum Ende der DDR bei kaum genießbarem Essen, sehr mangelhaften sanitären Anlagen und Anstaltskleidung in miserablem Zustand. Sicherheitsbelange hatten unbedingten Vorrang vor der Ausstattung für die Gefangenen. Auch das Warenangebot der DDR-Handelsorganisation (HO) in den gefängniseigenen Verkaufsstellen, in denen die Häftlinge einen Teil ihres Geldes ausgeben durften, war stark eingeschränkt.

Selbst medizinische Versorgung in den Haftkrankenhäusern oder durch Anstaltsärzte konnte den Insassen versagt bleiben, sofern das Wachpersonal unwillig war und einem Gefangenen »Simulation« vorwarf. Andererseits gehörten medizinische Versäumnisse zu den wenigen »Vorkommnissen«, für die die Anstaltsleitungen von ihren Vorgesetzten aktenkundig zur Verantwortung gezogen wurden.

- 5 -

00271

Weiterhin ließe sich das Einsammeln des Geschirrs und das Waschen nicht durchführen, da keine Hausarbeiter mehr zur Verfügung stehen.

Bei der Schlußauswertung wurde vom Gen. stellv. Dienststellenleiter zugesagt, ab sofort das Eßgeschirr in den vorhandenen Spülzellen warm waschen zu lassen. Die erforderlichen Instandsetzungsarbeiten in den betreffenden Spülzellen werden durchgeführt und die ~~übrigen~~ benötigten Strafgefangenen-Hausarbeiter eingesetzt.

In den Zellen sind keine Kaffeekannen vorhanden, mit Ausnahme einiger großer Gemeinschaftszellen. Es sind nicht für alle Strafgefangenen Trinkgefäße vorhanden, so daß ein Teil der Strafgefangenen aus den Essenschüsseln trinken.

Von der Anstaltsleitung wurde in Verbindung mit der Abtlg. Versorgung gefordert, dafür zu sorgen, daß für jeden Strafgefangenen eine Eßschüssel und ein Trinkgefäß zur Verfügung stehen.
Eine Beseitigung dieses Zustandes konnte vom Leiter der Versorgung, Gen. Obltn. Mittag nicht zugesagt werden, da eine Lieferung von der BDVP Leipzig ohne vorherige Planung abgelehnt wird.

Die Bettwäsche ist nicht ausreichend. Ein Teil der Strafgefangenen hat nur ein Laken und deckt sich mit unbezogenen Decken zu. Viele Laken sehen sehr grau aus, da der Wäschetausch nicht immer alle 4 Wochen durchgeführt wird.

Es muß aus hygienischen Gründen gefordert werden, daß für jeden Strafgefangenen mindestens zwei Laken zur Verfügung gestellt werden. Dies sind Mindestforderungen. Außerdem ist das Reinigen und Waschen der Decken viel umständlicher und teurer.

Die Heizung ist nicht ausreichend. In den Zellen waren zur Zeit nur 13 bis 14 Grad Wärme.
Durch verschiedene Neubauten der Produktionsräume in den letzten Jahren sind keine Verstärkungen der Heizung durchgeführt worden. Es wurden lediglich nur Produktionsräume an die alte Kapazität angeschlossen. Auch sind in vielen Zellen die alten Heizkörper entzwei. Dafür wurden Notbehelfe (Eigenbau) eingebaut, die zum Teil nicht ausreichen.

Von der Anstaltsleitung wurde gefordert, daß so geheizt wird, daß zumindest 18 Grad Wärme auf den Zellen sind, um Erkältungskrankheiten zu vermeiden.

Weiterhin muß für die Spülzellen die Warmwasserzufuhr wieder hergerichtet werden, damit das Geschirr nach dem Essen mit warmen Wasser gewaschen werden kann. Zumindest sollten für ca. zwei bis drei Stunden, von 13.00 bis 15.00 Uhr, die Warmwasserhähne im Heizungskeller (z.Zt. abgestellt) zeitweilig angestellt werden.

- 6 -

Eine Kontrolle in der Strafvollzugsanstalt Torgau ergab schwere Missstände bei Hygiene und Unterbringung. Bericht der Abteilung Medizinische Dienste der Hauptverwaltung der Deutschen Volkspolizei an die Bezirksdirektion Leipzig. Berlin, 30. März 1960.

Bundesarchiv Berlin

00011

Hauptabteilung H S

Berlin, 20. Februar 1950
Gt./Ka=

Aktenvermerk:

Betr.: Gesundheitsfürsorge in den Strafanstalten der Volkspolizei

1. Eine grobe Schätzung, die durch einige Ärzte in den Anstalten Torgau, Untermassfeld und Luckau vorgenommen wurde, ergab, daß ungefähr

30 Prozent

der Insassen Tbc-krank sind, wobei sich auch ein grosser Teil schwerere Fälle befinden (Kaustik-Behandlung, wahrscheinlich auch einige Rippenserektionen). u. Pirenträger

In den Lagern der Besatzungsmacht war die ärztliche Betreuung nach allgemeiner Bekundung vorbildlich. Ausserdem wurden diese Kranken zumindest gleichwertig mit den entsprechenden Sätzen für Tbc-Kranke im Zivilsektor verpflegt.
Nach der Übernahme in das Gewahrsam der Deutschen Volkspolizei mussten anfänglich die Verpflegung gemäss den Normen der Zivilbevölkerung durchgeführt werden, d.h., da es sich im Allgemeinen um Nichtarbeitende handelt, nach der Grundkarte.
Seitens der SKK, Abt. Inneres, wurde die Forderung erhoben, zumindest diese Kranken gleichwertig den bisherigen Verpflegungssätzen in den Lagern zu versorgen. Auch seitens einiger Vertragsärzte wird jede weitere Verantwortung für die Kranken abgelehnt, wenn nicht bald die Verpflegungssätze entsprechend erhöht werden.

Eine Rücksprache des Verantwortlichen für die Verpflegung aus der Hauptabteilung I der HVDVP mit dem Leiter von Handel und Versorgung ergab, dass eine Bewilligung von Tbc-Verpflegung nur über das Ministerium für Gesundheitswesen erfolgen kann. Es wird ersucht, die Schätzungszahlen von 30 % dabei in Voranschlag zu bringen und nach erfolgter Untersuchung werden konkrete Zahlen anzugeben. Sollte dabei festgestellt werden, dass die Prozentzahl von 30 zu hoch gegriffen ist, kann für den nächsten Bezugsmonat eine entsprechende Verrechnung vorgenommen werden.

2. Ärztliche Betreuung der Strafanstalten in der Regie der Volkspolizei

Als eines der brennendsten Probleme, die durch die Übernahme der Häftlinge aus dem Gewahrsam der Besatzungsmacht für die Deutsche Volkspolizei erwachsen sind, ist die

Ärztliche Betreuung von ca. 14 000 Menschen.

Diese Menschen sind zur Zeit in folgenden Objekten untergebracht:

1.	Strafanstalt	Torgau	ca. 1 500	Häftlg.
2.	"	Luckau	ca. 800	"
3.	"	Untermassfeld	ca. 1 225	"
4.	"	Hoheneck	ca. 1 120	"
5.	"	Waldheim	ca. 3 500	"
6.	"	Bautzen	ca. 5 800	"

b.w.

11300

Wenn sich auch unter den Häftlingen eine Anzahl von Ärzten befindet, die nach erfolgter Erfassung auf die einzelnen Objekte entsprechend den Notwendigkeiten aufgeschlüsselt werden, ist es trotzdem dringendst erforderlich, dass die Objekte 1 – 4 je einen, die Objekte 5 und 6 je zwei hauptamtliche Ärzte erhalten.
Diese **notwendige Forderung wurde bereits vor ca. 10 Tagen mit dem Personalleiter Kunkel** besprochen und auf dessen Aufforderung schriftlich an die Hauptabteilung Gesundheitswesen gerichtet. Der Hauptabteilung Gesundheitswesen bei der Hauptverwaltung Deutsche Volkspolizei ist es nicht möglich, Ärzte für diesen Zweck abzustellen.

3. Ausserdem muss bei der Behandlung des gesamten Fragen-Komplexes noch auf folgendes hingewiesen werden:

Die Hauptabteilung Haftsachen der HVDVP beabsichtigt, ein grösseres

Lazarett in der Strafanstalt Waldheim

für die schwersten Fälle aus den gesamten Objekten einzurichten. Dabei ist in's Auge gefasst, die in der Umfassungsmauer der Strafanstalt befindliche Heil-und Pflegeanstalt des Landesgesundheitsamtes Sachsen mit in dieses Lazarett einzubeziehen.
Entsprechende Verhandlungen werden bereits durch den Herrn Staatssekretär W a r n k e mit der Landesregierung Sachsen geführt.
Die Gründe, die vom Landesgesundheitsamt Sachsen gegen die Räumung dieser Heil- und Pflegeanstalt geführt werden, mögen zum Teil zutreffend sein, wenn man diese Frage partikularistisch sieht.
Dazu muss nochmals betont werden:

> Die Aufgabe, die Lager der Besatzungsmacht zu liquidieren, ist Aufgabe der gesamten deutschen Regierung und nicht allein Aufgabe der Volkspolizei.

Für die Einrichtung oder notwendige Umgestaltung dieser Heil- und Pflegeanstalt wird alles Notwendige durch die Hauptverwaltung Deutsche Volkspolizei veranlaßt.

(Gertich)
Volkspolizei – Oberrat

Verpflegungssätze für Personal

Ein großer Teil der Gefangenen aus den 1950 aufgelösten sowjetischen Speziallagern war an Tuberkulose erkrankt. Allein dies ist ein Hinweis darauf, dass dort – anders als in dem Vermerk der Hauptabteilung Haftsachen behauptet – die hygienischen Bedingungen desolat und die medizinische Versorgung völlig unzureichend waren. Hauptverwaltung der Deutschen Volkspolizei, Berlin, 20. Februar 1950.

Bundesarchiv Berlin

Verpflegung

Die Verpflegung war schlecht und nicht ausreichend. Seit dem 21.5.1961 gab es nur an insgesamt 13 Tagen Kartoffeln. An den anderen Tagen wurde das warme Essen aus Gries, Graupen, Nudeln mit Kohl, Kohlrüben und Mohrrüben zubereitet. Der HO-Einkauf war eingeschränkt, da Warenmangel herrschte. Das für den HO-Einkauf zur Verfügung stehende Geld konnte nicht immer verbraucht werden. Man war aber daran interessiert, daß dieses Geld umgesetzt wurde. So gestattete man den Häftlingen statt – wie bisher – 6 Zigaretten 8 Zigaretten pro Tag zu rauchen. Dadurch erreichte man, daß die Häftlinge ihr Geld restlos ausgaben.

Ärztliche Betreuung

Dr. K. vom Kreiskrankenhaus T o r g a u hatte als Vertragsarzt die Gefangenen zu behandeln. Krankschreibungen erfolgten nur bei fieberhaften Erkrankungen (mindestens 38 Grad) und bei größeren Verletzungen. Die Ausgabe der Medikamente war unregelmäßig, was auf die Nachlässigkeit der Sanitätsdienstgrade zurückzuführen war.

Die Zahnbehandlung führte der Zahntechniker Hans A. durch. Er wurde wegen Spionage zu 12 Jahren Zuchthaus verurteilt. Voraussichtliches Entlassungsjahr 1967. A. machte für seine Mithäftlinge das scheinbar Unmögliche möglich.

Häftlingsbericht, 8. März 1962.

Bundesarchiv Koblenz

Verpflegung

Mittags gab es meist Eintopfgerichte:
Nudeln, Hülsenfrüchte, Kohlrüben, Mohrrüben, Salzkartoffeln mit Sauce, Pellkartoffeln mit Sauerkraut und Topfwurst;
nur alle 14 Tage gab es sonntags Fleisch, sonst nur Sauce mit Fleischfasern.

Frischgemüse und Obst gab es so gut wie gar nicht. Der Aussagende hat während seiner Haft in einem Jahr einmal drei Tomaten erhalten und in einem Jahr gab es im ganzen zum Mittagessen dreimal Salat. Die Häftlinge litten alle an Vitaminmangel.

Am Abend wurde die Kaltverpflegung ausgegeben, und zwar gab es pro Tag:
50 g Schmalz, Margarine oder Butter,
35 g Wurst oder ein Ei,
Brot wurde reichlich zugeteilt, aber die Qualität des Brotes war schlecht.
Nichtarbeiter bekamen weniger Kaltverpflegung als die arbeitenden Häftlinge.

Am Abend lebten die Häftlinge also von der Kaltverpflegung oder vom HO-Einkauf. Kranke bekamen gesondert Krankenkost und Lungenkranke Tbc-Verpflegung.

Häftlingsbericht, 20. Mai 1964.

Bundesarchiv Koblenz

201500

57.

073

Stellvertreter des Chefs der BDVP
für Versorgung

Ministerium des Innern
Verwaltung Beschaffung und Versorgung

108 B e r l i n

Te./Ho. 18.11.1970 Ha./Vo. 28.12.1970

Erarbeitung von Ernährungsbilanzen im Strafvollzug

Zur Einschätzung der Verpflegungsversorgung im Strafvollzug und ihre Weiterentwicklung im Perspektivzeitraum 1971 – 1975 werden die geforderten Ernährungsbilanzen für alle Personengruppen entsprechend den Verpflegungsnormen VI a bis i gemäss Befehl 62/63 des Ministers des Innern und Chefs der Deutschen Volkspolizei als Anlagen überreicht.
Das Ergebnis der eingereichten Ernährungsbilanzen zeigt, dass das geforderte Ernährungssoll in den Normen VI b und VI c von Eiweiss und Kohlehydraten nicht erreicht und zum Teil beträchtlich unterschritten wird.
Global gesehen ergibt sich für die Normen VI b – d ein ähnliches Bild.

1. Mangel an Eiweiss (am höchsten bei den Normen VI c und d)
2. Mangel an Kohlehydraten
3. Mehrverabreichung von Fett.

Ein Vergleich mit den vorgegebenen Richtwerten zeigt, dass der Kalorienbedarf im wesentlichen gedeckt wird, ausser im AWK Regis, wo die gesamte Mittagessenversorgung aus den Betriebsküchen erfolgt.
Trotz Ausschöpfung der gegebenen Möglichkeiten, annähernde Werte zu erhalten, gelingt es nicht, die geforderten Normen für die täglichen Kalorien und Nährstoffaufnahme zu erreichen.
Besonderen Schwerpunkt dabei bildet das Verhältnis Eiweiss – Fett – Kohlehydrate sowie die tägliche Veabreichung der Vitamine und Calcium. Die Ursache hierfür liegt nicht nur in dem Zeitpunkt Januar (ein vitaminarmer Monat), sondern vor allem in der finanziellen Möglichkeit, Obst und Gemüse entsprechend den Erfordernissen zur Verfügung zu stellen.

– 2 –

Nicht nur in Torgau, sondern in allen Strafvollzugsanstalten der DDR stellte die angemessene Ernährung der Gefangenen ein ernstes Versorgungsproblem dar. Bericht der Bezirksdirektion der Deutschen Volkspolizei, Leipzig, 28. Dezember 1970.

Sächsisches Staatsarchiv/Staatsarchiv Leipzig

HO-Verkaufsstelle in der StVA Torgau.
Aufnahme von 1990.
Manfred Bräunlich, Torgau

[...] *6) Unterbringung, Verpflegung, Umerziehung, Behandlung*

In TORGAU bestehen nur wenige große Zellen. Im allgemeinen sind die Häftlinge in 3-Mann-Zellen untergebracht, in denen Waschbecken mit fließendem kalten Wasser und WC sind. Einmal in der Woche gehen die Häftlinge zum Duschen.

Die Häftlingsverpflegung hat sich in den letzten Jahren laufend verschlechtert. Seit 1967 erhielten die Häftlinge keinen Zusatz zur Arbeiterverpflegung, wie z.B. Käse, Rohkost im Sommer etc. Die Arbeiterverpflegung setzt sich zusammen pro Tag aus:

65 Gramm Wurst, meist Kochwurst;
ca. 40 Gramm Margarine,
10 – 20 Gramm Butter,
Wöchentlich einmal 210 Gramm Marmelade, die sehr wässrig ist.

Mittags gibt es 1 Liter Essen. Am Dienstag, Freitag und Sonntag gibt es Pellkartoffeln sehr schlechter Qualität, während an den übrigen Tagen Suppe verabreicht wird, entweder aus Nährmitteln oder Kohl bestehend.

Da einerseits die Beträge für den HO-Einkauf sehr gering sind, und andererseits das Angebot sehr spärlich ist, haben die Häftlinge kaum die Möglichkeit, das Essen aufzubessern, denn bei den meisten geht der Betrag für HO-Einkauf für Zigaretten drauf.

Häftlingsbericht, 7. Dezember 1970.

Bundesarchiv Koblenz

GEFANGENENARBEIT

Die systematische Eingliederung von Strafgefangenen in den Produktionsprozess bildete eines der Hauptziele des Strafvollzugs in der DDR. Auf diese Weise wurde der ökonomische Nutzen von Gefangenenarbeit für die staatlich gelenkte Planwirtschaft mit dem hohen Stellenwert der Arbeit im »Arbeiter- und Bauernstaat« und im »Erziehungsprozess« der Gefangenen verknüpft. In der sozialistischen Gesellschaft sollten sich die Einzelnen in übergeordnete Betriebs- und Arbeitskollektive einfügen und daraus ihre Selbstachtung als »sozialistische Persönlichkeiten« schöpfen.

In vielen Produktionsbereichen, die schwere, gefährliche und monotone Arbeiten erforderten, herrschte ein gravierender Arbeitskräftemangel. Strafgefangene waren Verfügungsmasse, über die Anstaltsleitungen und zuständige staatliche Stellen mit den Betrieben verhandelten, um personelle Lücken zu füllen. Bis Ende der 1960er Jahre wurden die von den Betrieben an die Anstaltsleitung gezahlten Tariflöhne zu drei Vierteln mit den Haftkosten verrechnet. Häftlinge der DDR-Strafvollzugsanstalten arbeiteten damit effektiv für ein Viertel des durchschnittlich üblichen Arbeitslohns.

Die Gefangenen wurden zeitweise in Haftarbeitslagern untergebracht oder als Strafvollzugskommandos in die Produktionsabläufe eingebunden. Oft willkürlich ausgesprochene Strafverschärfungen erhöhten den Druck auf die Häftlinge, die Arbeitsnormen unter schwer erträglichen Bedingungen einzuhalten. Auch konnte die Aussicht auf Vergünstigungen und Hafterleichterungen ein Anreiz sein.

Ebenso wie das Strafvollzugs- und Wiedereingliederungsgesetz von 1968 betonte das Strafvollzugsgesetz von 1977 die zentrale Rolle der »gesellschaftlich nützlichen Arbeit« für die Erziehung der Strafgefangenen. Einheitlich festgelegt war darin, dass den Gefangenen aus ihrer betrieblichen Arbeit 18 Prozent des entsprechenden Nettolohns zustanden, mit zulässigen Abweichungen nach oben oder unten, die sich aus der Normerfüllung ergaben. Nach eigenem Ermessen zogen die Anstaltsleitungen von diesem Lohn eine Rücklage ab, die erst nach der Haftverbüßung ausgezahlt wurde. Ein Restbetrag durfte von den Gefangenen beispielsweise für private Einkäufe aus dem schmalen Warenangebot der anstaltseigenen Verkaufsstellen ausgegeben werden, vor allem für zusätzliche Lebensmittel.

In den Anfangsjahren betrieb die Strafvollzugsanstalt Torgau im 1955 abgerissenen Rundbau auch eine Seidenraupenzucht. Aufnahme um 1953.

JVA Torgau

Immer wieder verhandelte die zuständige Verwaltung Strafvollzug mit anderen staatlichen Stellen über einheitliche Richtlinien für die volkswirtschaftlich unentbehrlichen Arbeitseinsätze von Strafgefangenen in den Betrieben. Den Betriebsleitungen war an verlässlichen Planzahlen gelegen. Vollzugsbedingte Faktoren wie etwa Verlegungen von Gefangenen, Arreste oder vorzeitige Haftentlassungen waren hierfür hinderlich. Insbesondere die großen Amnestiewellen, mit denen die Staatsspitze in unregelmäßigen Abständen die überfüllten Gefängnisse leerte, sorgten bei den betroffenen Betrieben für unerwünschte Produktionsverzögerungen durch plötzlich auftretenden Arbeitskräftemangel.

Abteilung Arbeitsverwaltung   Torgau, den 28. 3.1953   15

Q u a r t a l s b e r i c h t :

1.) Abteilung Arbeitsverwaltung.
2.) a.) bis e.) Zustand der Werkstätten und Anstaltseinrichtungen.
3.) Landwirtschaft - Viehzucht u. Ackerbau.
4.) Seidenbau.
5.) Einsatz der Strafgefangenen.
6.) Arbeitsleistungen der Strafgefangenen.

Zu 1.) Der vorhergehende Leiter der Abt. Arbeitsverwaltung VP-Oberkomm. K o c h wurde am 15. 1.1953 nach der BDVP-Magdeburg versetzt. Als Abteilungsleiter der Abt.Arbeitsverwaltung wurde ab 16. 1.1953 auf Anweisung der HVDVP-Abt. P. der VP- Mstr. S t e r d t eingesetzt.

Für die Technische Leitung der Abt.Arbeitsverwaltung ist der VP-Hptw. H a n k e, der bisher als Werkstättenleiter in der Tischlerei tätig war, eingesetzt.
Auf Grund seiner praktischen Erfahrung als Werkstättenleiter in der Tischlerei, wird der VP-Hptw. Hanke die Stelle des Techn. Leiters mit Unterstützung des Leiters der Abt. AV. in kürzester Zeit bei laufender Qualifizierung ausführen können.
Durch die Anweisung der HVDVP-Abt. AV., alle arbeitsfähigen und bedingt arbeitsfähigen Strafgefangenen in den produktiven Arbeitseinsatz zu bringen, wird das Aufgabengebiet der Abt. AV. immer größer. Dadurch wäre eine Planstellungerhöhung in der nächsten Zeit in der Abt-.AV. unbedingt notwendig.

Zu 2.)a. T i s c h l e r e i - W e r k s t a t t :

Am 26. 1.1953 fand eine Besprechung zwischen dem Werkleiter der VEB-Möbelfabrik Liebenwerda Herrn Bauernhofer und dem Leiter der Abt.AV.- VP-Mstr. Sterdt statt, wo die Planauflage für die Tischlerei-Werkstatt für das Jahr 1953 auf Grund der Kapazität der Trockenkammer ermittelt wurde. Es wurde festgelegt, daß im Jahre 1953 zuerst 30.000 Stck. Bettschränke, gebeizt u. mattiert fertiggestellt werden können. Eine weitere Erhöhung der Produktionsauflage, um das gestellte Einnahme-Soll für die Tischlerei-Werkstatt von 600.000-DM erfüllen zu können, ist nur dann möglich, wenn die Vollzugsanstalt Torgau mit einer zusätzlichen neuen Trockenanlage ausgerüstet wird.
Durch den Zugang von weiteren 4 neuen Holzbearbeitungsmaschinen entsteht in der Tischlerei durch nicht ausreichend zur Verfügung stehendes getrocknetes Schnittholz immer wieder ein Leerlauf im Maschinenraum, sodaß bisher

Bereits in den Anfangsjahren waren die Arbeitsmöglichkeiten von Strafgefangenen in Torgau sehr weit gespannt. Quartalsbericht, Torgau, 28. März 1953.

Sächsisches Staatsarchiv/ Staatsarchiv Leipzig

nicht im 3-Schichten-System gearbeitet werden konnte und folgedessen die Maschinen nicht immer 100 %ig ausgelastet werden konnten.
Auf Grund der neu zugegangenen Maschinen, machte es sich notwendig, eine vorläufige Umstellung der Maschinen vorzunehmen. Dieser Umbau konnte ohne besonderem Kostenaufwand vorgenommen werden. Eine wesentliche Veränderung der Werkstatträume wurde nicht vorgenommen, nur mußte eine Verstärkung der Außenwände des Maschinenraumes durchgeführt werden, da Einsturzgefahr bestand.

Die Tischlerei hat im I.Quartal eine Produktionsauflage von 5 710 Stck. Bettschränke zu erfüllen.
Im Mon. Januar wurden angefertigt : 1 170 Stck.= 98 % erfüllt.
" " Febr. " " : 1 830 " = 114 % "

Im Monat März ist die Erfüllung der Produktion von 2 710 Stck. Bettschränken gewährleistet; damit ist eine 100 %-ige Erfüllung im I. Quartal erreicht worden.
Der Zwischenbau zwischen Maschinenraum und Bankraum, der für das Jahr 1953 geplant war, wurde von der HVDVP - Abtlg. J 3 abgelehnt, da für die entstehenden Materialkosten keine Mittel zur Verfügung stehen. Auf Grund des vorhandenen Maschinenparks, sowie Steigerung der Produktion und der Sicherheit entsprechend ist dieser Zwischenbau eine unbedingte Notwendigkeit, da im II.Quartal mit der Umsetzung der Maschinen nach Ausarbeitung eines Produktionsablauf-Planes mit der VEB-Möbelfabrik Liebenwerda auf Fließband-System begonnen werden soll. Es wäre daher vorteilhaft, wenn der Zwischenbau bis zu diesem Zeitpunkt fertiggestellt wäre, damit die Maschinen und die Spänesauganlage, die in nächster Zeit aufgestellt werden soll, nicht noch einmal umgesetzt werden muß. Gleichzeitig würde dieser Umbau auf Grund der Produktionsauflage für 1954 sich als zweckmäßig erweisen, da für 1954 eine Auflage von 4 Mill. DM - in der Anfertigung von Polstermöbel vorgesehen ist.
Die Tischlerei hat im I.Quartal 1953 einen Wert geschaffen (Messwert) von DM : 256.950,-.

Die Wertschaffung könnte wesentlich gesteigert werden, wenn durch den Bau einer neuen Trockenanlage laufend genügend trockenes Holz zur Verarbeitung bereitsteht.

6.) T e c h n i s c h e s - B ü r o :

Zur Beschäftigung von Strafgefangenen (Intelligenz) werden Arbeitsaufträge zur Anfertigung von Konstruktions-und Transparentzeichnungen mit folgenden Auftraggebern abgeschlossen:

1.) VEB (LBH) Landmaschinen L e i p z i g .
2.) VEB (LBH) Landmaschinen - Zella-Mehlis
3.) VEB - Warnow-Werft W a r n e m ü n d e .
4.) SAG - Betrieb B l e i c h e r t , Leipzig.
5.) SAG - Betrieb POLYSIUS - D e s s a u
6.) VEB - Bauprojektierung f. Hoch-und Industriebauten - Magdeburg.

Augenblicklich sind im Techn.-Büro 55 Strafgefangene beschäftigt die für oben angeführte VVB - und VEB Betriebe arbeiten.

153

Verschiedene Auftraggeber stellten für die Durchführung der Arbeiten Zeichenplatten sowie Arbeitsgeräte zur Verfügung. Der Beschäftigungsstand im Techn.-Büro könnte noch erhöht werden, wenn weitere Arbeitsgeräte für die Durchführung dieser Arbeiten von der Anstalt zur Verfügung gestellt werden könnten. Da diese Zeichengeräte im allgemeinen sehr schwierig zu beschaffen sind, wäre eine Unterstützung von Seiten der HVDVP-Abtlg. AV. in dieser Frage unbedingt notwendig.
Die Abrechnung der Arbeiten mit den einzelnen Betrieben erfolgt für reine Zeichenarbeiten nach DIN-Formaten, wo die geleistete Arbeitsstunde mit DM : 2.50 berechnet wird.
Die Gemeinkostenmaterialien, wie Bleistifte, Transparentpapier u. a. werden dem Techn. Büro kostenlos von den einzelnen Auftraggebern zur Verfügung gestellt.
In nächster Zeit wird ein weiterer Auftrag von der VEB-Schiffsmontage Rostock entgegengenommen, zur Anfertigung von Konstruktionszeichnungen. Um diesen Auftrag noch durchführen zu können macht es sich erforderlich, daß die Schneider-Werkstatt, die zum größten Teil nur zur Unterhaltung der Anstalt arbeitet, in einen anderen Raum verlegt wird, da die bisher zur Verfügung stehenden Räume bei der Erweiterung des Techn-Büros nicht mehr ausreichend sind.

c.) Schrott-Kommando:

Für die Schrottzerlegung arbeiten durchschnittlich in den einzelnen Monaten im ersten Quartal aufgeschlüsselt 885 Strafgefangene in der Werkhalle. Es werden Arbeiten durchgeführt für die Zerlegung von Leichtmetall-Schrott für VEB-Leichtmetallwerk Rackwitz b.Leipzig, sowie Zerlegung von Kabel-u. Eisenschrott für VHZ-Schrott Leipzig -Außenstelle Torgau.
Im Monat Januar und Februar wurden ca. 500 to. Schrott im Kaltverfahren zerlegt. Für die to. angelieferten Leichtmetallschrott bzw. Eisenschrott werden pro to DM 130.-- berechnet. Für 1 to. angelieferten Kabelschrott werden pro to. DM : 90.-- berechnet.
Dieser Satz ist auf Grund des angelieferten dünnen Kabelmaterials das sehr viel Zeit zur Bearbeitung in Anspruch nimmt, zu niedrig. Nach eingehender Berechnung wurde ein Stundensatz pro Strafgefangener von o.17 - o.22 DM ermittelt.
Um diesen Satz bezw. die Zerlegung von Kabelschrott rentabler zu gestalten, wäre es erforderlich das die HVDVP - Abtlg. AV. mit dem zuständigen Fachministerium eingehende Verhandlungen führt, die dazu beitragen sollen, daß die Zerlegung von 1 to. Kabelschrott mindestens mit DM: 125.-- bis DM : 130.-- bezahlt wird. Um eine bessere Übersicht in der Schrottzerlegung zu haben wurden die Strafgefangenen, die mit dieser Arbeit betraut sind in den einzelnen Schichten in 20 Brigaden unterteilt. Zur Feststellung der Arbeitsleistungen der einzelnen Brigaden wurden für jede der 3 Schichten eine Leistungstafel auf Anweisung des Anstaltsleiters in Verbindung mit der Abt. AV. entwickelt und angefertigt.
Hierdurch ist erreicht worden, daß sich die Arbeitsproduktivität bei den Strafgefangenen im Schrott-Kommando im Monat Februar und März wesentlich gesteigert hat.
Die Abrechnung der Aufträge über Zerlegung von Schrott erfolgt auf Grund der angelieferten Schrottmenge lt. Lieferschein Dekatenweise mit dem jeweiligen Auftraggeber.

Blick aus dem Südflügel des Haftgebäudes in der Strafvollzugsanstalt Torgau zum Rundbau und einer Werkhalle (rechts), um 1955.
JVA Torgau

•157

Auf Grund der steigenden Arbeitsproduktivität werden den Strafgefangenen, die gute Arbeitsleistungen vollbringen ständige Raucherlaubnis gewährt, sowie Schreiben eines Sonderbriefes oder Bewilligung eines Sonderpaketes.

In kultureller Hinsicht wird en Strafgefangenen 14-tägig die Gelegenheit gegeben, eine Filmvorführung, die im Kulturraum (Kreuzbau) vorgeführt wird, anzusehen.

Leiter der Vollzugsanstalt

(P r o t z e)
VP. Oberrat

Für gute Arbeitsleistungen wurden kleine Vergünstigungen gewährt. Notiz des Anstaltsleiters 1955.
Sächsisches Staatsarchiv/Staatsarchiv Leipzig

VRK Nr. 198

19. Juli 1956

Kaufmann (1914)

Geschäftsführer d.Volksbühne 1.4.48 - 17.2.49
Untersuchungshaft 18.2.49 - 29.6.49
Strafanstalt Halle 30.6.49 - 24.11.53, Häftling
" Bautzen 25.11.53- 24.2.54 , "
" Torgau 25.2.54 - 1.6.56 , "

Zone verlassen: 15.7.56

Stand: 1.6.56

Strafanstalt Torgau

In der Strafanstalt Torgau waren am 1. Juni 1956 ca. 1.500 politische und kriminelle Häftlinge. Die politischen Gefangenen lagen mit den kriminellen Elementen zusammen. Je 3 - 4 Gefangene waren in den kleinen Einmannzellen untergebracht.

Verpflegung:

500 g Brot pro Tag
30 g Fett " "
20 g Zucker " "
1 l Suppe " "
1 Eßlöffel Sirup oder Marmelade " "
1 Scheibe Wurst - etwas größer als ein Fünf=markstück - pro Tag

Für die arbeitenden Häftlinge wurde eine geringe Menge Fett und Wurst zusätzlich ausgegeben. Ferner erhielten diese 3 Zigaretten pro Arbeitstag.

Häftlingsarbeiten:

Die arbeitenden Gefangenen waren in verschiedene Kommandos eingeteilt. Das Kommando für Perlon-Netzstrickerei als Ersatz für Drahtzäune arbeitet

- 2 -

Nachrichten über den Arbeitseinsatz der Gefangenen in den Haftanstalten der DDR gelangten mit entlassenen Häftlingen in den Westen. Flüchtlingsbefragung, 19. Juli 1956.
Bundesarchiv Koblenz

in 2 Schichten von je 60 Mann.
Der Tagesverdienst betrug hier 0,40 DM; bei Normerfüllung erhöhte sich dieser Betrag um 0,10 DM.

Die im Technikerkommando zusammengeschlossenen Häftlinge fertigten Zeichnungen und Entwürfe an, darunter auch einen Entwurf für den Bau eines Flugzeugwerkes in Karl-Marx-Stadt.

Neue landwirtschaftliche Maschinen westl. Her= kunft - wie z.B. der "Porsche"-Trecker - sind von VE-Betrieben gekauft worden und werden in der Strafanstalt vollkommen auseinandergenommen und nachkonstruiert.

Die Gefangenen erhielten Gehalt von den jeweili= gen Auftragsfirmen. Von diesen Gehältern wurden den Häftlingen etwa 6,50 DM pro Tag für Anstalts= kosten abgezogen. Nach Abzug dieser Kosten wurde 1/3 des Restes auf einem Rücklagekonto gutge= schrieben. 1/3 verblieb für Überweisung an die Angehörigen, und 1/3 konnte für HO-Einkäufe ver= wendet werden. Bei Entlassung wurden die Kosten für evtl. Kleidungsstücke von dem Rücklagekonto in Abzug gebracht.

Ein Kommando von etwa 120 Mann war mit Umbauar= beiten für die Einrichtung einer Maschinenfabrik in Meißen beschäftigt, die Kfz.-Ersatzteile her= stellen sollen.
Außerdem gab es noch kleine Kommandos, die in Schlosserei, Schneiderei usw. tätig waren.

4 - 500 Häftlinge arbeiteten, der Rest saß in Zellen.

- 3 -

Der Arbeitseinsatz

Folgende volkseigenen Betriebe haben in der Haftanstalt Torgau Zweigwerke eingerichtet:

VEB Kraftfahrzeug-Zubehörwerk Meißen

In diesem Zweigwerk sind ca. 200 Häftlinge beschäftigt. Es werden Kraftfahrzeug-Ersatzteile hergestellt. Der durchschnittliche Monatsverdienst lag bei DM 260,-.

VEB Leichtmetallwerke Rackwitz

Hier arbeiten ca. 120 Beschäftigte in drei Schichten. Es werden nur Schleifarbeiten ausgeführt. Die Arbeit ist sehr schmutzig und gesundheitsgefährdend. Deswegen erhalten die Häftlinge Milch zusätzlich zur Verpflegung und eine Schmutzzulage von DM 1,- pro Arbeitstag. Auch hier liegt der durchschnittliche Monatsverdienst bei DM 260,-.

VEB Carl Zeiss, Jena

unterhält in der StVA ein Konstruktions- und Zeichnungsbüro, das mit ca. 60 Häftlingen besetzt ist. Der durchschnittliche Monatsverdienst liegt bei DM 390,-.

VEB Leipziger Eisen- und Stahlwerk Kommando Wurzen

Hier wird nur in einer Schicht gearbeitet. Es sind 35 bis 40 Häftlinge mit der Herstellung von Jalousieketten beschäftigt. Durchschnittlicher Monatsverdienst DM 220,-.

Außerdem arbeiten Außenkommandos in folgenden volkseigenen Betrieben:

Kommando Lausa

35 Mann stark. Dieses Kommando ist beim Ausbau eines Schießplatzes für die NVA in Lausa eingesetzt.

Kommando Zülsdorf

30 bis 35 Mann stark. Auch dort wird ein Schießplatz für die Nationale Volksarmee angelegt.

120 Häftlinge arbeiten beim Aufbau des VEB Flachglaskombinats Torgau

In diesem Flachglaskombinat soll 1963 die Teilproduktion aufgenommen werden. Fertigstellung des Betriebs ist für 1965 vorgesehen. Hier soll sich der durchschnittliche Monatsverdienst auf DM 200,- belaufen. Nach Fertigstellung dieses Kombinats sollen die Häftlinge als Produktionskräfte eingesetzt werden.

Anstaltseigenes Betonwerk wurde VEB

Bis zum 31. Dezember 1961 gehörte der StVA ein Betonwerk. Dieses ist seit dem 1.1.1962 ein volkseigener Betrieb und firmiert unter VEB Betonwerk Torgau. In diesem Betrieb arbeiten ca. 100 Häftlinge.

Für die Häftlinge besteht Arbeitspflicht. Wer die Arbeit verweigert, kommt auf Absonderung. Dort hat der Häftling Zeit, sich alles reiflich zu überlegen. Die Arbeitsnormen sind so hoch, daß es schwer ist, diese hundertprozentig zu erfüllen.

Häftlingsbericht, 8. März 1962.

Bundesarchiv Koblenz

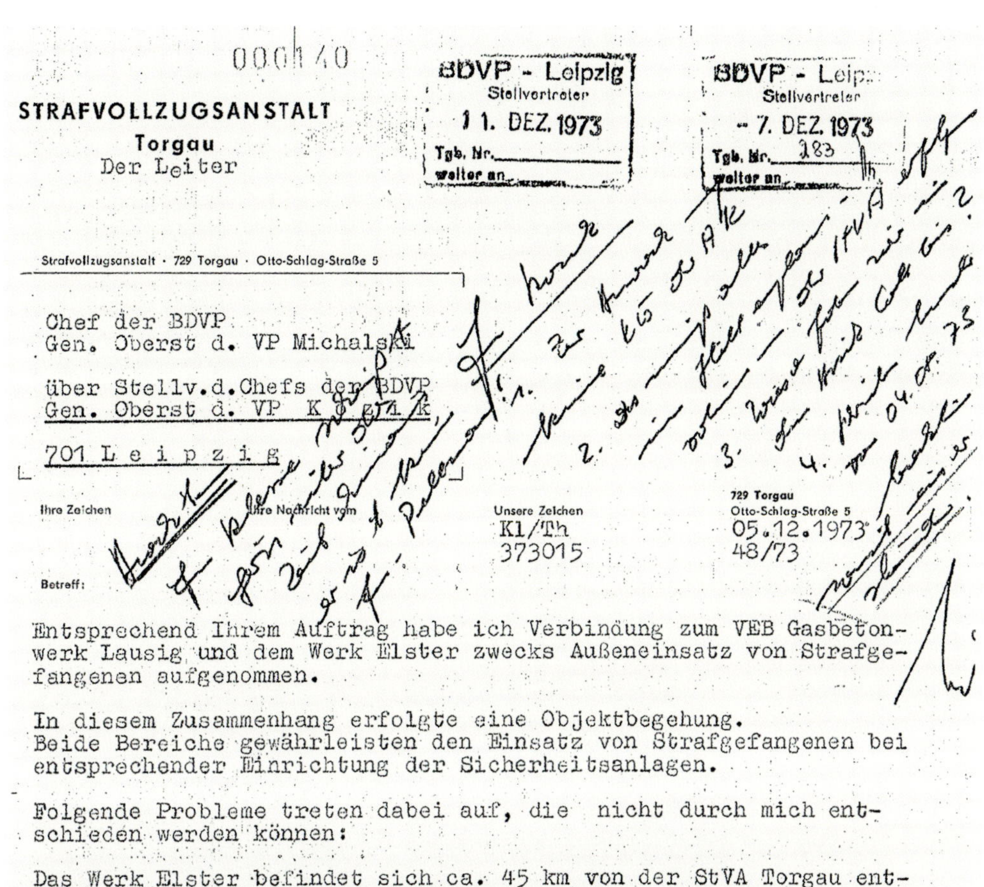

000140

STRAFVOLLZUGSANSTALT
Torgau
Der Leiter

BDVP - Leipzig
Stellvertreter
11. DEZ. 1973
Tgb. Nr.
weiter an

BDVP - Leipzig
Stellvertreter
- 7. DEZ. 1973
Tgb. Nr. 283
weiter an

Strafvollzugsanstalt · 729 Torgau · Otto-Schlag-Straße 5

Chef der BDVP
Gen. Oberst d. VP Michalski

über Stellv.d.Chefs der BDVP
Gen. Oberst d. VP K[illegible]

701 Leipzig

Ihre Zeichen	Ihre Nachricht vom	Unsere Zeichen	729 Torgau Otto-Schlag-Straße 5
		Kl/Th 373015	05.12.1973 48/73

Betreff:

Entsprechend Ihrem Auftrag habe ich Verbindung zum VEB Gasbetonwerk Lausig und dem Werk Elster zwecks Außeneinsatz von Strafgefangenen aufgenommen.

In diesem Zusammenhang erfolgte eine Objektbegehung. Beide Bereiche gewährleisten den Einsatz von Strafgefangenen bei entsprechender Einrichtung der Sicherheitsanlagen.

Folgende Probleme treten dabei auf, die nicht durch mich entschieden werden können:

Das Werk Elster befindet sich ca. 45 km von der StVA Torgau entfernt, und es liegt im Kreis Herzberg, Bezirk Cottbus. Zur Absicherung des Einsatzes im 2-Schichtensystem, ca. 170 SG, müßten täglich 4 Busse den Transport der SG vornehmen. Entsprechend der Entfernung bedeutet dies erhebliche Transportschwierigkeiten aus der Sicht der Gewährleistung der Sicherheit. Deshalb schlage ich folgenden Lösungsweg vor:

- Die SG werden am Montag geschlossen nach Elster befördert und verbleiben bis Freitag am Arbeitsplatz.

Am 05.12.1973 erfolgte in dieser Richtung eine weitere Konsultation (siehe Niederschrift).

Zur Klärung der Probleme des Forderungsprogrammes sowie der in der Niederschrift festgelegten Fragen wird von seiten des Betriebes untersucht, welche Kosten zur Gewährleistung eines ordnungsgemäßen Einsatzes der SG notwendig werden. Gegen die von uns erhobenen Forderungen gab es keine Einwände.

Eindeutig wurde den Vertretern des Betriebes erklärt, daß der Betrieb die finanzielle und materielle Sicherstellung des Arbeitseinsatzes zu gewährleisten hat. In dieser Frage wurde Übereinstimmung erreicht.

- 2 -

Fernruf: 23 46 · 23 47 | Bankverbindung: Industrie- und Handelsbank der DDR Torgau, Konto-Nr. 8 101

Nach Verhandlungen der Strafvollzugsanstalt Torgau mit dem Betonleichtbaukombinat Dresden sollten Strafgefangene in dem etwa 45 Kilometer entfernten Betonwerk Elster bei Jessen eingesetzt werden. Torgau, 5. Dezember 1973.

Sächsisches Staatsarchiv/Staatsarchiv Leipzig

Strafvollzugsanstalt
- Ökonomie -

Torgau, den 25.03.1974 0058

Stand der ökonomischen Kennziffern auf der Grundlage der Direktive 01/73 - Bereich Ökonomie der StVA Torgau -

1) Haushaltseinnahme:

Durch den Einsatz der Strafgf. und jugendlichen Strafgf. in den produktiven Arbeitsprozeß konnte die SK-Gruppe 73 - Einnahme aus der Beschäftigung Strafgefangener - bis 25.03.1974 entsprechend der Sollstellung 100 %tig erfüllt werden.
Wenn die noch offen stehenden Forderungen wie Prämienzuführung, Restzahlungen, (Februar) sowie Abschläge und Rechnungen bis 30.03.1974 eingehen, wird der Erfüllungsstand weit überschritten. Der Grund liegt z. Teil darin, da noch Restzahlungen der Betriebe von Monat Dezember 1973 im I. Quartal enthalten sind. Außerdem waren in der Haushaltsplanung 1974 die Beträge vom VEB Lamator - Baumaßnahmen und Einsatz Hauptwerk - nicht enthalten.

2) Erfüllung der Volkswirtschaftspläne in den A-Betrieben:

Meissen:
Planerfüllung im I. Quartal 100 % ✓
Elmo:
Planerfüllung im I. Quartal 100 % ✓

Die Werte für den Erfüllungsstand der ZW-Pantoffel und Tischlerei konnten bis zur Zeit noch nicht ermittelt werden.

3) Einsatz der Strafgefangenen

Zur Zeit sind 719 Strafgf. in produktiver Arbeit eingesetzt.
Desweiteren 350 Jugendliche im Einsatz.
Nichtarbeiter 165 erwachsene Strafgf. und 181 jugendliche Strafgf.
Durch die Dienststellenleitung und der Abt. Ökonomie sind Maßnahmen festgelegt, mit der Zielstellung, bis 01.04.1974 alle Nichtarbeiter in den produktiven Arbeitseinsatz einzugliedern.

- 2 - 0359

Der Schwerpunkt ist darauf zu legen, sofort die Tischlerei und Pantoffelproduktion sowie Wäscherei und Kammer in den Mehrschicht-Betrieb zu übernehmen.
Erhöhte Zuführung für VEB Lamator-Baumaßnahmen, Aufnahme Schichtbetrieb der Schweißer sowie Errichtung eines neuen Lehrganges für Schweißer.

Außerdem Erhöhung des Einsatzes Elster sowie erhöhter Einsatz von Hausarbeitern und für Baumaßnahmen innerhalb der Dienststelle. Kdo. Elster ist bis 1.5.74 auf 170 Strafgefangene vorzubereiten.
In der JStA ist die Zuführung von 90 Jugendlichen für den Betrieb Lentronik Meinersdorf vorzubereiten und die vorhandenen Gruppen wie A und C aufzufüllen.

4) Ausfallstunden:

Betrieb:	Krankheit:	Arrest:	Sonstige:	Gesamt:
Meissen	1.704	775	232	2.711
Elmo	1.648	592	-	2.240
Lamator	328	128	-	456
Tischlerei	444	32	-	476
Hausarbeiter	720	-	-	720
Gesamt:	4.844	1.527	232	6.603

JStA-Torgau

Krankheit:	Arrest:	Sonstige:	Gesamt:
2.192	1.133	-	3.325

Die Ausfallstunden können nur vom 01.01. bis 28.02.74 genannt werden, da die Abrechnung Monat März erst Ende des Monats ermittelt wird.
Eine Gegenüberstellung zum 1.Quartal 1973 kann durch die Amnestie 1973 nicht erfolgen, da hier ein Vergleich unreal ausfallen würde.

Aus dieser internen Aufstellung geht hervor, dass die Haftanstalt die vorgesehenen Einnahmen aus dem Planansatz »Beschäftigung Strafgefangener« erreichte. Von den erwachsenen Strafgefangenen hatte der überwiegende Teil eine Arbeitsstelle, von den Jugendlichen rund die Hälfte. Torgau, 25. März 1974.

Sächsisches Staatsarchiv/Staatsarchiv Leipzig

Anlage: 3

Arbeitseinsatz Strafgefangener

lfd. Nr.:	StVE	Arbeitseinsatz-betrieb	Kombinat	Bilanz 1987	Ist am 20.08.87	Ist am 30.06.
1	2	3	4	5	6	7
1.	Lpz.	VEB Schlacht- und Verarbeitungsbetrieb Lpz.	bezirksgeleitete Industrie	95	107	-
2.	Lpz.	VEB RFT Na.-Elektronik "A. Norden"		140	138	-
33.	Torgau	VEB Elektromotorenwerk Dessau	Elektromaschinenbau Dresden	210	194	159
34.	Torgau	VEB Landmaschinenbau Torgau	"Fortschritt" Landmaschinen Neustadt	190	206	71
35.	Torgau	VEB Kfz-Zubehörwerk Meißen	IFA Kombinat Nutzkraftwagen Ludwigsfelde	230	233	158
36.	Torgau	VEB Drehmaschinenwerk Leipzig	Werkzeugmasch.-Kombinat 7. Oktobe." Berlin	50	50	-
37.	Torgau	VEB Varia Mügeln	Lacke und Farben Berlin	-	38	-
	StVE Torgau insgesamt:			680	721	388
Bezirk insgesamt:				3780	4129	1854

Liste der Betriebe, die in der Strafvollzugsanstalt Torgau Gefangene beschäftigten. Bezirksdirektion der Deutschen Volkspolizei, Leipzig, 20. Juli 1988.

Sächsisches Staatsarchiv/ Staatsarchiv Leipzig

Anlage: 4

Reihenfolge des Beginns des Arbeitseinsatzes Strafgefangener – 1988

lfd. Nr.:	StVE	Arbeitseinsatz-betrieb	Beginn des Arbeitseinsatzes	Bilanz Juni 1988	Stand am 30.06.1988
1.	Waldheim	Elektromotoren Hartha	durchgängig	130	123
2.	"	Leuchtenbau Br.-Erbisdorf	durchgängig	-	29
3.	"	Elektroschaltgeräte Rochlitz	durchgängig	50	73
4.	Torgau	Elektromotoren Dessau	durchgängig	190	159
5.	"	Kfz-Zubehör Meißen	durchgängig	155	158
6.	Regis	BKW Borna	04.01.1988	310	126
7.	"	BKW Regis	04.01.1988		85
8.	Waldheim	DBM Döbeln	01.02.1988	150	138
9.	Regis	Kohle-Anlagenbau Regis (ehem. ZW)	21.03.1988	60	59
10.	Leipzig	Leichtmetallwerk Rackwitz	04.04.1988	120	124
11.	Regis	Werkzeugfabrik Altenburg	04.04.1988	40	46
12.	Torgau	Landmaschinen Torgau	11.04.1988	50	71
13.	Leipzig	BIR / Investvorhaben KHdSV	02.05.1988	130	115
14.	"	MAB Schkeuditz	02.05.1988	150	171
15.	Waldheim	Spindelfabrik Hartha	02.05.1988	70	74
16.	"	Gebäudewirtschaft Waldheim	09.05.1988	-	6
17.	"	Elektrowärme Döbeln	09.05.1988	70	44
18.	Regis	Schnittholzwerke Leipzig	09.05.1988	-	24
19.	Leipzig	Leuchtenbau Leipzig	10.05.1988	40	61 + 43 Verh.
20.	Waldheim	Kreisbaubetrieb Döbeln	16.05.1988	10	25
21.	Leipzig	A.Nexö Leipzig	12.05.1988	-	12 Verh.
22.	Regis	Maschinenfabrik Meuselwitz	06.06.1988	30	39
23.	Waldheim	Hausschuhwerke Hartha	06.06.1988	-	21
24.	Leipzig	Wäscherei Leipzig	27.06.1988	-	32
Bezirk insgesamt:				1755	1858

Übersicht über die Arbeitseinsatzbetriebe in den Haftanstalten des Bezirks Leipzig und die dort arbeitenden Strafgefangenen. Bezirksdirektion der Deutschen Volkspolizei, Leipzig, 20. Juli 1988.

Sächsisches Staatsarchiv/ Staatsarchiv Leipzig

3

In der beruflichen Qualifizierung legten 133 Strafgefangene 1987 eine Fach- bzw. Teilfacharbeiterprüfung ab und 629 erwarben einen betrieblichen bzw. staatlichen Befähigungsnachweis, 180 Strafgefangene wurden in der Allgemeinbildung zum Abschluß der 8.-10. Klasse geführt. Diese Qualifzierungsmaßnahmen als ein entscheidender Beitrag zur Erhöhung des Bildungsniveaus und der Förderung der Wiedereingliederung werden auch jetzt verstärkt in Angriff genommen.
Den 7982 ausgesprochenen und angewandten Anerkennungen stehen 1867 Disziplinarmaßnahmen gegenüber.

Der Einsatz der Strafgefangenen zu gesellschaftlich nützlicher Arbeit ist das Hauptfeld der Erziehung im Strafvollzug und erfolgt entsprechend den Abstimmungen zwischen staatlicher Plankommission und Ministerium des Innern mit vorgegebenen Plankennziffern. Nur bei einem Mehrbestand an Strafgefangenen wird der Einsatz zwischen Bezirks-Plankommission und BDVP entschieden.
8-10 % sind für Dienstleistungs- und Versorgungsarbeiten in den StVE erforderlich.
Der Arbeitseinsatz der Strafgefangenen mit durchschnittlich 4000-4300 VbE in den 37 Arbeitseinsatzbetrieben (Anlage 3) stellt somit eine nicht unerhebliche Größe im gesellschaftlichen Arbeitsvermögen dar.
In den AEB Leichtmetallwerk Rackwitz, MAB Schkeuditz, Leuchtenbau Leipzig, DBM Döbeln, Spindelfabrik Hartha und Landmaschinenbau Torgau sind allein 17-20 % der Produktionsgrundarbeiter eingesetzte Strafgefangene. Der Gesamtdurchschnitt liegt bei 7,4 %.

Die Hauptanstrengungen im 2. Halbjahr 1987 richteten sich auf die schöpferische Umsetzung des Beschlusses des Staatsrates über eine allgemeine Amnestie vom 17.07.1987. Nach intensiven Vorbereitungen und konkreten Abstimmungen mit den zuständigen Organen und Dienststellen wurden im Zeitraum vom 12.10.1987 bis 18.12.1987 in 3 Etappen 4733 Strafgefangene und Verhaftete entsprechend des Amnestiebeschlusses und 669 Strafgefangene nach Beendigung ihrer Strafzeit aus dem Strafvollzug des Bezirkes ohne Vorkommnisse entlassen. Lediglich in den StVE Waldheim und Torgau sind 49 nicht amnestierte Strafgefangene verblieben.

Da in das Territorium des Bezirkes aber nur 2552 aus dem Strafvollzug Entlassene wiedereingegliedert wurden, ergibt sich schon allein aus der Anzahl ein erhebliches Arbeitskräftedefizit.

Durch maximale Auslastung der Arbeitszeit der Strafgefangenen, der verstärkten Anwendung gesetzlich möglicher Stimulierung, Sonder- und Zusatzschichten (92250 Überstunden im Zeitraum der Amnestie), konnten ökonomische Auswirkungen minimiert werden. Ab November/Dezember 1987 mußten in den Arbeitsbereichen in den StVE 430 und den Außenarbeitsbereichen weitere 340 Angehörige der NVA zur Arbeit eingesetzt werden.

Die Häftlingsarbeit war ein wichtiger Faktor für die Volkswirtschaft. Manche Betriebe, darunter VEB Landmaschinenbau Torgau, beschäftigten eine überdurchschnittliche Zahl von Strafgefangenen. Amnestien verursachten im gesamten Bezirk Leipzig einen spürbaren Arbeitskräftemangel. Bezirksdirektion der Deutschen Volkspolizei, Leipzig, 20. Juli 1988.

Sächsisches Staatsarchiv/Staatsarchiv Leipzig

GEFANGENENPROTEST

In der Strafvollzugsanstalt Torgau kamen Protest und renitentes Verhalten von Häftlingen in unterschiedlichen Formen vor: Die Gefangenen äußerten sich gegenüber Mithäftlingen oder dem Personal kritisch über Haftbedingungen und die politischen Verhältnisse in der DDR oder sie begehrten körperlich gegen die Haftbedingungen auf.

Mit selbstverfassten Gedichten oder Aufschriften verschafften Gefangene ihrer Unzufriedenheit ein Ventil. Trotz der umfangreichen Sicherheitsmaßnahmen in der Haftanstalt gelangen manchmal sogar Flugblatt- und Zettelaktionen. Häftlinge schrieben Eingaben an staatliche Stellen oder stellten einen Übersiedlungsantrag in die Bundesrepublik. Protest manifestierte sich auch in Arbeitsniederlegungen und »Bummelei«, in Nahrungsverweigerungen oder Selbstverletzungen.

Selbstbehauptung und Protest von Häftlingen hatten disziplinarische Strafen wie Arrest oder die Ablehnung einer vorzeitigen Haftentlassung zur Folge, für manche Gefangene sogar ein erneutes Strafverfahren, etwa wegen »Hetze«. Seit Ende der 1960er Jahre waren Proteste gegen die Haftbedingungen oder Kritik am SED-Regime spürbar häufiger auch mit rechtsradikalen oder neonazistischen Parolen verbunden. Hier ist anzunehmen, dass dies die tatsächliche Einstellung einiger Häftlinge widerspiegelte. Andererseits war den Gefangenen auch das Provokationspotenzial neonazistischer Parolen und Schmierereien bewusst: Das Vollzugspersonal wertete derartiges Handeln in der Regel als politisch motivierte »Hetze gegen die sozialistische Gesellschaftsordnung«.

68

A b s c h r i f t 18

des Kassibers, welcher beim Strafgef. [geschwärzt] gefunden wurde.

Bekämpfe den Materialismus
Bleibe bei diesen Dingen / 1 Tim 4:16
Haltet eure Augen auf den Preis gerichtet/ 1 Kor. 9
Zeichen u. Wunder in der Zeit des Endes/ Jes 8:18
Glücklich die wach bleiben / Offb. 16:15
Zielbewußt studieren / 2 Tim 2:15
Erkenne deinen Platz in der NWG/ 1 Kor. 12:18
Ihr sollt Lehrer sein / Heb. 5:12
Was brauchst Du um glücklich zu sein/ Math. 5:8
Hütet Euch vor Neigung zur Rebellion/ Spr. 1:24,25
Der heilige Geist Gottes wirksame Kraft / Hes. 36:27
Gottes König herrscht,das Ende der Nation nahe /
Niemals bezüglich christlicher Grundsätze Kompromisse eingehen /
Welche Stellung nahm Israel vor Gott ein / Jer, 31:33

BStU
000189

F.d.R.d.A.:
Torgau, den 12.6.1959
(Behrens)
VP-Obw.

In diesem Kassiber zitierte der Gefangene meist Bibelstellen.

BStU

StVA Torgau Torgau, 12.6.59
Dienststelle Ort und Datum

Hausstrafverfügung

1. Zu den Personalakten
2. Zur Eintragung in das Strafbuch Strafbuch Nr. 252

Tatbestand: Strafgef. ███ hat auf einem Kassiber versucht, eine Hetze gegen die soz. Gesellsch.Ordnung i.d.Werkhalle Meißen zu verbreiten.

BStU 000185

Straftenor

███ ███ ███
Name, Vorname geb. am Gefangenen-Nr.

ist wegen Verstoßes gegen die Hausordnung gemäß § .... Abs. ....

mit 21 Tagen versch. Arrest bestraft worden.
Art der Strafe und Strafmaß

Entzug aller Vergünstigungen auf 1 /2 Jahr, ausser Postsperre – E.Haft. bis Jahresende. 1959.

Begründung: Verstoß gegen die Hausordnung und Hetze gegen unsere demokratischen Einrichtungen.

Diese Bestrafung ist dem - der Obengenannten am 17. 6. 59

durch den ... bekanntgegeben worden.

Unterschrift, Dienstgrad und Dienststellung

29.6.59.

SV 27 (VA) Hausstrafverfügung VP 00 1.53 14.580

Das Verbreiten von Kassibern durch einen inhaftierten Zeugen Jehovas wurde 1959 als »Hetze« mit verschärftem Arrest bestraft.

BStU

Strafvollzugsanstalt
- T o r g a u -

Torgau, den 14. Okt. 1960

BStU
000234

B e u r t e i l u n g
des Strafgefangenen

[geschwärzt] geb. am [geschwärzt] in [geschwärzt]

verurteilt am: 30.03.1957 von BG Leipzig
wegen: Artikel 6 + § 139 StGB zu 5 Jahren Zu.
Bisher verbüßt: 3 Jahre 10 Monate = 2/3 der Strafe
Hafteinlieferung: 12.11.1956
Strafende: 11.11.1961
Entlassungsanschrift: Döbeln, [geschwärzt]
zur Ehefrau [geschwärzt]

Einschätzung der Person:

Der Strafgefangene [geschwärzt] entstammt einer Arbeiterfamilie. Er absolvierte nach dem Besuch der Volksschule eine Lehrerbildungsanstalt und legte nach 4jährigem Studium die Lehrerprüfung ab. [geschwärzt] wurde 1946 Mitglied der SPD und wurde zur SED übernommen. Er war ferner in der FDJ, im FDGB im DS, in der GST und in der DSF organisiert. Bis zum Jahre 1955 war er gesellschaftspolitisch sehr rege tätig.

Der obengenannte Strafgefangene befindet sich seit Juni 1958 in der Strafvollzugsanstalt Torgau. Das Gesamtverhalten des Strafgefangenen ist entsprechend der Haus- und Zellenordnung. Die Kommandosprache wird von ihm eingehalten. Dem Aufsichtspersonal tritt er diszipliniert gegenüber. Zu seinen Mitgefangenen ist [geschwärzt] verträglich.

Der Strafgefangene [geschwärzt] ist seit April 1960 im VEB C. Zeiß Jena zur Arbeit eingesetzt. Seine Arbeitsleistungen liegen im Durchschnitt.

[geschwärzt] abonniert das "Neue Deutschland" und liest allgemeine Literatur aus der Gefangenenbücherei. Darüberhinaus nimmt er an Filmveranstaltungen, Politinformationen und Fachvorträgen teil. [geschwärzt] ist ein ausgesprochener Gegner unserer Gesellschaftsordnung. Seine Diskussionen, die er unter den Strafgefangenen führt liegen im Sinne des Ostbüros der WPD. Er versucht ständig andere Strafgefangene ideologisch zu beeinflussen und negiert alle Artikel unserer Presse, die sich mit der Politik der rechten SPD-Führung auseinandersetzen. ~~Obwohl~~

Obwohl das Gesamtverhalten des Strafgefangenen [geschwärzt] im Allgemeinen zufriedenstellend war, besteht bei ihm auf Grund seiner offenen feindlichen Einstellung zu unserem Arbeiter- und Bauernstaat keinesfalls die Gewähr, daß er sich in Zukunft nicht wieder gegen die bestehenden Gesetze vergeht.
Der Erlaß der Reststrafe auf Grund des Gnadenerweises des Staatsrates der DDR wird deshalb abgelehnt.

Leiter der Strafvollzugsanstalt

(T u s c h l i n g)
Major der VP

Der hier beurteilte Strafgefangene wurde 1961 entlassen und 1965 nach einem gescheiterten Fluchtversuch in den Westen erneut inhaftiert.

BStU

- 7 -

BStU
000070

Zu 5o

Von der KD Torgau wurde gegen

geb. am

Beruf: ohne, zuletzt Strafgefangener-Strafvollzugsanstalt Torgau

ein Ermittlungsverfahren eingeleitet, wozu unregistriertes operatives Material zugrunde lag.

hat aus feindlicher Einstellung heraus am 21. 8. 1961 in der Strafvollzugsanstalt Torgau gegenüber Strafgefangenen, Volkspolizisten und Zivilangestellten der VP gegen die gesellschaftlichen Verhältnisse in der DDR gehetzt.
Er behauptete, daß die Meldungen der sozialistischen Presse über die Kriegsvorbereitungen in Westdeutschland und den Menschenhandel erlogen seien. Als Ursache für das illegale Verlassen der DDR führte er hierbei die angeblich schlechten Lebensverhältnisse in der DDR an.
Aus Protest gegen die Sicherungsmaßnahmen der DDR verweigerte am 21. 8. 1961 die Arbeit und versuchte, andere Strafgefangene ebenfalls hierzu aufzuwiegeln.

Zu 51

Am 6. 9. 1961 wurde auf Anweisung des Einsatzstabes die

... geb.

geb. am

Beruf: Serviererin, zuletzt Restaurantleiterin in in Leipzig

wh.:

parteilos

der Abteilung IX zugeführt, weil die genannte am 6. 9. 1961 vom Fernsprechamt Leipzig C 13 ein Telefongespräch mit einem

- 8 -

Im August 1961 legte ein Gefangener aus Protest gegen den Mauerbau die Arbeit nieder. Die MfS-Kreisdienststelle Torgau leitete ein Ermittlungsverfahren ein, das zu seiner erneuten Verurteilung führte.
BStU

Die im Operativ-Vorgang (OV) »Ormik« untersuchte Verbreitung hektografierter Flugblätter mit der Aufschrift »DDR – 17 Jahre Unrecht« und »DDR – 17 Jahre SED-Terror« endete für fünf Torgauer Strafgefangene mit der Verurteilung zu Haftstrafen zwischen zweieinhalb und zehn Jahren.
BStU

BStU
000316

A b s c h r i f t

Ministerium des Innern
Berlin

729 Torgau

E i n g a b e

Betrifft: Antrag auf Übersiedlung - Ausreise in die BRD

Ich lege die Staatsbürgerschaft nieder und fordere die Ausreise in die BRD.
Auf Grund der langen Haftzeit die ich bereits hinter mir habe und meiner gesamten sogenannten Wiedereingliederung bin ich zu dem Entschluß gekommen das ein weiterer Aufenthalt in der DDR für mich unerträglich ist und es immer bleiben wird.
Die DDR ist ebenaflls einer der Staaten die die Schlußackte von Helsinki unterzeichnet hatt und somit habe ich ein Recht zu fordern mein Aufenthaltsort und Land selbst zu bestimmen.
In der Presse wird täglich über die Menschenrechte geschrieben nur leider ist davon nichts zu spüren. Durch die bestehenden Gesetze der DDR muß ich ständig wie ein Tier an der Leine gehalten werden und kann deshalb diese ganze Gesellschaftsordnung nicht für die meinige halten.
Desweiteren habe ich mit den Behörden nur schlechte Erfahrungen gemacht im Strafvollzug wie in der sogenannten Freiheit das ich deshalb an absulut nichts mehr glauben kann. Die Verfassung besagt das alle Bürger gleiche Rechte egal ihrer Rasse-Herkunft oder weltanschaulichen Gründe haben. Gerade dieser Satz bestärkt mich in dem Glauben das diesem in Ihrer Gesellschaft für mich nicht zutreffent ist und das ich bewußt um meine Rechte als ehemaliger Staatsbürger gebracht worden bin. Ich möchte Sie bitten die Eingabe im Rahmen des Eingabengesetzes zu bearbeiten und mir eine Antwort zu kommen zu lassen.

Aktenzeichen wohnhaft! 50 Erfurt-
zur Zeit 729 Torgau
Otto-Schlag-Straße 7/I/8

Torgau den 21.9.80

gez.

F.d.R.d.A.

Das Ministerium für Staatssicherheit wollte die Zahl der in Haft gestellten Übersiedlungsanträge reduzieren und übte entsprechend Druck auf die Gefangenen aus. Abschrift des Antrags eines Häftlings der StVE Torgau, Torgau, 21. September 1980.

BStU

JUGENDSTRAFVOLLZUG

JUGENDSTRAFVOLLZUG IM FISCHERDÖRFCHEN

Blick auf das Gebäude des Jugendhauses Torgau (Fischerdörfchen), Hofseite. Aufnahme um 1960. Nach der Verlegung des Jugendgefängnisses 1963 in das Fort Zinna wurde in dem Gebäude der Geschlossene Jugendwerkhof Torgau eingerichtet, eine Disziplinareinrichtung der DDR-Jugendhilfe.
JVA Torgau

Ab 1948 waren in Torgau auch jugendliche Straftäter inhaftiert. Die Jugendhaftanstalt (»Jugendhaus«) befand sich zunächst im Haftgebäude Fischerdörfchen, südlich von Schloss Hartenfels. 1953 wurden kleinere Jugendgefängnisse, darunter auch das Jugendhaus Torgau, geschlossen, weil die SED-Führung den Jugendstrafvollzug vereinheitlichen und zentralisieren wollte. Die jugendlichen Strafgefangenen wurden in die Jugendhäuser Ichtershausen und Plauerhof verlegt, das Torgauer Hafthaus diente als Untersuchungshaftanstalt. Im März 1957 wurde die Jugendhaftanstalt Torgau im Gebäude Fischerdörfchen erneut eröffnet.

Der Haftalltag war auch im Jugendstrafvollzug von Überbelegung, schlechten hygienischen Zuständen und Schikanen des Personals geprägt. Der vorschriftsgemäße strenge militärische Drill nahm auf das jugendliche Alter der Insassen keine Rücksicht. Wie die übrigen Gefangenen im DDR-Strafvollzug sollten auch die jugendlichen Strafgefangenen zur »Mitarbeit am Aufbau des Sozialismus« und zur Einhaltung der Gesetze erzogen werden. Deshalb versuchten die zuständigen Stellen, ihnen eine schulische und berufliche Ausbildung im Gefängnis zu ermöglichen. Allerdings fand der Unterricht unter äußerst ungünstigen Bedingungen statt, denn vielfach fehlten geeignete Lehrer und mangelte es an einfachster Ausstattung wie Sitzmöglichkeiten oder Lernmaterial. Oft konnten die Jugendlichen nur eine berufliche Teilqualifikation erreichen oder in Fällen kurzer Haftzeiten lediglich angelernt werden. Die Lehr- und Arbeitsmöglichkeiten waren außerdem davon abhängig, welche Betriebe in der Haftanstalt produzieren ließen.

\- 3 -

00264

Nach Rücksprache mit Gen. Major Benschia, Verw. Med. Dienste, können die Gegenstände, außer dem Trockensterilisator, bald geliefert werden.

Die allgemeine Hygiene des Jugendhauses muß als schlecht bezeichnet werden, was sich auf den Umerziehungsprozeß der jugendlichen Strafgefangenen negativ auswirken muß. Die Schlafräume sind 100 %-ig überbelegt. So liegen in einem Raum von 70,2 m³ bis 76,6 m³ Luftinhalt je 18 Gefangene, mit einem Rauminhalt von 64,6 m³ 12 Gefangene. Die Betten stehen zum Teil unmittelbar aneinander oder es ist nur ein Zwischenraum von ca. 20 cm vorhanden.
Die Matratzen sind z.T. in sehr schlechtem Zustand, jedoch sind neue angefordert, die angeblich in nächster Zeit teilweise geliefert werden.
Die Aufenthalträume befinden sich ebenfalls in sehr schlechtem Zustand und müssen dringend renoviert werden. Der Fußboden ist zum Teil defekt. Das gesamte Mobilar ist bunt zusammengewürfelt und befindet sich in einem äußerst schlechten Zustand, so fehlen z.B. an den Schränken die Türen bzw. die Türfüllungen.

Zur ordentlichen Durchführung der Schularbeiten sind zu wenig und in äußerst schlechtem Zustand befindliche Tische vorhanden. Als Sitzgelegenheiten sind nur sehr schlechte Stühle, Hocker und einfache Bretterbänke vorhanden, was sich gerade bei jugendlichen Gefangenen sehr nachteilig auf die Körperhaltung auswirken muß.
Der Zustand der Unterrichtsräume ist gegenüber den anderen Räumen gut, aber auch hier sind die Einrichtungsgegenstände nicht einheitlich und entsprechen nicht den Anforderungen, die an derartige Räume gestellt werden müssen.

In der gesamten Anstalt ist noch Kübelbetrieb. In den Tagesräumen sind die Leibstuhlgefäße jeweils durch zwei Schränke verdeckt, während sie in den Schlafräumen frei im Raum stehen. Es ist in jeder Etage eine Kübelzelle mit je 3 Wasserklosetts, die z.T. ausgebaut sind, vorhanden.
Speiseräume sind keine vorhanden. Das Essen wird in den Tagesräumen eingenommen. Das Eßgeschirr wird nach den Mahlzeiten eingesammelt und in der Küche gewaschen.
Der geplante Neubau eines Speise- und eines Kulturraumes ist angeblich bis 1964 verschoben worden. Für die körperliche Reinigung stehen ein Waschraum mit 23 Zapfstellen und ein Duschraum mit 6 Zapfstellen und 5 Brausen zur Verfügung, was für die Kapazität der Anstalt nicht ausreichend ist. Beide Räume befanden sich in einem sehr schlechten Zustand. Mit dem z.Zt. im Bau befindlichen Anbau, der bis Ende August 1960 beendet sein soll, tritt hier jedoch eine Veränderung ein. Da die jetzigen Küchenräume in den Anbau verlegt werden und in die frei werdenden Räume die Badeanlagen eingebaut werden.

Die Leitung des Jugendhauses ist bemüht und versucht mit eigenen Mitteln, die unhaltbaren Zustände zu verändern; so werden z.Zt. die alten defekten Schränke repariert und gestrichen. Aber ohne durchschlagende Unterstützung von zentraler Stelle können diese Bemühungen nur Stückwerk bleiben.

Auszug aus einem Kontrollbericht der Abteilung Medizinische Dienste der Hauptverwaltung der Deutschen Volkspolizei. Darin werden die hygienischen Verhältnisse im Jugendhaus Torgau als völlig unzureichend beschrieben, und es wird beanstandet, sie entsprächen nicht den Grundsätzen des Jugendstrafvollzugs. Berlin, 29. März 1960.

Bundesarchiv Berlin

Jugendliche Strafgefangene in einem Maschinenraum des Jugendhauses Torgau (Fischerdörfchen). Aufnahme um 1960.
JVA Torgau

Der Unterrichtsraum für Geschichte und Staatsbürgerkunde im Jugendhaus Torgau (Fischerdörfchen). Aufnahme um 1960.
JVA Torgau

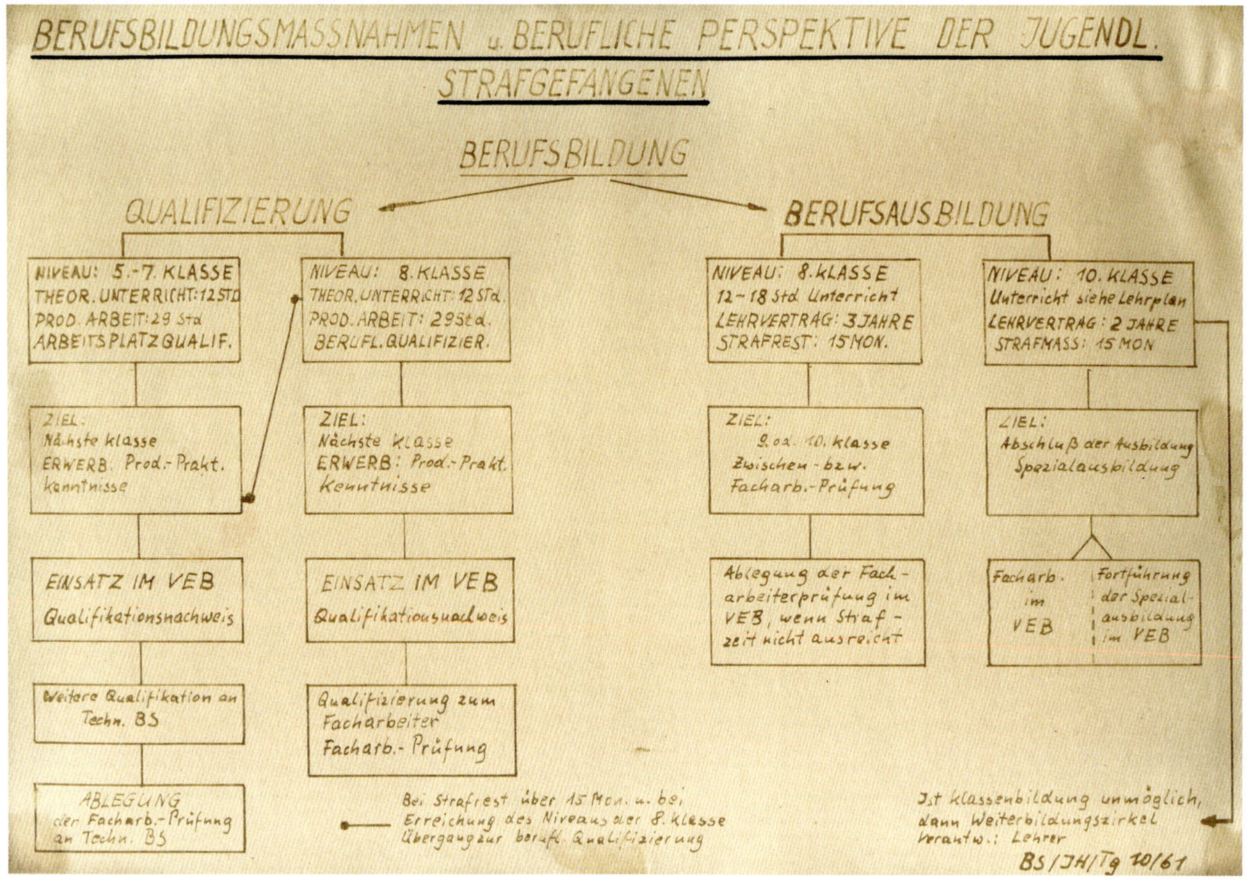

Übersicht der für jugendliche Strafgefangene vorgesehenen Berufsbildungsmaßnahmen, die zum Erziehungserfolg in der Haft und nach der Entlassung beitragen sollten. Jugendhaus Torgau, Oktober 1961. Die unzureichende Zusammenarbeit der Lehrer und Erzieher des Jugendhauses mit Berufsschullehrern, fehlende Ausbildungs- und Arbeitsplätze für die Häftlinge wie auch die mangelhafte Unterstützung durch die Jugendhilfe bei der Arbeits- und Wohnungsbeschaffung nach der Haftentlassung wurden allerdings immer wieder beklagt.

JVA Torgau

Jugendhaus Torgau
- Leiter -

Torgau, den 15. Mai 1961

000011

Charakter und Bedeutung der Jugendhäuser der DDR

Mit Inkrafttreten des Befehls 53/57 des MdI, der die Übernahme der Lehrkräfte der Berufsschulen der Jugendhäuser durch das MdI anordnete, trat eine erhebliche Veränderung in der bisherigen Arbeitsweise ein. Die Vereinigung der bereits übernommenen Lehrausbilder mit den Lehrern und die Bildung von Berufsschulen mit einheitlicher Leitung wurde möglich und notwendig. Damit wurde eine bisher die Arbeit hemmende Situation für die schulische und berufspraktische Seite verändert. Die Bestrebungen auch für die außerunterrichtliche Seite eine solche, der Arbeit und Entwicklung entsprechenden Lösung zu treffen, ist bisher über Teilmaßnahmen nicht hinaus gekommen. Der Schlüssel für die endgültig befriedigende Lösung für die Jugendhäuser liegt in der Klarstellung und Sanktionierung ihres Charakters und einer diesem Charakter, der Arbeit und des mittlerweile erreichten Entwicklungsstandes entsprechenden Struktur. Die Diskrepanz zwischen dem erreichten Entwicklungsstand und der bestehenden Struktur sind zu einem ernsten Hemmnis geworden, was sowohl den Bestimmungen des JGG, als auch der Lösung der im Jugendstrafvollzug stehenden Aufgaben, entgegen steht.
Im Komplex dieser Fragen gilt es herauszuarbeiten und festzulegen:

1. Was ist ein Jugendhaus

   Ein Jugendhaus ist eine Erziehungseinrichtung deren Kräfte als Hauptaufgabe die Erziehung straffällig gewordener Jugendlicher zu verantwortungsbewußt handelnden Mitgliedern unserer Gesellschaft, die bereit sind aktiv am Aufbau des Sozialismus mitzuarbeiten, unsere Gesetze zu achten und entsprechend unseren Gesetzen der Ethik und Moral zu arbeiten, zu lernen und zu leben, zu erziehen.
   Entsprechend dieser Aufgabe muß durch eine zweckmäßige Struktur die Arbeitsmöglichkeit der im Jugendhaus an der Erziehung beteiligten Kräfte garantiert und eine störungsfreie Arbeitsorganisation gesichert werden.
   Unabhängig von diesen Kräften ist, da es sich um jugendliche Rechtsbrecher handelt, die von unserem Arbeiter-und-Bauern-Staat für erforderlich erkannte sichere Verwahrung zu gewährleisten. Deshalb ist eine Außensicherung durch bewaffnete Kräfte, und eine bewaffnete Aufsicht bei Außenarbeitseinsatz, sowie eine Bewachung im Verwahrhaus bei Nacht zu stellen.
   Es gilt also die Jugendhäuser zu Jugendwerkhöfen höherer Form in politischer, erziehungs-und sicherheitsmäßiger Hinsicht zu entwickeln, um bestehende Widersprüche zu beseitigen und den in der Erziehungssituation erreichten Stand besonders in der Arbeit der BS allseitig zu erreichen und die Struktur mit dem Entwicklungsstand in Einklang zu bringen.
   Es ist erforderlich den Mangel, der im Charakter und Aufbau der Jugendhäuser durch ein Stehenbleiben seit 1953 gekennzeichnet wird, was zu einem Widerspruch zum erreichten Entwicklungsstand in der Arbeit führte, endgültig und konsequent zu beseitigen.

-2-

Aus den sich anschließenden Vorschlägen zur organisatorischen Anbindung der Jugendhäuser geht hervor, dass erhebliche strukturelle Mängel im pädagogischen Bereich existierten. Es wurde sowohl die Überantwortung der Zuständigkeit für die Jugendhäuser an das Ministerium der Justiz wie auch an das Ministerium für Volksbildung erwogen.
Schreiben des Leiters des Jugendhauses Torgau an die Bezirksdirektion der Volkspolizei. Torgau, 15. Mai 1961.

Sächsisches Staatsarchiv/Staatsarchiv Leipzig

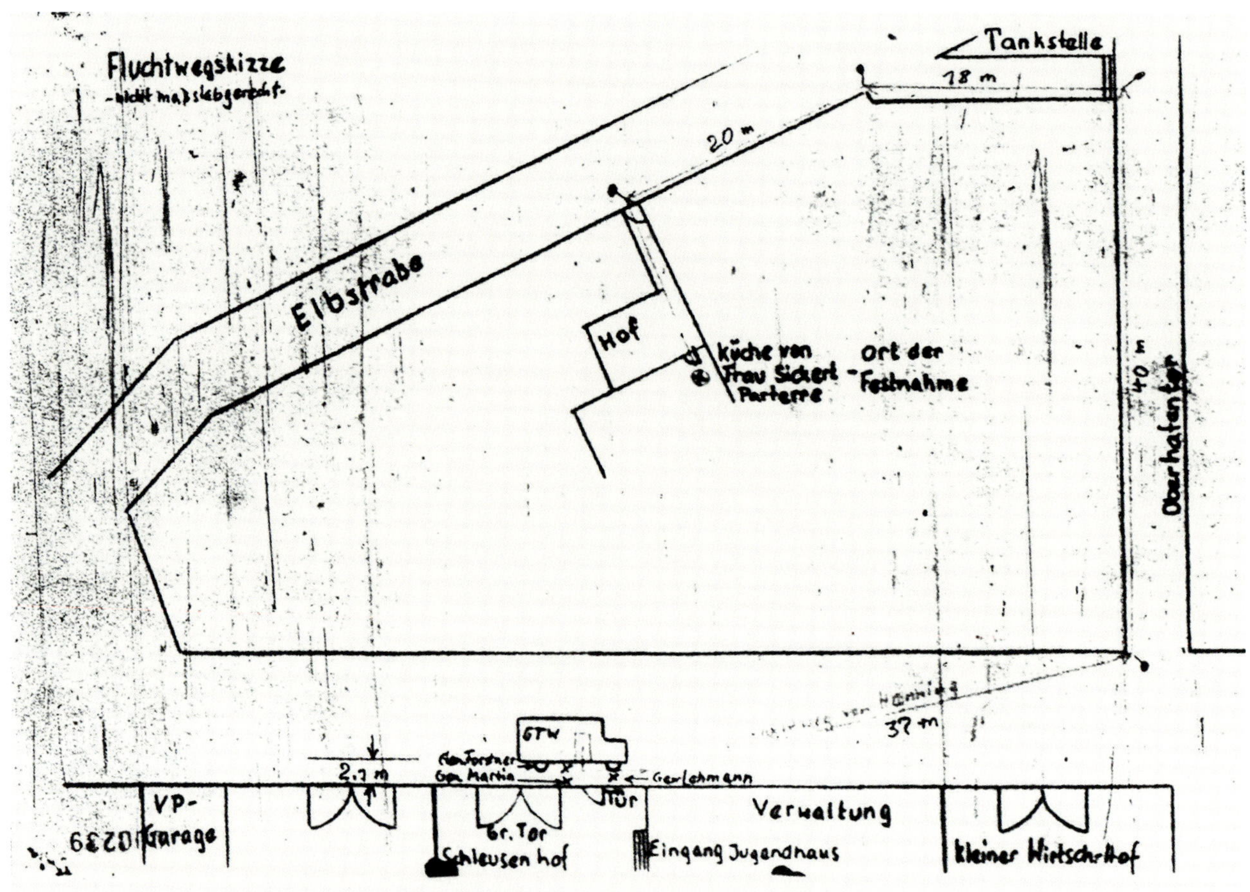

Fluchtwegskizze aus einem Zwischenbericht der Bezirksdirektion Leipzig der Volkspolizei an die Verwaltung Strafvollzug des MdI in Berlin, 11. Juli 1963.

Sächsisches Staatsarchiv/Staatsarchiv Leipzig

Am 28. Juni 1963 floh ein wegen »Spionage« und »fortgesetzten Verleitens zum Verlassen der DDR« verurteilter Jugendlicher aus dem Jugendhaus Torgau. Strafvollzugsangehörige verfolgten ihn. Sie konnten ihn fassen und misshandelten ihn auf offener Straße vor den Augen einer Menschenansammlung, die aufgebracht gegen das Vorgehen protestierte: »SS- und Gestapomethoden, wir sind doch nicht mehr bei den Nazis!«

Es erfolgte eine Untersuchung des Vorfalls; gegen die beteiligten Strafvollzugsbediensteten wurde ein Ermittlungsverfahren eingeleitet. Dabei wurde festgestellt, dass es sich nicht um einen Einzelfall handelte, sondern dass jugendliche Strafgefangene regelmäßig vom Vollzugspersonal wie auch von Zivilangestellten »körperlich gezüchtigt und dabei geschlagen und getreten wurden«. Wegen »grobe[r] Verstöße gegen die sozialistische Gesetzlichkeit im Jugendhaus Torgau« wurden der Leiter abgelöst und mehrere VP-Angehörige entlassen.

REGIERUNG
DER DEUTSCHEN DEMOKRATISCHEN REPUBLIK
MINISTERIUM DES INNERN

000001 *

BEFEHL
des Ministers des Innern
Nr. 52/63

3. September 1963 Berlin

Inhalt: Grobe Verstöße gegen die sozialistische Gesetzlichkeit im Jugendhaus Torgau, Bezirk Leipzig

Im Erlaß des Staatsrates der Deutschen Demokratischen Republik vom 4. April 1963 wurde dem Strafvollzug die Aufgabe gestellt, die zu Freiheitsstrafen verurteilten Bürger

– zum Schutze der Arbeiter-und-Bauern-Macht und der Rechte der Bürger zeitweilig von der unmittelbaren Einwirkung aúf das Leben der Gesellschaft auszuschließen;
– durch eine vom Strafzweck bestimmte Differenzierung der Ordnungs- und Verhaltensregeln, der kollektiven, gesellschaftlich-nützlichen Arbeit und politisch-kulturellen Einwirkung zur Achtung der Gesetzlichkeit und zur Einhaltung der Regeln des gesellschaftlichen Zusammenlebens zu erziehen.

Im sozialistischen Strafvollzug ist die Gesetzlichkeit streng einzuhalten, die Menschenwürde und die Persönlichkeit des Strafgefangenen sind zu achten und seine Rechte zu wahren.
Gegen diese Grundsätze haben Angehörige des Jugendhauses Torgau grob verstoßen.

Am 28. 06. 1963 konnte ein zu 4½ Jahren Zuchthaus verurteilter jugendlicher Strafgefangener entweichen. Bei seiner Wiederergreifung wurde er, ohne daß er Gegenwehr leistete, von mehreren VP-Angehörigen auf offener Straße durch Faustschläge und Fußtritte mißhandelt.
An diesem Vorgang waren Offiziere, Wachtmeister und Zivilangestellte der Berufsschule des Jugendhauses beteiligt. Der Stellvertreter Allgemein hatte Kenntnis und unternahm nichts, um diese gesetzwidrigen Handlungen sofort zu unterbinden. Er gab über dieses Vorkommnis eine falsche Meldung an den Leiter des Jugendhauses und an die vorgesetzte Dienststelle ab. In dieser Meldung wurde nur der Fluchtversuch geschildert und die körperliche Mißhandlung des Strafgefangenen verschwiegen.

1

Die Misshandlung des jugendlichen Strafgefangenen in Torgau wurde von der Volkspolizei eingehend untersucht. Der Minister des Innern veröffentlichte die daraus gezogenen Konsequenzen in dem eigens als Faltblatt gedruckten Befehl Nr. 52/63, 3. September 1963.
Bundesarchiv Berlin

Auf Grund der Vorgänge mußten die unmittelbar Beteiligten vor Gericht gestellt und verurteilt werden.

Die weiteren Untersuchungen ergaben:

1. Der Leiter des Jugendhauses Torgau und sein Stellvertreter nahmen die Beschlüsse unserer Partei und den Rechtspflegeerlaß unseres Staatsrates nicht als Grundlage für ihre Arbeit. In überheblicher Art und Weise stützten sie sich auf frühere Erfolge in der Erziehung, in der theoretischen und praktischen Berufsausbildung und Qualifizierung und unternahmen wenig Anstrengungen, die Lage weiter zu verbessern.

2. Der Leiter des Jugendhauses und seine Stellvertreter zogen nicht die richtigen Schlußfolgerungen aus dem Ausbruch zweier jugendlicher Strafgefangener im März 1963. Sie nahmen diesen Vorfall vielmehr zum Anlaß, um durch „härtere Maßnahmen" die Sicherheit, die Disziplin und Ordnung im Jugendhaus zu erhöhen.
   Ausdruck dafür waren in diesem Zusammenhang vom Leiter des Jugendhauses ausgesprochene Kollektivstrafen und andere Maßnahmen.

3. Von der Leitung der Dienststelle, unterstützt durch die Leitung der Grundorganisation, wurde nach diesem Vorkommnis zur weiteren Durchsetzung der Rechtspflegebeschlüsse eine solche Orientierung gegeben:

   > „Die Erziehung der jugendlichen Strafgefangenen ist unsere Hauptaufgabe. Die Voraussetzung dazu ist eine straffe Ordnung und Disziplin. Sie wird konsequent durchgesetzt, auch unter Anwendung körperlicher Gewalt. Widerstand ist zu brechen."

   Hieraus entwickelten sich Praktiken in der volkspolizeilichen Tätigkeit, die völlig der Politik unserer Partei widersprechen. Das Vorkommnis am 28. 06. 1963 ist dafür der krasseste Ausdruck.

4. Die politisch-ideologische Erziehung der Volkspolizisten, die eine vielfältige und komplizierte Aufgabe zur Erziehung der jugendlichen Strafgefangenen zu erfüllen haben und den verschiedensten Einflüssen ausgesetzt sind, wurde gröblichst vernachlässigt.

5. Dem Leiter des Jugendhauses waren Beispiele und Tatsachen falscher Erziehungsmethoden und Gesetzesverletzungen sowie andere den Beschlüssen der Partei und des Staatsrates entgegenstehende Handlungen von Dienstvorgesetzten und Wachtmeistern bekannt. Er nahm diese Tatsache jedoch nicht zum Anlaß, gründliche Untersuchungen zu führen und deren Ursachen zu überwinden. Er duldete, daß z. B. der 1. Stellvertreter des Leiters, der Erziehungsleiter und andere Dienstvorgesetzte zum Schlagen von jugendlichen Strafgefangenen aufforderten.
   Beschwerden von Strafgefangenen wurden nicht bearbeitet. Briefe, die Aufforderungen an Angehörige enthielten, sich wegen ungesetzlicher Handlungen an den Staatsanwalt zu wenden, wurden nicht weitergeleitet.
   Durch falsche und schöngefärbte Berichte wurden Vorgesetzte und die Kreisleitung der SED über den wahren Zustand im Jugendhaus getäuscht.

2

6. Die Mißachtung der Hinweise der Genossen, die vielfache direkte Unterdrückung der Kritik und das herzlose, verletzende Verhalten einiger leitender Offiziere gegenüber den Wachtmeistern zog eine Atmosphäre des Mißtrauens, der Unsicherheit und der Kritiklosigkeit nach sich und ließ keine offene Parteiatmosphäre aufkommen.

   Die überwiegende Mehrheit der VP-Angehörigen und Zivilangestellten der Berufsschule sowie des Ausbildungspersonals, die ehrlich und pflichtbewußt um gute Arbeitsergebnisse bemüht war, fühlte sich dadurch unsicher und fand nicht den Mut und die Kraft, diesen Zustand selbständig zu ändern.

7. Die Untersuchung im Jugendhaus Torgau deckte eine Reihe ernster Versäumnisse der BDVP, insbesondere der Abteilung Strafvollzug, auf. Die kontrollierende und anleitende Tätigkeit der BDVP entsprach zwar ihrem Umfang nach, nicht aber in der Zielstellung und Gründlichkeit der Bedeutung des Jugendhauses.

ICH BEFEHLE:

1. Der Leiter der Verwaltung Strafvollzug hat gemeinsam mit dem Leiter der Politischen Verwaltung eine gründliche Auswertung dieser Vorkommnisse vorzunehmen. Die Hauptaufgabe besteht dabei in der Vertiefung des Studiums der Beschlüsse des VI. Parteitages und des Rechtspflegeerlasses des Staatsrates sowie in der Herausarbeitung der Schlußfolgerungen für die Tätigkeit im Strafvollzug. Der Kampf zur Durchsetzung der Befehle und Weisungen und Festigung der inneren Ordnung muß verstärkt werden.

2. Die Chefs der Bezirksbehörden der Deutschen Volkspolizei haben diesen Befehl in allen SV-Dienststellen auszuwerten und ihn zum Gegenstand einer Beratung zu machen, die Lage in den Dienststellen des Strafvollzuges einzuschätzen und die notwendigen Maßnahmen zu organisieren.

   Vordringliche Aufgaben sind:

   a) die Anleitung und Kontrolle durch die Bezirksbehörden der Deutschen Volkspolizei so zu organisieren, daß ständig eine präzise Einschätzung der Lage möglich ist;
   b) die politisch-ideologische Erziehung besonders der VP-Angehörigen, die im Aufsichts- und Erziehungsdienst tätig sind, zu verstärken;
   c) die Auswahl, den Einsatz und die Qualifizierung der Kader auf der Grundlage der im Staatsratserlaß formulierten Aufgaben des sozialistischen Strafvollzuges zu sichern;
   d) die Sicherheit und Ordnung durch strikte Einhaltung der Gesetze, Befehle und Weisungen in den Einrichtungen des Strafvollzuges zu verbessern.

3. Der Chef der Bezirksbehörde der Deutschen Volkspolizei Leipzig hat Maßnahmen einzuleiten, die die Sicherheit gewährleisten und die Umerziehung der jugendlichen Strafgefangenen, ihre Berufsausbildung den Forderungen des Staatsratserlasses entsprechend garantieren.

   Über die eingeleiteten Maßnahmen ist mir bis zum 15. Oktober 1963 zu berichten.

4. Der Leiter des Jugendhauses Torgau, Major der VP Grätz, wird von seiner Funktion abgelöst und zum Hauptmann herabgestuft.

   Der 1. Stellvertreter des Leiters des Jugendhauses, Oberleutnant der VP Grießl, wird von seiner Funktion abgelöst, zum Wachtmeister herabgestuft und aus der Deutschen Volkspolizei entpflichtet.

   Der Stellvertreter für politische Arbeit, Hauptmann der VP Grandt, wird von seiner Funktion abgelöst und zum Oberleutnant herabgestuft.

   Leutnant der VP Langnickel wird zum Wachtmeister herabgestuft, von seiner Funktion entbunden und aus der Deutschen Volkspolizei entpflichtet.

   Leutnant der VP Schmidt wird aus der Deutschen Volkspolizei entpflichtet.

   Leutnant der VP Weinberger wird von seiner Funktion abgelöst und zum VP-Meister herabgestuft.

   VP-Meister Martin wird aus der Deutschen Volkspolizei entpflichtet.

   VP-Meister Forster wird aus der Deutschen Volkspolizei entpflichtet.

   VP-Hauptwachtmeister Maß ist von seiner Funktion abzulösen und mit einem strengen Verweis zu bestrafen.

5. Die Chefs der Bezirksbehörden der Deutschen Volkspolizei berichten mir bis zum 1. Oktober 1963 über die eingeleiteten Maßnahmen.

Dieser Befehl ist in allen Dienststellen des Strafvollzuges gründlich auszuwerten.

Minister des Innern
Generalleutnant i. V. gez.: Grünstein

F. d. R.

Franke

(Franke)
Oberst

4 Ag 464/63 – 189

JUGENDSTRAFVOLLZUG IM FORT ZINNA

Zur Verbesserung der Sicherheit sowie der räumlichen und hygienischen Bedingungen für die Jugendlichen sollte der Jugendstrafvollzug vom Haftgebäude Fischerdörfchen in die Strafvollzugsanstalt Torgau im Fort Zinna verlegt werden.

Wegen der Vorkommnisse im Zusammenhang mit der Flucht eines Jugendlichen zog man die Verlegung auf den 1. September 1963 vor. Die Jugendstrafanstalt wurde im Westflügel des Kreuzbaus untergebracht.

Auch nach dem Umzug des Jugendhauses in die StVA Torgau waren grundsätzliche Probleme der Unterbringung nicht gelöst. Da die Zahl jugendlicher Häftlinge in der DDR seit Mitte der 1960er Jahre kontinuierlich anstieg, reichten die Verwahrplätze im Fort Zinna bei Weitem nicht aus. Deshalb wurden viele Jugendliche, die ihre Berufsausbildung noch nicht abgeschlossen hatten, im Alter von 18 Jahren in den Erwachsenenstrafvollzug verlegt, obwohl dies den gesetzlichen Grundlagen widersprach.

Die von Gewalt geprägten »Erziehungsmethoden« wurden auch im Fort Zinna fortgesetzt. 1972 kam es erneut zu einem Disziplinarverfahren gegen 13 Strafvollzugsbedienstete wegen Misshandlungen jugendlicher Strafgefangener.

Das Strafvollzugs- und Wiedereingliederungsgesetz von 1968 schrieb die Trennung von jugendlichen und erwachsenen Strafgefangenen vor. Da dies im Fort Zinna aufgrund der räumlichen Bedingungen nicht im Sinne der gesetzlichen Vorgaben möglich war, wurde der Jugendstrafvollzug in Torgau schließlich 1975 endgültig eingestellt.

Das Jugendhaus Torgau befindet sich im Objekt der Strafvollzugsanstalt. Der Gebäudeflügel, in dem die jugendlichen Strafgefangenen untergebracht sind, sollte bei Einrichtung des Jugendhauses von den erwachsenen Strafgefangenen geräumt werden. Das ist bis heute noch nicht geschehen. Wegen der gegenwärtig geringen Belegung mit Jugendlichen und der Umbauarbeiten in der Strafvollzugsanstalt ist das eigentliche Jugendhaus noch eingeengt worden. Die Kontaktaufnahme zwischen den erwachsenen Strafgefangenen der Kategorie I und den Jugendlichen ist ständig gegeben. Getrennt werden sie nur voneinander durch ein Provisorium aus Maschendraht. Abgesehen von dieser Tatsache befinden sich mit im Verwahrhaus die Räume der Berufsschule, die klein und unfreundlich sind, die Zellenatmosphäre erhalten und den Berufsschullehrern die Arbeit erschweren.
Das Jugendhaus Torgau wird mehr oder weniger als Abteilung der Strafvollzugsanstalt angesehen. Deutlich zeigt sich das Verhältnis Strafvollzugsanstalt – Jugendhaus darin, daß z.B. der Leiter des Jugendhauses sein Dienstzimmer im Verwaltungshaus räumen mußte und in das Verwahrhaus der Jugendlichen umzog. Er wurde in die Rolle eines Stationleiters gedrängt.
Von den drei Jugendhäusern ist das in Torgau das einzige, welches keinen Speiseraum hat. Die Jugendlichen essen in ihren Verwahrräumen. In kultureller Hinsicht werden die Räumlichkeiten des Erwachsenenstrafvollzugs teilweise mitgenutzt.

Bericht der Gruppe Strafvollzugsaufsicht des Generalstaatsanwalts der DDR über die Ergebnisse einer Untersuchung in den Jugendhäusern Luckau, Dessau und Torgau.
Berlin, 12. August 1965.

Bundesarchiv Berlin

000054

Strafvollzugsanstalt Torgau

Torgau, den 25.07.1963

Bestätigt:
[illegible], Major

Plan

der Verlegung des Jugendhauses Torgau in die Strafvollzugsanstalt Torgau

I. 1. Das Jugendhaus Torgau wird im Westflügel der STVA, Stationen 5 bis 8, untergebracht. Die einzelnen Stationen erhalten folgende Zweckbestimmung:

Station 5 – Lehrwerkstatt und Produktionsräume

Station 6 u. 7 – Tages- und Schlafräume

Station 8 – Schul- und Zirkelräume

2. Die gegenwärtige Raumaufteilung ermöglicht die vorstehend aufgeführte Verwendung nicht. Daher ergeben sich folgende bauliche Veränderungen:

Auf der Station 5

Zelle 75 bis 81	1 Produktionsraum
Zelle 98 bis 103	Schloßerei
Zelle 104 bis 106	1 Magazin
Zelle 107 bis 109	1 Produktionsraum
Zelle 111 bis 113	1 Produktionsraum

Auf der Station 6

Zelle 184 bis 185	1 Aufenthaltsraum
Zelle 186 bis 188	1 Aufenthaltsraum
Zelle 189 bis	Klossett
Zelle 190 bis 192	1 Aufenthaltsraum

Auf der Station 7

Zelle 292 bis 293	1 Aufenthaltsraum
Zelle 294 bis 296	1 Aufenthaltsraum
Zelle 297	1 Klossett
Zelle 298 bis 300	1 Aufenthalstaum

Auf der Station 8

Zelle 395 bis 396	1 Klassenzimmer
Zelle 398 bis 400	1 Klassenzimmer
Zelle 401 bis 402	1 Lehrmittelzimmer
Zelle 404 bis 407	1 Klassenzimmer
Zelle 408	1 Klossett
Zelle 409 bis 412	1 Klassenzimmer
Zelle 415 bis 417	ZBV
Zelle 418 bis 420	Bücherrei
Zelle 421	1 Klossett
Zelle 422 bis 424	1 Zirkelraum
Zelle 425 bis 427	1 Lehrerzimmer
Zelle 428 bis 430	1 Zirkelraum
Zelle 431 bis 432	1 Schulmagazin

Für die Aufnahme der jugendlichen Strafgefangenen wurde der Westflügel, der Gebäudeteil mit der größten Kapazität, vorgesehen, was zahlreiche bauliche Veränderungen erforderlich machte.

Sächsisches Staatsarchiv/Staatsarchiv Leipzig

Geheimhaltungsgrad aufgehoben
VVS I 031013 - 5 -

II.

Gegenwärtige Lage auf dem Gebiet der Unterbringungskapazitäten

1. Gegenwärtig stehen dem Jugendstrafvollzug 2.549 Plätze für Jugendliche (bestätigte Kapazitäten) zur Verfügung. Mit Stichtag 31.01.1972 fehlen insgesamt 705 Plätze. Der Anteil der durch den Jugendstrafvollzug zur Verfügung stehenden Verwahrkapazität an der dem Strafvollzug zur Verfügung stehenden Gesamtkapazität beträgt ca. 8,0 %.
Ausgehend vom Gesamtgefangenenbestand müßten dem Jugendstrafvollzug anteilmäßig jedoch ca. 12 % = 3.200 Verwahrplätze zur Verfügung stehen.

2. Aufgliederung

		Kapazität		Belegung seit 01.01.72	
JH	Luckau	274	Plätze	405	jgdl.Strafgef.
JStA	Gräfentonna	224	"	348	"
JStA	Dessau	840	"	847	"
JStA	Ichtershausen	380	"	486	"
JStA	Wriezen	160	"	131	"
JStA	Torgau	189	"	377	"
StVK	Raßnitz (Jugendabtlg.)	350	"	381	"
StVA	Hoheneck (Jugendabtlg.)	102	"	179	"
AEK	Hohenleuben (Jugendabteilg)	30	"	90	"
	Gesamt:	2 549	Plätze	3 244	jgdl.Strafgef.

Die für die JStA Dessau festgelegte Kapazität von 840 Plätzen ist unreal. Deshalb wurde eine Überprüfung und Neufestlegung der Kapazität entsprechend den gesetzlichen Forderungen angewiesen. Die Neuberechnung, die von der BDVP, Abt. Strafvollzug Halle bestätigt wurde, ergab, daß eine Kapazität von 643 Plätzen zur Verfügung steht.

VS 30 a (87/11) Ag 464/1174/66

Fast alle Haftanstalten für Jugendliche waren Anfang der 1970er Jahre stark überbelegt. Grundkonzeption zur perspektivischen Profilierung der Jugendstrafvollzugsanstalten, 1972.

Bundesarchiv Berlin

3. Vollzug der Freiheitsstrafe – strenge Vollzugsart, männliche Jugendliche

3.1. Für die strenge Vollzugsart wird auf Grund bisheriger Erfahrungen eine Kapazität von 500 Plätzen benötigt.
Bisher sind diese Jugendlichen in der JStA Torgau (Teil der StVA Torgau) untergebracht.
Bestätigte Kapazität – 189 Plätze, derzeitige Belegung 377 Jugendliche.
Hervorgehoben werden muß nochmals, daß lt. Mitteilung des Leiters der JStA Torgau in den letzten 1 1/2 Jahren auf Grund von Kapazitätsmangel 231 Jugendliche, die das 18. Lebensjahr erreicht hatten, in den Erwachsenenstrafvollzug verlegt werden mußten, obwohl sie ihre berufliche Ausbildung noch nicht beendet hatten bzw. eine berufliche Ausbildung noch nicht begonnen wurde.

Die Gesamtentwicklung in der strengen Vollzugsart zwingt zu einer generellen Entscheidung, wo künftig die strenge Vollzugsart untergebracht werden kann. Die jetzige Lösung kann für die Perspektive nicht beibehalten werden, da sie nicht die Gewähr dafür bietet, daß die gesetzlich fixierten Forderungen abstrichlos durchgesetzt werden können. Für die Unterbringung ist, ausgehend von der Zusammensetzung des Gefangenenbestandes in dieser Vollzugsart, ein festes Objekt erforderlich. Die Lösung dieser Problematik kann nur durch die Umprofilierung einer bereits bestehenden Vollzugseinrichtung erfolgen.

VS 30 a (87/11) Ag 464/1174/66

Bei den Überlegungen zur Umprofilierung des Jugendstrafvollzugs wurde zu Beginn der 1970er Jahre sogar die Umwandlung der StVA Torgau in eine reine Jugendhaftanstalt erwogen.

Bundesarchiv Berlin

Der Obermeister des SV B. hat bei seiner Tätigkeit als Erzieher in der JStA seit 1971 bei Disziplinlosigkeiten und sonstigen Verstößen gegen die Hausordnung durch jugendliche Strafgefangene diese nicht entsprechend dem SVWG geahndet oder ahnden lassen. An Stelle dessen führte er, wie aus seiner disziplinarischen Vernehmung und persönlichen schriftlichen Stellungnahme ersichtlich ist, willkürlich eigene »Erziehungsmaßnahmen« durch. Bei den geringsten Verfehlungen wurden vor Ein- bzw. Aufschluß die jugendlichen Strafgefangenen entweder im Nachthemd bzw. im Turnanzug im Laufschritt durch den Bau gejagt. Diese »Erziehungsmaßnahme« war unter dem Namen »Achterbahn« bekannt. Aus gleichen Anlässen und teilweise auch ohne Grund griff er Strafgefangenen an die Brust, schüttelte diese und schlug mit der flachen Hand ihnen ins Gesicht. Weiterhin führte er schikanöse Behandlungen durch, indem er bei der Essensausgabe absichtlich auf Schemeln stehende Essensschüsseln mit dem Fuß stieß, so dass in einigen Fällen die Strafgefangenen kein Essen bekamen. In seiner gesamten Dienstdurchführung wurde die Menschenwürde der einsitzenden Strafgefangenen dahingehend missachtet, dass sie nicht wie vorgesehen mit »Sie« angesprochen, sondern in der täglichen Umgangsform mit Schimpfworten und anderen Kraftausdrücken betitelt wurden. [...]

Auszug aus dem »Abschlussbericht zur Untersuchung der Vorkommnisse in der JStA Torgau«, Leipzig, 31. Oktober 1972.

Als weitere »Erziehungsmethoden« Strafvollzugsangehöriger in der Jugendstrafvollzugsanstalt Torgau werden in dem Bericht Schlagen mit Schlagstöcken, Besenstielen und Scheuerleisten, stundenlanges Stehen an der Wand, kalte Duschen und »sportliche Übungen« wie beispielsweise der »Entengang« aufgeführt.

Sächsisches Staatsarchiv/Staatsarchiv Leipzig

JStA

Verbrechen gegen die DDR	§§ 96 – 111	= 2,0 %
Straftat. geg. d. Persönl.	§§ 112 – 140	= 33,1 % ✓
Straftat. geg. Jug.u.Fam.	§§ 141 – 156	= 2,4 %
Straftat. geg. soz.ET	§§ 157 – 176	= 27,1 %
Straftat. geg. pers. ET	§§ 177 – 184	= 6,6 %
Straftat. geg. allg.Sich.	§§ 185 – 209	= 6,6 %
Straftat. geg. staatl.Ord.	§§ 210 – 250	= 22,2 % ✓ 27,6 %

1974 waren die jugendlichen Insassen vor allem wegen »Straftaten gegen die Persönlichkeit« (z. B. Körperverletzung), »gegen das sozialistische Eigentum« sowie »gegen die staatliche Ordnung« (z. B. »Ungesetzlicher Grenzübertritt« oder »Rowdytum«) zu Strafen von meist zwischen einem und drei Jahren verurteilt. Gefangenenbestand der Jugendstrafanstalt aus einer Lageeinschätzung des Leiters der StVA Torgau, 16. Mai 1974.

Sächsisches Staatsarchiv/Staatsarchiv Leipzig

STAATSSICHERHEIT

DAS MINISTERIUM FÜR STAATSSICHERHEIT IM STRAFVOLLZUG

Das Ministerium für Staatssicherheit (MfS) strebte eine vollständige Überwachung und Kontrolle der Gefangenen und des Wachpersonals an. Gefahren für die Sicherheit sollten rechtzeitig aufgeklärt werden, wozu auch jede Abweichung von den strengen Vollzugsvorschriften zählte. Darüber hinaus sollten politisch unliebsame Äußerungen und »feindlich-negative Handlungen« von Gefangenen, zum Beispiel die Verbreitung von Flugblättern, verhindert werden.

Die »politisch-operative Arbeit« des MfS konzentrierte sich auf diejenigen Häftlinge, die wegen »Verbrechen gegen die DDR« oder anderer besonders schwerer Straftaten inhaftiert waren. Dazu zählten »Republikflüchtige« und »hartnäckige Antragsteller«, die die DDR verlassen wollten.

In den 1980er Jahren war ein Mitarbeiter der Kreisdienststelle Torgau des MfS allein für die Arbeit in der Haftanstalt zuständig. Bei fast 1000 Gefangenen konnte er seine Aufgaben nur durch eine enge Zusammenarbeit mit der Anstaltsleitung erfüllen.

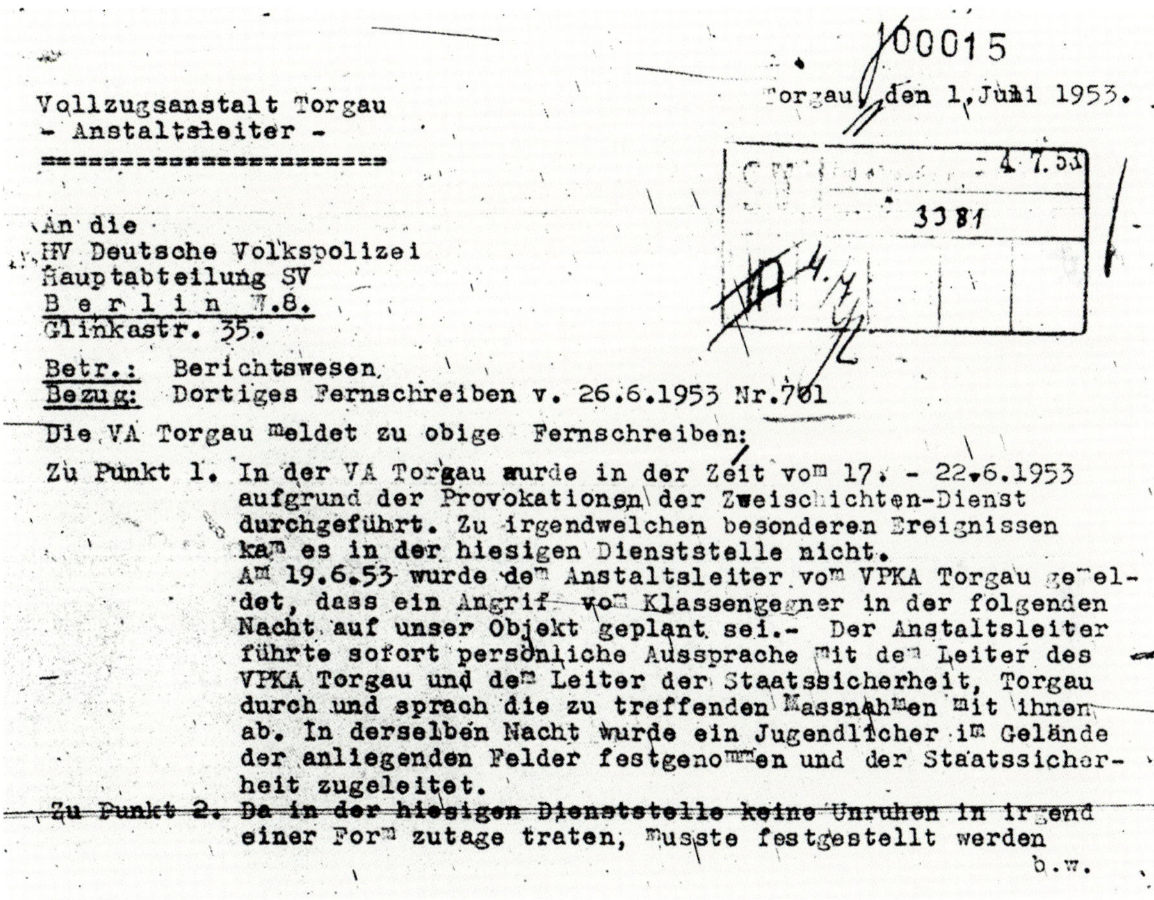

100015

Vollzugsanstalt Torgau
- Anstaltsleiter -

Torgau, den 1. Juli 1953.

4.7.53
3381

An die
HV Deutsche Volkspolizei
Hauptabteilung SV
Berlin W.8.
Glinkastr. 35.

Betr.: Berichtswesen
Bezug: Dortiges Fernschreiben v. 26.6.1953 Nr.701

Die VA Torgau meldet zu obige Fernschreiben:

Zu Punkt 1. In der VA Torgau wurde in der Zeit vom 17. - 22.6.1953 aufgrund der Provokationen der Zweischichten-Dienst durchgeführt. Zu irgendwelchen besonderen Ereignissen kam es in der hiesigen Dienststelle nicht.
Am 19.6.53 wurde dem Anstaltsleiter vom VPKA Torgau gemeldet, dass ein Angriff vom Klassengegner in der folgenden Nacht auf unser Objekt geplant sei.- Der Anstaltsleiter führte sofort persönliche Aussprache mit dem Leiter des VPKA Torgau und dem Leiter der Staatssicherheit, Torgau durch und sprach die zu treffenden Massnahmen mit ihnen ab. In derselben Nacht wurde ein Jugendlicher im Gelände der anliegenden Felder festgenommen und der Staatssicherheit zugeleitet.

~~Zu Punkt 2. Da in der hiesigen Dienststelle keine Unruhen in irgend~~ einer Form zutage traten, musste festgestellt werden

b.w.

Meldung des Anstaltsleiters an die Hauptverwaltung Strafvollzug nach dem 17. Juni 1953, aus der die enge Zusammenarbeit mit der MfS-Kreisdienststelle Torgau hervorgeht. Torgau, 1. Juli 1953.

Bundesarchiv Berlin

Kreisdienststelle
- T o r g a u -

Torgau, den 18.09.1967

Operativplan

zur Bearbeitung des Brennpunktes " Schmiererei " in der StVA Torgau - A. Betrieb Meißen

---

Seit November 1966 wird in der StVA Torgau A. Betrieb VEB-KfZ Zubehörteilwerk Meißen staatsgefährdende Hetze u. Propaganda gemäß §19 StEG in Form des Anschmierens von Hetzlosungen, die sich in ihren Inhalt gegen den Vorsitzenden des Staatsrates Gen. W. Ulbricht richten sowie faschistischen Symbolen, betrieben.

Die Schmierereien wurden an folgenden Tagen festgestellt:

1.)	19.11.1966	gegen	02.50	Uhr	- große Toilette
2.)	28.11.1966	"	22.00	"	- Umkleideraum
3.)	22.12.1966	"	09.10	"	- kleide Toilette
4.)	29.04.1967	"	10.30	"	- Umkleideraum
5.)	29.04.1967	"	16.00-16.30		- Umkleideraum
6.)	10.06.1967	"	10.20	Uhr	- Umkleideraum
7.)	23.06.1967	"	08.15	"	- Karusseldrehbank
8.)	07.1967	"			- Speiseraum
9.)	14.09.1967	"	21.30	"	- Umkleideraum

Die Fahndung nach dem bisher unbekannten Täter, wird vorerst auf der Grundlage der Schmiererei am 14.09.1967 in gemeinsamer Zusammenarbeit mit dem Mitarbeiter der Abtl. IV der StVA Torgau Gen. Obltn. V o ll durchgeführt.

- 2 -

Die MfS-Kreisdienststelle Torgau ermittelte gegen Gefangene wegen »Hakenkreuzschmierereien« in der StVA Torgau.
BStU

Foto, mit dem ein Hakenkreuz in einem der Arbeitsbetriebe der Haftanstalt Torgau dokumentiert wurde. Aufnahme von November 1967.
BStU

Eingangsbereich der Strafvollzugsanstalt Torgau. Heimliche Aufnahme eines Bürgerrechtlers, gegen den deshalb ein Ermittlungsverfahren eingeleitet wurde. Um 1976.
Archiv Stiftung Sächsische Gedenkstätten/DIZ Torgau, Günther Schau

- 14 - VVS JHS o001-632/86

In Operativvorgängen wurden in den letzten Jahren ~~nur~~ Strafgefangene bearbeitet, wobei diese im Rahmen der Untersuchung von Vorkommnissen, Anfertigung von Hetzflugblättern entwickelt wurden. Die Täter konnten dabei jeweils ermittelt werden. Operativvorgänge zu Strafvollzugsangehörigen, Betriebsangehörigen der Arbeitseinsatzbetriebe und Zivilbeschäftigten des MdI wurden seit mehreren Jahren nicht bearbeitet.
Bei der Durchführung von Operativen Personenkontrollen zu Strafvollzugsangehörigen stehen Probleme der Kadersicherheit im Vordergrund. Gegenwärtig wird nur eine Operative Personenkontrolle zu einem Strafvollzugsangehörigen durchgeführt. Der Gewinnung operativ bedeutsamer Anhaltspunkte, welche zur Einleitung von Operativen Personenkontrollen führen, muß mehr Bedeutung beigemessen werden, was auch speziell bei den Ausführungen zur politisch-operativen Sicherung der Strafvollzugsangehörigen, Betriebsangehörigen der Arbeitseinsatzbetriebe und des Strafgefangenenbestandes sichtbar wird.

Im Rahmen des Einsatzes und der Entwicklung der IM-Basis sowie konkreter politisch-operativer Bearbeitungs-, Sicherungs- und Kontrollmaßnahmen werden folgende politisch-operative Schwerpunkte und Schwerpunktbereiche sichtbar:

1. Gewährleistung der Kadersicherheit unter dem Personalbestand der Strafvollzugsangehörigen, insbesondere unter den Leitungskadern und Geheimnisträgern sowie Partnern des politisch-operativen Zusammenwirkens, durch die ständige und aktuelle Beantwortung der Frage "Wer ist wer". Dabei sind Fragen und Probleme der vorbeugenden Spionageabwehr und des vorbeugenden Geheimnisschutzes einzuordnen. Schwerpunktbereiche bilden dabei die Bereiche Operativ-taktischer Einsatz, Operatives Dienst-

Auszüge aus einer Fachschulabschlussarbeit über die Arbeit des Ministeriums für Staatssicherheit in der Strafvollzugsanstalt Torgau. Juristische Hochschule des MfS, Potsdam, 1986.
BStU

habendensystem, Nachrichten, Vollzugsgeschäftsstelle und Archiv, Kader sowie der Vollzugsdienst in der Strafvollzugseinrichtung, wo umfassende Einblicke bestehen und Abflüsse geheimzuhaltender Informationen verhindert werden müssen. Dabei ist auch der Schutz und die Sicherung von Waffen und Munition der Strafvollzugseinrichtung und des Objektes selbst einzuordnen.

2. Durchführung der notwendigen politisch-operativen Maßnahmen unter dem Strafgefangenenbestand, speziell zu Strafgefangenen mit politisch-operativ bedeutsamen Merkmalen. Schwerpunktbereiche bilden dabei die Station I und der Bereich des medizinischen Dienstes in der Strafvollzugseinrichtung.

3. Politisch-operative Sicherung der Betriebsangehörigen der Arbeitseinsatzbetriebe der Strafvollzugseinrichtung, welche ständig Umgang mit Strafgefangenen haben und speziell solche, die durch Strafgefangene bzw. den Gegner mißbraucht werden können, weil sie diesbezügliche Ansatzpunkte bieten. Dabei ist auch die Sicherung eines reibungslosen Produktionsablaufes und die Lösung von Aufgabenstellungen zum Schutz der Volkswirtschaft einzuordnen.

4. Gestaltung des politisch-operativen Zusammenwirkens mit dem Strafvollzug mit der Zielstellung, die Wahrnahme der Eigenverantwortung der Partner stärker zu sichern.

Zu den Darlegungen in den Punkten 1 - 4 werden im weiteren Verlauf Beweise geführt, auf deren Grundlage die Einschätzung der politisch-operativen Lage und die Darstellung von Schwerpunkten und Schwerpunktbereichen erfolgte.

INOFFIZIELLE MITARBEITER UNTER DEM PERSONAL

Auch innerhalb des Strafvollzugs bediente sich der DDR-Staatssicherheitsdienst sogenannter Inoffizieller Mitarbeiter (IM). Die geheimen Zuträger fanden sich sowohl unter den Strafvollzugsangehörigen als auch unter den Gefangenen. Niemand im Gefängnis war vor Bespitzelung durch das MfS sicher.

Unter den Bediensteten gab es IM auf verschiedenen hierarchischen Ebenen, in unterschiedlichen Funktionen und Bereichen des Strafvollzugs. Auch Betriebsangestellte oder medizinisches Personal waren für das MfS tätig.

Durch ihre Berichte über Kollegen war die Staatssicherheit in Torgau gut über das Arbeits- und auch Privatleben der Strafvollzugsbediensteten informiert: Unerlaubte Kontakte des Personals in den Westen, Geschäfte mit Gefangenen, aber auch »politisch-ideologische Unklarheiten« oder »Aufweichungserscheinungen« wie der Empfang von »Westsendern« wurden akribisch dokumentiert und geheimdienstlich »bearbeitet«.

Die MfS-Kreisdienststelle Torgau stützte sich in der Haftanstalt auf sogenannte Geheime Hauptinformatoren (GHI) bzw. Führungs-IM (FIM), die im Auftrag des Staatssicherheitsdienstes mehrere Zuträger in der Haftanstalt anleiteten und auch selbst Aufträge erteilten. So steuerte ein 1955 angeworbener VP-Angehöriger unter dem Decknamen »Mantel« bis zu seinem Ausscheiden aus dem Dienst im Jahr 1983 IM in der Haftanstalt Torgau.

Torgau, d. 27.1.55

26

Verpflichtung

Aus der Erkenntnis heraus das die Kräfte der Reaktion jedes Mittel in Anwendung bringen um den Aufbau in der DDR zu stören verpflichte ich mich zur Zusammenarbeit mit SfS.
Ich werde dem Vertreter des SfS. bei seiner Arbeit unterstützen u. ihm ohne Ansehn der Person über alle Dinge die gegen die DDR u. Regierung gerichtet sind, Mitteilung machen.
Ich werde ihm Berichten über jegliche Hetze sowie über geplante oder bereits durchgeführte Verbrechen welche mir zur Kenntnis gelangen. Ich werde alle Aufträge welche mir in diesem Zusammenhang von dem Vertreter des SfS gestellt werden zur Zufriedenheit mit meiner ganzen Kraft erfüllen.
Mir ist bekannt das ich über die eingegangene Verpflichtung zu jedermann auch zu meinen nächsten Angeh. Stillschweigen zu bewahren habe. Ich werde darauf aufmerksam gemacht das ich beim Bruch dieser Verpflichtung nach den bestehenden Gesetzen z.B. § 353 StGB. Absch. II zur Rechenschaft gezogen werde. Zur Sicherheit meiner eigenen Person sowie der Sache des Friedens werde ich meine zukünftigen Berichte mit den von mir selbst gewählten Namen „Mantel" unterzeichnen.

b.w.

Beim Abreißen der Verbindung, werde ich mich auf die Frage „Wann findet bei Euch die nächste Parteiversammlung statt"
Antwort: „Tag, Ort u. Uhrzeit"
Mit der Antwort wird gleichzeitig der neue Treff vereinbart.

Torgau, d. 27.1.55. Anton Mantel

Verpflichtung eines Strafvollzugsbediensteten als Geheimer Informator (GI) mit dem Decknamen »Mantel«. Torgau, 27. Januar 1955.
BStU

Kreisdienststelle
- T o r g a u -

Torgau, den 21.11.1961 67

BStU
000106

B e u r t e i l u n g

über den GHI " M a n t e l "

Mit dem GHI wurde am heutigen Tage eine Aussprache geführt, wobei ausgegangen wurde von der derzeitig bestehenden politischen Lage nach dem 13.08.1961 und dem XII. Parteitag der KPdSU.
Es wurde dem GHI nochmals erklärt, wie wichtig die Zusammenarbeit mit unserem Organ ist und welche Funktion er dabei einnimt.
Der GHI brachte selbst dabei zum Ausdruck, daß er sehr viel Schluß - folgerungen für unsere Zusammenarbeit aus den Ereignissen des 13.08. und besonders aus den Materialien des XII. Parteitages der KPdSU gezogen hat. Sehr richtig hat er den Diskussionsbeitrag des Gen. A.N. Schelepin über die Arbeit der Staatssicherheit verstanden, worin zum Ausdruck kommt, daß sich die Arbeit der Staatssicherheits - organe auf das Vertrauen der breiten Schichten der Bevölkerung aufbaut.
Zur Arbeit des GHI selbst ist zu sagen, daß er ein sehr gutes Vertrauen zu unserem Organ hat und alle Aufträge bedingungslos realisiert. Er hält die Konspiration ein und ist unbedingt zuver - lässig.
In der Zusammenarbeit mit seinen IMs (Der GHI steuert zur Zeit 7 IM) ist er konsequent und hat mit allen ein gutes Vertrauens - verhältnis. In der Realisierung der einzelnen Aufträge für die IMs gibt er ihnen Anleitung und Hilfe und unterstützt sie in jeder Beziehung.
In den Treffberichten gibt er eine gute Einschätzung der jeweiligen Lage und des Charakters des IM. Er entwickelt Eigeninitiative und versteht es verbunden mit dem erhaltenen Auftrag eigene Massnahme: einzuleiten.
Insgesamt kann man einschätzen, daß der GHI " Mantel " eine klassen - bewußter und der Partei treu ergebener Genosse ist, der zur Zufrieden- heit unseres Organs bisher jeden Auftrag ordnungsgemäß ausgeführt hat. Der GHI ist in der Lage auch für komplizierte Aufgaben herangezogen zu werden.

Sachbearbeiter

(Strauchmann)
Leutnant

1961 steuerte »Mantel« sieben IM in der StVA Torgau. Beurteilung vom 21. November 1961.
BStU

64

Diensteinheit Kreisdienststelle Torgau

Datum 06.04.1982

Sichtvermerke [Unterschrift] 28.4.

Treffbericht

(Original für P.- Akte)

BStU 000102

Kategorie/Deckname FIM " M a n t e l "

Datum/Zeit	Treffort	Mitarbeiter	Teilnahme durch Vorgesetzten
05.04.1982 14.00 - 16.00 Uhr	StVE Torgau Station 16	Hptm. Strauchmann	

Nächster Treff	am 08.04.82	Zeit 14.30	Treffort Station 16
Ausweichtreff	am	Zeit	Treffort

Berichte			Anzahl der Informationen zu																						Erfassung DKK/SKK		Anzahl erfassungswürdiger Personen					
			Op. Vorgänge				OPK																sonst. Lage				PKK-DDR		PKK-West		SV	VSH
schriftlich	mündlich	Tonband	zum Sachverhalt	zum Persönlichkeitsbild	mit Beweiskraft		Realisierung der Zielstellung					Informationen aus Schwerpunktbereichen / Schwerpunkten	Realisierung Sicherheitsüberprüfung	gegnerischem Angriff aus dem Operationsgebiet	Lage im Operationsgebiet	operativ bedeutsame Handlungen, Vorkommnisse, Erscheinungen	feindlich-negative Personen	vorbeugend zu sichernde Personen	eigenem offensiven Wirken, vorbeugende Verhinderung	Aufklärung Kader/IM/GMS	Realisierung Ermittlungsauftrag		Stimmung/Reaktion der Bevölkerung	feindbegünstigende Bedingungen/Umstände	Erstanfall	Ergänzung	Erstanfall	Ergänzung	Erstanfall	Ergänzung	Erfassung	Erfassung
1	2	3	4	5	6	7	8	9	10	11	12	13	14	15	16	17	18	19	20	21	22	23	24	25	26	27	28	29	30	31	32	33

Treffvorbereitung:

(z. B. Treff geplant / kurzfristig festgelegt, Kurzfassung des geplanten Treffablaufes, Schwerpunkte der Auftragserteilung, Instruierung, Erziehung und Befähigung)

Treff ist geplant.
Es handelt sich um die Übergabe der IMB " Carsten "
IMS " Leo Schilf "

zur Zusammenarbeit mit dem FIM

- Vorbereitung der Übergabe des IMS " Frank Müller "

Treffbericht über die geplante Übergabe von IM, die vom FIM »Mantel« angeleitet werden sollten. Torgau, 6. April 1982.

BStU

BStU
000122

KD Torgau Torgau 8.6.89

Quittung

FIM "Mantel" Reg. Nr. Lpz. 6332/60

Aus Anlaß seines Geburtstages
wird dem IM eine Anerkennung
im Wert von
44,50 M
(vierundvierzig)
überreicht

1001/89

Der FIM »Mantel« war auch nach seinem Ausscheiden aus dem Strafvollzugsdienst 1983 bis zum Ende der DDR für die Staatssicherheit tätig. Quittung über eine Auszahlung anlässlich seines Geburtstags, Torgau, 8. Juni 1989.

BStU

INOFFIZIELLE MITARBEITER UNTER DEN GEFANGENEN

Bezirksverwaltung Leipzig
Abteilung VII – Referat
Strafvollzug

Leipzig, den 12.12.1953

BStU
000054

Betr.: Stand der operativen Arbeit im Referat "Strafvollzug"

Im Referat, wird zur Zeit im Objekt Waldheim mit 3 verpflichteten GI!s und 20 V-Leuten gearbeitet. Diese verteilen sich besonders in den Schwerpunkten des Objektes. Im I. Kommando, II.Kdo., Frauenkommandos, Zentralkrankenhaus und K 1.

Im Objekt Torgau: sind noch keine verpflichteten GI'S vorhanden, dort wurde und wird noch zur Zeit nur mit 12 V-Leuten gearbeitet, die in den Schwerpunkten des Objektes, Schrottkommando und Kreuzbau verteilt sind.

Der Wert der verpflichteten GI's und V-Leute in beiden Objekten ist mit einigen Ausnahmen nicht sehr groß.
Die von den GI'S und V-Leuten erhaltenen Informationen beliefen sich bisher zum größten Teil auf unwesentlichen Anstaltsknatsch, andere Berichte die über angeblich noch bestehnde Verbindungen von Spionage und in der Untergrundbewegung verurteilten gebracht wurden, ergaben bei näherer Befragung das zum größten Teil, die Angaben schon durch die Ver - nehmung des Häftlings bekannt sind.

Die Zusammenarbeit mit den GI's und V-Leuten in beiden Objekten ist leicht, da zum größten Teil die Häftlinge wenn sie angesprochen werden sofort darauf eingehen. Jedoch ist äußerste Vorsicht geboten betreffs der gebrachten Informationen, da viel eigene Phantasie und schwindel dabei ist.

In den von den GI's und V-Leuten gebrachten Berichten in den beiden Objekten Waldheim und Torgau waren aber auch posetive Angaben enthalten und es wurden in den letzten 3 Monaten über 30 Berichte an die Bezirksverwaltungen weitergeleitet. Sie betreffen:

Hinweise über die Arbeit der Katholischen Aktion, für die Abt, V. Berlin und Leipzig,
Spionage und Spionageverdacht,
Waffenbesitz,
die Tätigkeit der Zeugen Jehovas
Mordverdacht eines Kindes u. eines Rotarmisten,
Sabotage im Wismut-Gebiet,
über den Tag X in Görlitz
Verbindungen von VP-Angehörigen zu Häftlingen.

Vorgänge und Entwicklungsvorgänge sind nicht angelegt worden, entsprechende Häftlingsmeldungen sind weniger der Bezirksverwaltung Leipzig zugegangen als anderen . Ob sich aus den Häftlingsmeldungen an andere Bezirksverwaltungen Vorgänge entwickelt haben wurde uns bis heute trotz ersuchen nicht mitgeteilt.

Um in Zukunft noch bessere Informationen betreffs noch bestehnder Agententätigkeit, die von den Häftlingen bewußt verschwiegen wurde zu erfahren, macht es sich erforderlich besonders unter den Spionage und Art.6 verurteilten geeignete Häftlinge zu werben und als GI's zu verpflichten.

....
(Jänich, OFeldw.)

In den 1950er Jahren versuchte der Staatssicherheitsdienst, insbesondere wegen Spionage oder nach Artikel 6 der Verfassung (»Boykotthetze«) Verurteilte in der Torgauer Haftanstalt anzuwerben.
BStU

Das MfS nutzte die besondere Situation des Strafvollzugs, um Gefangene für seine Zwecke zu gewinnen. Bei Anwerbungsversuchen wurden ihnen Vergünstigungen und Hafterleichterungen in Aussicht gestellt. Auch die Hoffnung auf vorzeitige Haftentlassung veranlasste Gefangene dazu, sich als Inoffizielle Mitarbeiter (IM) zu verpflichten. Zudem spielten vereinzelt der Wunsch nach Aufmerksamkeit oder Geltungsbedürfnis eine Rolle, ebenso wie der Versuch, Besserungswilligkeit zu demonstrieren. Nach der Haftentlassung brach die Zusammenarbeit mit dem MfS häufig ab, sofern der Staatssicherheitsdienst den ehemaligen Gefangenen nicht anderweitig einsetzen wollte.

Neben dem DDR-Staatssicherheitsdienst (Hauptabteilung/Abteilungen VII) verfügte auch die Arbeitsrichtung I/4 der Kriminalpolizei über Zuträger unter den Gefangenen. Mithilfe ihrer Inoffiziellen Kriminalpolizeilichen Mitarbeiter (IKM) wurden vor allem kriminelle Häftlinge verdeckt überwacht. MfS und Kriminalpolizei arbeiteten dabei eng zusammen.

- 34 -

Kreisdienststelle
- T o r g a u -

Torgau, den 01.10.1962

BStU
000049

A b s chl u ß b e r i c h t

über den GI " P f l u g " Regstr. Nr.: 6293/60

Der GI wurde in der Zeit seiner Strafverbüßung in der StVA Torgau am 10.09.1957 angeworben.
Er arbeitete dann mehr als Sicherheitsinformator, da er als verantwortlicher Strafgef. in der Effektenkammer der StVA eingesetzt wurde. Diese Tätigkeit übte er bis zu seiner Haftentlassung aus.
Teilweise wurde er an Personen angesetzt, wo er auch sehr gut arbeitete. Es war zu erkennen, daß der GI zu uns ehrlich und auch einsatzfreudig war. Er wurde von einem GHI gesteuert, wobei die Treffs in längeren Abständen durchgeführt wurden, um der Gefahr der Dekonspiration vorzubeugen. Seine Aufträge die er erhalten hat, bezüglich der Effekten von Strafgef. (besondere Unterlagen usw.) führte er aus, wobei es gute Hinweise gab, die operativ auswertbar waren.
Als Prämie erhielt er von uns die übliche Vergünstigungen des Strafvollzuges und wurde zur Strafherabsetzung und später zur vorzeitigen Haftentlassung eingereicht.
Da die KD.- Altenburg großes Interesse an einer weiteren Zusammen arbeit mit dem GI nach seiner Haftentlassung hatte, wurde er am 30.07.1962 an die KD.- Altenburg übergeben, wobei mit ihm ein Treff nach seiner Haftentlassung vereinbart wurde. Die Unterlagen sollten später übergeben werden, da der zuständige Mitarbeiter der StVA zum Zeitpunkt der Übergabe sich in Urlaub befand und dann bis Ende September zur Musterung eingesetzt war.
Bei der Übergabe der Unterlagen wurde in Erfahrung gebracht, daß der GI durch einen Verkehrsunfall verstorben ist.
Aus diesem Grunde wurden die Akten an die KD.- Altenburg nicht mehr übergeben und gelangen somit im Archiv der Abtl. XII zur Ablage.

(Strauchmann)
Leutnant

Abschlussbericht der Torgauer MfS-Kreisdienststelle über den Geheimen Informator (GI) »Pflug«, 1. Oktober 1962.
BStU

-64

Bezirksverwaltung
für Staatssicherheit Erfurt
Kreisdienststelle Erfurt

Erfurt, den 16. 4. 1969
Ko/St
Tgb.Nr.: 659 /69

000075

PA XII 1135/69

Bezirksverwaltung
für Staatssicherheit Leipzig
Kreisdienststelle Torgau

06674

Torgau

Übergabemitteilung des IM "Fritz" - Reg.Nr. IX/386/64

Der GI "Fritz" wurde im August 1968 aus der Haftanstalt Torgau entlassen und kam wieder nach Erfurt zurück.

Er wurde angelaufen und mit ihm eine Aussprache geführt wegen der weiteren Zusammenarbeit.
Der GI lehnte jede weitere Zusammenarbeit ab. Er begründete es damit, daß er bis auf den letzten Tag seine Strafe absitzen mußte und andere Insassen eher entlassen wurden, obwohl sie nach Aussagen des GI größere Sachen gemacht hätten als er.

Trotz einer weiteren Aussprache ist der GI nicht bereit, weiter mit uns zusammenzuarbeiten.

Wir bitten Sie deshalb, die IM-Akten zu archivieren.

Leiter der
Kreisdienststelle

Schröder

Schröder
Major

erl. 19.4.69

Nach dem Ende des Strafvollzugs brach der IM »Fritz« den Kontakt zum MfS ab, weil die Zusammenarbeit nicht zur erhofften vorzeitigen Haftentlassung geführt hatte.
BStU

2

Hauptabteilung VII
Abteilung 6
Bereich Planung/Kontrolle

Berlin, 3. April 1980
kie-we

B e r i c h t

über die Suche nach IM und IM-Kandidaten in der StVE Torgau zur Bekämpfung der Feindorganisation "Arbeitsgruppe für Menschenrechte - Westberlin"

Die StVE Torgau ist eine Einrichtung mit allgemeinen Vollzug, in der ca. 900 im wesentlichen mehrfach Vorbestrafte wegen

- Straftaten gegen das sozialistische, persönliche und private Eigentum und die Volkswirtschaft
- Straftaten gegen Freiheit und Würde des Menschen (Vergewaltigung, Raub u. a.)
- Straftaten gegen die staatliche Ordnung (Widerstand, ungesetzlicher Grenzübertritt, Rowdytum, asoziales Verhalten)
- Militärstraftaten (Fahnenflucht)

einsitzen. Die Anzahl der in Frage kommenden IM-Kandidaten zur erfolgreichen Bekämpfung der Feindorganisation "AfM" ist aus diesem Grunde äußerst gering.

Ergebnisse der Suche und Auswahl

1. Unter den Strafgefangenen der StVE Torgau befinden sich 3 IM der KD Torgau. Im Ergebnis der Überprüfung der IM-Akten sowie in Übereinstimmung mit der Einschätzung des operativen Mitarbeiters Hauptmann Strauchmann, muß eingeschätzt werden, daß sich 2 der vorhandenen IM wegen eines zu geringen Bildungsniveaus nicht eignen.

   1 IM der einzelnen objektiven Anforderungen entspricht und in der StVE eine gute Arbeit leistet, hielt sich bei seiner Entlassung nicht an die vorgegebenen Instruktionen und nahm 1 1/2 Jahre keine Verbindung auf. In dieser Zeit stand er in Fahndung. Das Ende der erneuten Freiheitsstrafe ist 1983. Aus diesen Gründen erfolgte keine Berücksichtigung.

Im Jahr 1980 verfügte das MfS über nur drei IM unter den Torgauer Strafgefangenen. Für die Kriminalpolizei arbeiteten zu diesem Zeitpunkt 21 Häftlinge. In anderen Haftanstalten war der Anteil Inoffizieller Mitarbeiter unter den Strafgefangenen deutlich höher.

BStU

Hauptabteilung VII
Abteilung 8

Berlin, 2. September 1982

BStU
000010

Suche und Auswahl geeigneter IM-Kandidaten für die Hauptabteilung VII in den StVE/JH der DDR

Die weitere Qualifizierung der politisch-operativen Arbeit, insbesondere zur offensiven Bekämpfung der Feindobjekte sowie der politischen Untergrundtätigkeit, erfordert die umfassende Erschließung und Nutzung der Potenzen in den StVE/JH sowie der Arbeitsrichtung I/4 der Kriminalpolizei für die Erweiterung der inoffiziellen Basis.

Daraus ergibt sich die Notwendigkeit, aus dem Bestand der Strafgefangenen verstärkt operativ-interessante Personen zu selektieren, die für eine perspektivvolle inoffizielle Arbeit nach der Strafentlassung genutzt werden können.

Bei den Dienstreisen in die Abteilungen VII und KD sind entsprechend den festgelegten Kriterien Strafgefangene auszuwählen, die entsprechend der genannten Zielstellung als IM-Kandidaten in der HA VII sowie anderen Diensteinheiten des MfS aufgeklärt werden können.

Die Informationen über ausgewählte Strafgefangene sind den Dienstreiseberichten als Anlage beizufügen.

Anforderungsprofil

1. Alter, Geschlecht, Familienstand

- männliche und weibliche Personen im Alter von 18 - 40 Jahren;
- ledig oder geschieden, keine Kinder;
- wenn verheiratet,muß die Familiensituation berücksichtigt werden.

2. Wohnort

- Berlin;
- Bezirke Frankfurt/Oder und Potsdam;
- Personen aus anderen Bezirken, die Möglichkeiten zum überörtlichen Einsatz bzw. zum Einsatz im Operationsgebiet haben;
- Bürger der BRD/WB bzw. DDR-Bürger, die einen Antrag auf Übersiedlung in die BRD gestellt haben;
- Personen aus dem Territorium Gießen oder Personen, die nach dort Verbindungen unterhalten.

Anforderungen an »IM-Kandidaten«. Die Übersicht stammt von der für die Überwachung des Strafvollzugs zuständigen Hauptabteilung VII des MfS. Nicht alle Anforderungen mussten erfüllt werden.
Berlin, 2. September 1982.
BStU

3. Bildung

- gute Allgemeinbildung;
- Abschluß der 10. Klasse;
- abgeschlossene oder abgebrochene Fach- oder Hochschule;
- fundierte Kenntnisse im beruflichen Spezialgebiet.

4. Delikte

- Delikte der allgemeinen Kriminalität außer Sittlichkeitsverbrechen, Tötungsdelikten und mehrmaligen Vorstrafen gemäß § 249 StGB;
- nicht inhaftiert oder vorbestraft wegen Spionage.

5. Berufe

- Kunst- und Kulturschaffende u. ä. in diesem Bereich tätige Personen;
- Lektoren, Mitarbeiter von Verlagen;
- freischaffende bzw. beruflich gescheiterte Personen des geistig-kulturellen Bereichs;
- Theater-, Literatur- und Musikwissenschaftler, Kritiker, Rezensenten;
- Schriftsteller, Lyriker, Journalisten, Fotoreporter;
- Germanisten, Philosophen, Psychologen;
- Maler, Grafiker, Kunsthandwerker;
- exmatrikulierte Studenten aus dem geistig-kulturellen Bereich;
- freischaffend Tätige, wie Fotograf, Jurist, Mannequin, Fotomodell, Sänger, Musiker, Tänzer, Artisten, Schauspieler;
- Ärzte u. a. Angehörige der medizinischen Intelligenz;
- ehemalige Angehörige der bewaffneten Organe, die vor Inhaftierung leitende Stellungen hatten;
- Kellner, Friseure;
- ehemalige Wirtschaftsfunktionäre;
- Elektroniker, Elektrotechniker, EDV-Spezialisten;
- Handwerker, Gewerbetreibende;
- Vermessungsfacharbeiter oder -ingenieure.

ENTLASSUNG – AMNESTIE – FREIKAUF

Auf drei verschiedenen Wegen konnten Gefangene die DDR-Strafanstalten verlassen. Der Regelfall sah vor, dass Häftlinge nach der Strafverbüßung wieder in die »sozialistische Gesellschaft« eingegliedert werden sollten. Ihnen wurde an ihrem letzten Wohnort eine Arbeitsstelle und eine Unterkunft zugewiesen und sie mussten durch Wohlverhalten beweisen, dass die »Erziehung« im Strafvollzug erfolgreich gewesen war. Dabei wurden sie von ihrem Betriebskollektiv und den staatlichen Stellen am Wohnort weiterhin aufmerksam beobachtet.

Mehrfach bis 1989/90 beschloss die Partei- und Staatsführung der DDR aus politischen Gründen umfangreiche Gnadenakte. Allein in den 1950er Jahren kamen auf diese Weise einige Tausend SMT-Verurteilte frei. Auch die meisten Verurteilten der Waldheimer Prozesse, die überwiegend in den Westen entlassen wurden, zählten dazu. Weitere große Amnestien – etwa 1964, 1972, 1979 oder 1987 – betrafen jeweils bis zu 20 000 Gefangene und sorgten in den Betrieben, in denen die Häftlinge arbeiteten, für erhebliche Produktionsausfälle.

Seit 1964 entwickelte sich schließlich der in der DDR niemals offen zugegebene Handel mit Gefangenen, bei dem die Bundesregierung bis 1989 mehr als 30 000 vorwiegend politische Häftlinge für insgesamt etwa 3,5 Milliarden DM aus der DDR freikaufte. In geheimen Berichten der Staatssicherheit an Erich Honecker wurde der Freikauf ausdrücklich als profitable Devisenquelle ausgewiesen, wenngleich das MfS selbst Ende der 1980er Jahre problematisierte, dass das politische Strafrecht durch den Freikauf seine abschreckende Wirkung verliere.

Heimkehr aus den Zuchthäusern der Ostzone

Freigelassene Häftlinge berichten – Teilnehmer des Aufstandes vom 17. Juni als „X-Leute‘ gekennzeichnet

Berlin (Eigener Bericht). **Die Entlassung der von der Sowjetregierung amnestierten Häftlinge aus den ostzonalen Strafanstalten ist am Sonntag fortgesetzt worden. Allein aus dem Zuchthaus Bautzen wurden rund 1000 Personen entlassen. Aus dem Zuchthaus Waldheim kam der Berliner SPD-Abgeordnete Werner Rüdiger zurück, der 1949 verhaftet worden war.**

Nach Schätzungen der Heimkehrerorganisationen sind bisher rund 200 freigelassene Häftlinge in Westberlin eingetroffen. Sie befinden sich vielfach in schlechtem Gesundheitszustand.

Die Häftlinge kommen aus dem Lager Untermaßfeld in Thüringen, den Zuchthäusern Brandenburg-Wörden, Torgau, Bautzen, Waldheim, Luckau und dem berüchtigten „Roten Ochsen" in Halle. Die Aufrufe zur Entlassung erfolgten bereits am 13. Januar. Aber schon am 10. und 11. Januar erschienen in den einzelnen Haftanstalten SSD-Vertreter, die sich vorwiegend Studenten, Schüler und Angehörige geistiger Berufe herausgriffen. Sie teilten den Gefangenen ihre bevorstehende Entlassung mit, warnten sie vor dem Betreten Wesberlins und wollten sie zum Teil schriftlich verpflichten, in der Sowjetzone „Aufbauarbeit" zu leisten und jeden „Staatsfeind" den Sicherheitsorganen zu melden.

In Untermaßfeld befanden sich nach Angaben der Häftlinge 875 Strafgefangene, darunter 175 von Sowjettribunalen Verurteilte. Von ihnen sollen 146 entlassen werden. Außer Gestapo-Angehörigen wird der frühere Völkerrechtler der Universität Rostock, Professor Tann-Heiden, zurückgehalten. Von den rund 3100 Gefangenen im Zuchthaus Brandenburg waren etwa 1500 von Sowjetgerichten verurteilt worden. 1200 sind zur Entlassung vorgesehen. Zurückgehalten werden u. a. Angehörige des vielgenannten Norwegen-Bataillons, die 1945 von den Engländern an die Sowjets ausgeliefert wurden.

Das Zuchthaus Bautzen zählte zu Beginn der Entlassungsaktion rund 4400 Häftlinge, darunter 3500 von Sowjettribunalen Verurteilte. Weiterhin befanden sich dort rund 70 Teilnehmer des Volksaufstandes vom 17. Juni, die als „X-Leute" bezeichnet wurden. Auf ihrer Sträflingskleidung wurde auf dem Rücken und auf den Oberschenkeln je ein großes „X" angebracht. Aermel und Hosenbeine wurden mit roten Ringen gekennzeichnet.

2300 Häftlinge, darunter 1650 von den Sowjets Verurteilte, befanden sich im Zuchthaus Torgau. 850 sind zur Entlassung aufgerufen. Zurückgehalten wird hier Professor Dr. med. Timm. Er gehörte einer Kommission an, die seinerzeit den Massenmord von Katyn untersuchen sollte. Im Gefängnis Luckau waren 800 Gefangene. 500 von ihnen waren durch Sowjetgerichte abgeurteilt worden. 470 sollen entlassen werden.

Wie die Freigelassenen berichten, sind in einzelnen Haftanstalten bis zu 40 Prozent der Insassen an Tbc erkrankt. Die Schwerkranken wurden meist in das Gefangenenhospital des Zuchthauses Waldheim gebracht.

Der Kurier
vom 18.1.54

Die Amnestie zum Jahresbeginn 1954 umfasste auch 850 Gefangene aus Torgau, die in den Westen entlassen wurden. Der Kurier (West-Berlin), 18. Januar 1954.

Bundesarchiv Koblenz

HAFTARBEITSLAGER
Volkstedt

Volkstedt, den 27. August 1963
Fernruf: 21 38, Hausapparat:

Abteilung: Der Leiter

Aktenzeichen: 40.20.15 Ce./Ba. -3-
(Bei Zuschriften stets angeben)
Tgb. Nr. 2283/63

Bezirksbehörde der DVP
Abteilung Strafvollzug

Halle / Saale

F

Betr.: Auswertung der Rückfälligkeit von Personen, denen auf Grund der Direktive 1/62 bedingte Strafaussetzung gewährt wurde
Bezug: Schreiben des MdI, VSV vom 05.04.63, Az. 40.20.00

Strafgef. Walter ████, geboren am ████ 1942 in ████

Straftat der ausgesetzten Strafe: Einbr.Diebstahl, Paßvergehen
Strafzeit der ausgesetzten Strafe: 1 Jahr, 6 Monate Gefängnis
Datum der vorzeitigen Entlassung: 25.07.1962
Entlassungsdienststelle: StVA Torgau
Neue strafbare Handlung: Paßvergehen
Strafmaß: 1 Jahr Gefängnis
Grund des Widerrufes: 2 Jahre Bewährung
Reststrafe: 216 Tage
Datum der erneuten Einlieferung: 01.10.1962
Aufnahmedienststelle: UHA Wittenberg

Dem Strafgefangenen ████ wurde am 25.07.62 die Reststrafe mit einer zweijährigen Bewährungszeit bedingt ausgesetzt. Obwohl er bereits vorbestraft ist, wurde ihm nochmals die Möglichkeit gegeben, in der Bewährungszeit seine richtigen Schlußfolgerungen unter Beweis zu stellen.
Durch die zuständigen örtlichen Organe erhielt er eine entsprechende Wohnung und Arbeitsstelle zugewiesen. Er nahm die Arbeit wieder im Eisenwerk Kleinwittenberg auf und konnte dort seiner gesicherten Arbeit nachgehen.
Bald war jedoch zu erkennen, daß er eine schlechte Arbeitsmoral an den Tag legte und auf alle Hinweise und Aussprachen ablehnend reagierte. Der Strafgefangene ████ besitzt eine feindliche Einstellung zu unserem Staat und brachte zum Ausdruck, daß er unter allen Umständen wieder versuchen werde, zu seiner Mutter nach Westdeutschland zu gelangen. Er brachte weiter zum Ausdruck, daß er nach seiner Haftentlassung in der DDR überhaupt keine Arbeit mehr aufnehmen werde.

Seine Haltung zeigt, daß seine strafbare Handlung, die er erneut begangen hat, nur auf seine Einstellung zur DDR zurückzuführen ist. Fehlerhaftes Verhalten seitens unserer staatlichen Organe, Mängel in der Erziehungsarbeit oder Einfluß durch andere Personen ist in diesem Falle nicht zu erkennen. Es ist kaum zu erwarten, daß er unserem Staat gegenüber Loyalität zeigen wird. Alle Bemühungen, ihm den wahren Charakter unseres Arbeiter-und-Bauern-Staates verständlich zu machen und ihm die Perspektiven für seine Entwicklung aufzuzeigen, glitten bisher an seiner sturen Haltung ab.
Die Ursachen für diese strafbaren Handlungen sind also in der Einstellung des Strafgefangenen Aue zu suchen, die er unserem Staat gegenüber einnimmt.

Leiter des Haftarbeitslagers
Major der VP

Schramm

Bankverbindung: Deutsche Notenbank Eisleben, Konto-Nr. 8 000

(87/11 A) 9214

Ag 464/60

Die Wiedereingliederungsbemühungen des Haftarbeitslagers Volkstedt für den ehemaligen Torgauer Strafgefangenen Walter A. blieben erfolglos. Er war erst im Frühjahr 1961 in die DDR übergesiedelt. Im August 1961 versuchte er zum ersten Mal, die DDR zu verlassen und zu seiner Mutter nach Westdeutschland zurückzukehren. Er wurde deshalb wegen »Paßvergehens« verurteilt und saß in Torgau ein. Auch ein zweiter Fluchtversuch nach seiner Entlassung scheiterte; er wurde erneut inhaftiert.

Bundesarchiv Berlin

KOPIE MfS – AST XIV – 693

Abteilung XIV
Referat IV

Berlin, den 1. Februar 1971

BStU
000241

Analyse "Aktion" 1970

Wie in den vergangenen Jahren, stand auch 1970 die Aufgabe, unter der Bezeichnung "Aktion", Strafgefangene aus dem Strafvollzug zu entlassen und ihre Ausweisung nach Westdeutschland zu vollziehen. Diese Aufgabe war von Genossen unserer Abteilung in enger Zusammenarbeit mit verantwortlichen Genossen der HA IX, der Abt. HKH, der Abteilung XIV der BV Karl-Marx-stadt und weiterer BV's zu erfüllen.

Es galt, nach entsprechenden Festlegungen mit Gen. Enke HA IX, Strafgefangene aus verschiedenen Strafvollzugseinrichtungen unserer Republik, von den Transportkommandos der Abt. XIV Berlin und der Bezirke zur BV Karl-Marx-Stadt Abt. XIV zu überführen, ihre Entlassung vorzubereiten und ihren Transport nach Westdeutschland durchzuführen. Desweiteren galt es, Entlassungen nach Westberlin und in unserer Republik vorzubereiten und durchzuführen. Darüberhinaus war der mit dieser "Aktion" zusammenhängende Schriftverkehr zu erledigen.

Es kann eingeschätzt werden, daß die politisch-operativen Aufgaben der "Aktion 1970" in vollem Umfang erfüllt wurden. Die zum Einsatz gekommenen Genossen unserer Abteilung erfüllten ihre Aufgabenbereiche in hoher Qualität und mit hohem Verantwortungsbewußtsein.

So ist in Auswertung dieser Aufgabenstellung einzuschätzen, daß im Berichtszeitraum 1970 die gesamten Überführungen nach Westdeutschland, die Entlassungen nach Westberlin und in unsere Republik ohne besondere Vorkommnisse realisiert wurden. Es gab im gesamten Jahre 1970 keine Zwischenfälle in der Vorbereitung und während der Überführungen von seiten der zu überführenden Personen, oder von außen. Das ist im hohen Maße auf die gute politisch-operative Aufgabenerfüllung der Genossen unserer Abteilung zurückzuführen, die durch die richtige Einschätzung bestehender Situationen, durch operatives Mitdenken, die notwendigen und richtigen Entscheidungen trafen.

Besonders hervorgehoben werden, muß die Vielfalt aber auch die Komplexität der zu erfüllenden Aufgaben der "Aktion 70". Auf bestimmten Gebieten getroffene falsche Entscheidungen, oder das Unterlassen von strengen Überprüfungen und Kontrollen, stellen in der Endkonsequenz den gesamten politisch-operativen Erfolg in Frage und können mit einer Lawine verglichen werden.

Im Rahmen der sogenannten »Aktion« 1970 wurden 780 von der Bundesregierung freigekaufte Häftlinge entlassen. Bericht der Abteilung XIV des MfS, Berlin, 1. Februar 1971.

BStU

II/5 Beschaffung der Beschlüsse und E.-Verfügungen

Für die zur Entlassung kommenden Strafgefangenen ist es notwendig, die entsprechenden Entlassungsunterlagen wie E.-Verfügung und Beschluß von den zuständigen Stellen der Staatsanwaltschaft vom OG, vom Stadtgericht und vom Militärgericht zu beschaffen, um sie dann der StVA Berlin zuzustellen.

Bei der Beschaffung dieser Beschlüsse gibt es in der Regel ständig Schwierigkeiten. Sehr oft kommen Entlassungsunterlagen mit falschen Personalien, falschen E.-Termin oder zu spät. Was unsererseits einen großen Aufwand an zusätzlicher Arbeit, , wie zusätzliche Fahrten, Rückfragen, Telefongespräche usw. erfordert. Die ständige Überprüfung und Kontrolle durch den Verantwortlichen an Ort und Stelle ist deshalb eine Grundvoraussetzuung der Arbeit, um Fehler sofort reklamieren bzw. Maßnahmen sofort treffen zu können.

Eine wesentliche Maßnahme zur Verbesserung der Arbeit ist auf diesem Gebiet die ständige termingerechte Einleitung der Entlassungen von seiten des Gen. Enke über Gen. Makroth. Es gab durch verspätete Einleitung bes. bei der Abteilung IA Schwierigkeiten bei der termingerechten Bereitstellung der Beschlüsse und E.-Verfügungen.

III Überführungen, WB-Entlassungen und DDR-Entlassungen

III/1 Durchführung der Transporte nach Westdeutschland

Nach Abschluß der gesamten Vorbereitungsarbeiten werden die Transporte zum vorgegebenen Termin durchgeführt. Für die Durchführung dieser Transporte werden 1 Bus und 2 Pkw benutzt. Der Bus ist bei der Überführung durchschnittliche mit 30 Personen besetzt.

Während dieser Überführung befinden sich im Bus neben dem Kraftfahrer und evtl. dem Begleiter 2 Genossen (1 Gen. Abt. XIV und 1 Genn. HKH) zur Absicherung.

Während der Überführungsfahrt, die genau nach einem vorgegebenen Zeitplan verläuft, erfolgen zwei Fahrtunterbrechungen auf festgelegten Parkplätzen. Auf diesen Parkplätzen haben die im Bus befindlichen Personen die Möglichkeit, auszusteigen und sich auf dem Parkplatz zu bewegen.

Die unmittelbare Absicherung erfolgt durch zwei Genossen jeweils auf beiden Seiten des Parkplatzes.

Im Jahre 1970 konnten die Transporte ohne besondere Vorkommnisse durchgeführt werden. Die Transporte wurden termingerecht durchgeführt und es kam zu keinen Provokationen von seiten der zu überführenden Personen oder von außenstehenden Personen. Die direkte Übergabe erfolgte ebenfalls termingemäß und ohne Schwierigkeiten.

000181

- 4 -

Seit 197o wurden bis zum gegenwärtigen Zeitpunkt für 439 SG eine langfristige Vorbereitung der WE eingeleitet. Davon waren es 87 SG, die 197o und 136, die 1971 lt. TE entlassen wurden. Für TE 1972 ist bei 146, für TE 1973 bei 58, für TE 1974 bei 12 und für TE 1975 bei 1 SG die langfristige Vorbereitung der WE eingeleitet. Von den insgesamt 439 eingeleiteten langfristigen Maßnahmen sind für 180 SG Vorverträge abgesandt worden. Abschlüsse liegen für insgesamt 107 SG vor. Davon fallen auf die 1971 Entlassenen 41, auf TE 1972 fallen 42, auf TE 1973 fallen 21, auf TE 1974 fallen 2 und auf TE 1975 fallen 1 abgeschlossene Wiedereingliederungsvereinbarung bzw. Vorverträge.

Eine Gegenüberstellung der eingeleiteten Maßnahmen der Wiedereingliederung des I. und IV. Quartals 1971 zeigt die kontinuierliche Steigerung:

Maßnahmen	I./71	IV./71
Vorber.d.WE insgesamt	249	324
davon ohne WE-Vorvertrag	135	158
WE-Vorverträge insges.	114	166
davon bisher abgeschl.	59	1o3
Aussprachen Abt.Inn.Ang.	52	86
Aussprachen Betriebe	43	73

Abschließend muß darauf verwiesen werden, daß trotz der erreichten Erfolge der Stand weiter verbessert werden muß.

Schlußfolgerungen:

1. Verbesserung u. noch systematischere Gestaltung des ZW Offz. WE und Erzieher.
2. Zielstrebige Verwirklichung der in den E-Programmen hinsichtl. der WE festgelegten Maßnahmen durch die Erz. u. den Offz. WE
3. Konsequente Verwirklichung der in der Handakte des Erziehers festgelegten Aufgaben.
4. Durchsetzung der Aufgabenstellung bis spätestens 1 Jahr vor der Entlassung die Maßnahmen der WE einzuleiten.
5. Stärkere Konzentrierung auf solche SG, die besonders rückfallgefährdet sind, keiner geregelten Arbeit nachgingen und keine Angehörigen haben.
6. Weitere Verbesserung derQualität der Kurzeinschätzung und Abschlußberichte als wichtige Information für Abt. Inn. Angel.

Fiege

F i e g e
Ltn. d. SV

Im 1. Quartal 1972 berichtete der in der StVA Torgau zuständige Offizier für Wiedereingliederung, dass die Zahl der erfolgreichen Wiedereingliederungsmaßnahmen für zu entlassende Strafgefangene gegenüber dem Vorjahr gesteigert werden konnte.
Torgau, 20. März 1972.
BStU

BESCHLUSS über eine Amnestie aus Anlaß des 23. Jahrestages der Gründung der Deutschen Demokratischen Republik

Bei der Gestaltung der entwickelten sozialistischen Gesellschaft wurden bedeutende Fortschritte erzielt. Die Arbeiterklasse und alle Werktätigen der Deutschen Demokratischen Republik vollbringen hohe Leistungen, um die Sache des Sozialismus und des Friedens zu stärken und das Leben des Volkes ständig zu verbessern. Durch ihre Anstrengungen ist die Deutsche Demokratische Republik als sozialistischer Staat der Arbeiter und Bauern weiter gefestigt worden. In den Taten für die Republik, im gemeinsamen Handeln für die Erfüllung der vom VIII. Parteitag der SED gestellten Ziele findet das wachsende Bewußtsein der Werktätigen, die zunehmende politisch-moralische Einheit des Volkes sichtbaren Ausdruck. Durch die gemeinsame Arbeit des Volkes unter Führung der Arbeiterklasse und ihrer Partei leistet die Deutsche Demokratische Republik erfolgreich ihren Beitrag zur Stärkung der sozialistischen Staatengemeinschaft. Unser sozialistischer Staat, der konsequent die Politik des Friedens, der Sicherheit und der Entspannung verfolgt, hat in aller Welt weiter an Autorität und Ansehen gewonnen.

Dank dieser erfolgreichen Entwicklung unserer sozialistischen Gesellschaft hat auf Vorschlag des Zentralkomitees der Sozialistischen Einheitspartei Deutschlands und des Ministerrates der Deutschen Demokratischen Republik der Staatsrat der DDR beschlossen, aus Anlaß des 23. Jahrestages der Gründung der Deutschen Demokratischen Republik eine umfassende Amnestie für politische und kriminelle Straftäter zu erlassen.

Bürger der DDR, die durch die Amnestie Straffreiheit erhalten, ist die Möglichkeit gegeben, durch ehrliche Arbeit und Achtung der Gesetze zu beweisen, daß sie gewillt sind, sich in die Gesellschaft einzufügen und in Zukunft ihren Pflichten und ihrer Verantwortung als Bürger des sozialistischen Staates nachzukommen.

Bürgern anderer Staaten sowie staatenlosen Bürgern wird auf Ersuchen die Ausreise aus der DDR gestattet.

Der Staatsrat der Deutschen Demokratischen Republik beschließt:

1. Die Amnestie erstreckt sich auf Personen, die vor dem 7. Oktober 1972 zu Strafen mit oder ohne Freiheitsentzug verurteilt worden sind.

   Die zu Freiheitsentzug verurteilten Personen sind aus dem Strafvollzug zu entlassen. Strafen sind nicht zu vollstrecken, wenn der Vollzug noch nicht eingeleitet wurde.

   Eingeleitete Strafverfahren, bei denen die Ermittlung bis zum 7. Oktober 1972 abgeschlossen ist, sind einzustellen, sofern sie unter die Amnestie fallen.

   Alle Strafen ohne Freiheitsentzug – Verurteilung auf Bewährung, öffentlicher Tadel sowie Geldstrafen als Haupt- und Zusatzstrafen, soweit sie noch nicht vollstreckt sind – sind zu erlassen.

2. Die Amnestie erstreckt sich nicht auf Verurteilungen wegen:
   - Mord
   - Sittlichkeitsverbrechen
   - Gewaltverbrechen
   - Verbrechen gegen die Menschlichkeit unter dem Naziregime
   - Verbrechen, die in Erfüllung völkerrechtlicher Verpflichtungen verfolgt wurden.

   Von der Amnestie ausgenommen sind ebenfalls Rückfalltäter, die mehrfach wegen Verbrechen mit Freiheitsentzug vorbestraft sind.

3. Verpflichtungen zum Schadenersatz werden durch die Amnestie nicht berührt.

4. Begehen Personen, deren Strafe mit Freiheitsentzug auf Grund der Amnestie nicht oder nur teilweise vollstreckt wurde, innerhalb von drei Jahren erneut eine vorsätzliche Straftat, die nach dem Gesetz mit Freiheitsentzug zu ahnden ist, ist die bisher nicht vollstreckte Strafe zu vollziehen.

5. Die Entlassungen werden zur ordnungsgemäßen Wiedereingliederung in das gesellschaftliche Leben schrittweise durchgeführt. Die Entlassungen beginnen am 1. November 1972 und sind bis zum 31. Januar 1973 abzuschließen.

6. Den entlassenen Personen ist durch die Räte der Kreise, Städte, Stadtbezirke und Gemeinden in Zusammenarbeit mit den Betrieben und Genossenschaften eine geeignete Arbeit zu vermitteln und Hilfe bei der Wiedereingliederung in das gesellschaftliche Leben zu gewähren.

7. Die Durchführung des Beschlusses obliegt dem Generalstaatsanwalt der DDR, den Leitern der zuständigen Rechtspflegeorgane und den örtlichen Räten.

Berlin, den 6. Oktober 1972

Der Staatsrat der Deutschen Demokratischen Republik

Am 7. Oktober 1972 berichtete die Leipziger Volkszeitung über die Amnestie anlässlich des 23. Jahrestags der Staatsgründung der DDR. Dabei wurden »25 351 politische und kriminelle Straftäter aus dem Strafvollzug und 6 344 Personen aus der Untersuchungshaft entlassen«, 2 087 davon in die Bundesrepublik Deutschland.

Stadtarchiv Torgau

- daraus begründet zu empfehlen,
  - entweder zu beschließen, daß die Anwendung besonderer Maßnahmen nicht erforderlich ist
  - oder zu beschließen, daß die Anwendung solcher Maßnahmen nötig ist.
    In diesem Fall müssen auch gleichzeitig konkrete Vorschläge gemacht werden, welche der einzelnen Maßnahmen Anwendung finden sollen.

Vergleiche:

§ 48 Abs. 1 StGB

Der Leiter der StVE/des JH hat dem für die Festlegung und Durchführung zuständigen VPKA frühzeitig, jedoch spätestens 12 Wochen vor dem Entlassungstermin eine Einschätzung der Entwicklung des Verurteilten im SV zu übersenden. Sie ist durch den Erzieher mit folgendem Inhalt zu erarbeiten:

- Persönlichkeitsbeurteilung des zur Entlassung kommenden SG, wie Abschlußbericht (SV 18);
- daraus begründet Vorschläge zur Anwendung konkreter Kontrollmaßnahmen gemäß § 48 Abs. 3 StGB.

4.4. Vorbereitung und Durchführung der Entlassung aus dem Strafvollzug

4.4.1. Organisatorische Vorbereitung der Entlassung aus dem Strafvollzug

Die Entlassung aus dem SV ist für den Verurteilten ein besonderes Erlebnis, leitet sie doch für ihn einen neuen Lebensabschnitt ein.

Es gilt der **Grundsatz,** die Verurteilten zeitlich so zu entlassen, daß sie am Entlassungstag oder an dem darauffolgenden Werktag Gelegenheit haben, sich bei den zuständigen staatlichen Organen anmelden zu können. (Verurteilte zu einer Haftstrafe oder zu Jugendhaft werden am Tag des errechneten Strafendes entlassen.)

Der Entlassung geht eine Aussprache mit dem SG voraus, in der der Erzieher die Ergebnisse der Erziehung und Bildung und die Maßnahmen zur Vorbereitung der Wiedereingliederung einschätzt. Das Ergebnis der Aussprache wird in den Abschlußbericht aufgenommen.

Vergleiche:

Ziff. 6.4. SVZO

178

4.4.2. Durchführung der Entlassung aus dem Strafvollzug

— Gegen Quittung sind dem Entlassenden auszuhändigen:
- das verwahrte persönliche Eigentum;
- die Nachweise über erworbene Qualifikationen bzw. über die Teilnahme an Bildungsmaßnahmen;
- die notwendigen Unterlagen zur Sicherung von Ansprüchen auf Leistungen der Sozialversicherung.

— Der Leiter der Vollzugsgeschäftsstelle hat zu überprüfen, ob alle Entlassungsunterlagen ordnungsgemäß ausgefertigt sind.

— Die eigentliche Entlassung ist durch den Leiter der StVE/des JH oder durch einen seiner Stellvertreter vorzunehmen.

— Mit Ausnahme der zu Haftstrafe oder Jugendhaft Verurteilten ist den zu Entlassenden die Auflage zu erteilen, sich innerhalb von 48 Stunden
- bei dem für die Hauptwohnung zuständigen VPKA — Abt. Paß- und Meldewesen — sowie
- bei dem für die Wiedereingliederung zuständigen örtlichen Rat zu melden.

Erfaßte **Wehrpflichtige** sind darauf hinzuweisen, daß sie sich außerdem beim zuständigen Wehrkreiskommando zu melden haben.

Vergleiche:

§§ 56 und 57 StVG
§§ 58 und 59 der 1. DB zum StVG
Ziff. 6.4. SVZO

Literaturhinweise:

Lehr- und Handbücher sowie Arbeitsmittel

SV-Lehrbuch, insbes. Abschn. 10.2
SV-Pädagogik, insbes. Abschn. 3.4
SV-Psychologie, insbes. Abschn.5.3
StVG-Kommentar, insbes. zu §§ 56 und 57
Schlag nach für SV-Angehörige

Artikel/Broschüren

KÖHLER/KAMMHOLZ/RASCHDORFF/MEHNER, H., Aufschub, Unterbrechung, Aussetzung und Beendigung des Vollzugs der Freiheitsstrafe, MdI — PA, 1978, insbes. Abschn. 4
REINHARDT, Persönlichkeitsbezogene Vorbereitung — bedeut-

179

Strafgefangene waren so zu entlassen, dass sie sich möglichst schnell bei den zuständigen Stellen melden konnten.

Handbuch für Erzieher 1981

FRIEDLICHE REVOLUTION 1989 UND WIEDERVEREINIGUNG 1990

Im Herbst 1989 erzwangen Massendemonstrationen in der DDR den politischen Umsturz – die Friedliche Revolution führte zunächst zum Fall der Berliner Mauer am 9. November, dann zu den ersten freien Volkskammerwahlen im März 1990 und schließlich zum Beitritt der DDR zur Bundesrepublik Deutschland am 3. Oktober 1990. Auch der Strafvollzug geriet im Zuge der Friedlichen Revolution in den Blick der Öffentlichkeit. Die Gefangenen hatten die mittlerweile frei berichtenden Medien bei den Protesten auf ihrer Seite.

Zunächst versuchte die bisherige Verwaltung Strafvollzug im nunmehr umbenannten »Ministerium für Innere Angelegenheiten«, den Forderungen der Gefangenen durch geringfügige Zugeständnisse entgegenzukommen. Mit der ersten Amnestie vom 6. Dezember 1989 hatten sich die Strafvollzugsanstalten spürbar geleert. In Torgau sank die Gefangenenzahl von 800 binnen weniger Wochen auf rund 200. Die militärischen Formen im Umgang mit den Häftlingen wurden abgeschafft und das Wachpersonal zu Höflichkeit und Gesprächsbereitschaft aufgerufen. Doch die Zeit der kleinen Schritte war vorbei.

In den meisten Gefängnissen der DDR bildeten sich sogenannte Gefangenenaktive. Mit gewaltfreien Protestformen wie Arbeitsniederlegungen, Hungerstreiks und Dachbesetzungen verlangten sie eine rasche Verbesserung ihrer Lage in den Haftanstalten. Die Insassen drängten auf die Überprüfung ihrer Urteile und weitreichende Amnestien.

Nach dem 3. Oktober 1990 wurden die meisten der bisherigen Anstaltsleiter und ein Teil des Wachpersonals abgelöst. Einige Gefängnisse wurden geschlossen. Andere – darunter Torgau – wurden modernisiert und als Justizvollzugsanstalten in den neuen Ländern Mecklenburg-Vorpommern, Brandenburg, Sachsen-Anhalt sowie Sachsen und Thüringen entsprechend dem bundesdeutschen Strafvollzugsgesetz fortgeführt.

Nach wie vor ernste Lage im Strafvollzug

Arbeitsniederlegung und Hungerstreik in Torgauer Anstalt

Brandenburg (ADN). In den Strafvollzugseinrichtungen der DDR hat es im Zusammenhang mit den von Strafgefangenen erhobenen Forderungen von keiner Seite Gewaltmaßnahmen gegeben. Generalmajor Wilfried Lustig, Leiter der Verwaltung Strafvollzug im Ministerium für Innere Angelegenheiten, hob „die hervorragende Disziplin der Gefangenen“ hervor. Ein Teil habe am Montag die Arbeit wieder aufgenommen. Er dankte für das Engagement der Presse und von Vertretern der Kirche. Dennoch sei die Situation in allen Einrichtungen ernst. „Wir sind aber jederzeit in der Lage“, betonte Generalmajor Lustig, „die Sicherheit der Strafvollzugseinrichtung zu gewährleisten.“

Zu Beginn dieser Woche wurde in der Torgauer Strafvollzugsanstalt die Arbeit niedergelegt, sind die dort Gefangenen in einen Hungerstreik getreten. Davon konnte sich LVZ am Montag persönlich überzeugen. In einem Pressegespräch mit dem die Inhaftierten vertretenden 20köpfigen Gremium erfuhren wir die von den Haftanstaltinsassen vorgebrachten Forderungen, deren Erfüllung sie zur Grundlage für die Aufhebung ihrer Arbeitsniederlegung und des Hungerstreiks machen. Als Grundsatzforderung steht eine umfassende Amnestie für all diejenigen Gefangenen, die keine Verbrechen gegen die Menschlichkeit, die Menschenwürde und gegenüber dem Volk begangen haben.

In der StVA Torgau verlangten die Gefangenen eine erweiterte Amnestie. Sie legten die Arbeit nieder und traten in den Hungerstreik. Leipziger Volkszeitung, 6. Dezember 1989.

Stadtarchiv Torgau

Gefangenenaktiv
der StVE Torgau

Torgau, den 21.01.1990

An die
Angehörigen Mitarbeiter
des Strafvollzuges Torgau

Betrifft: Eventuelle Durchführung eines Streikes durch die Strafgefangenen der StVE Torgau

Bei einem Streik durch uns Strafgefangene bitten wir die Regeln einer beiderseitigen Parteienbasis zu beachten. Wir werden den SV-Angehörigen korrekt gegenübertreten und wir erwarten den gleichen Einsatz von Ihnen.
Die in den letzten Tagen aufgekommenen Gerüchte, daß bei einem eventuellen Streik auch eine Geiselnahme an SV-Angehörigen in Betracht gezogen wurde, entbehren jedweder Grundlage und wird hiermit dementiert.
Die SV-Angehörigen der StVE Torgau haben von Seiten der Strafgefangenen keinerlei Ausschreitungen zu erwarten und wir hoffen das Gleiche auch von der anderen Seite.
Wir rufen eher sogar noch dazu auf, die Arbeit des gewählten Vertreteraktivs zu unterstützen und zu gewährleisten, daß ein einwandfreier und gewaltloser Ablauf garantiert ist.
Die Strafgefangenen garantieren für ihre gewaltlose Durchführung des in Betracht gezogenen Streikes und hoffen auf eine Partnersicherheit.
Bei einem gegenseitigen Entgegenkommen ist die Garantie gegeben, jede Provokation auszuschließen.
Wir bitten hiermit jeden Angehörigen des operativen Dienstes und der Offiziere, Einzelaktionen zu unterlassen die den gewaltlosen Weg verlassen.

\- Das Aktiv im Namen der
Strafgefangenen -

Das »Gefangenenaktiv«, die frei gewählte Häftlingsvertretung in der Strafanstalt Torgau, plante einen Streik zur Bekräftigung seiner Amnestieforderungen. Das Vorgehen sollte ausdrücklich gewaltlos bleiben.
Offener Brief an die Strafvollzugsbediensteten, 21. Januar 1990.
Privatbesitz Jens Borchert

Staatsrat der DDR
Marx-Engels-Platz
B e r l i n
1025

StVE Torgau
Gefangenenaktiv der StVE

Anlage zur Amnestie-Forderung

Gründe für die Forderung nach einer Amnestie für a l l e Strafgefangenen und nach aktiver Beteiligung an Reformgesetzen für neuen Strafvollzug (respekt. Justizvollzug).

Strafgefangene erleben hellwach den gesellschaftlichen Umbruch. Das Streben nach sofortiger Freiheit gliedert sich auf in zwei Zielrichtungen:

a. Neubeginn "bei Null"; Teilnahme an der Revolution im Land.
b. Übersiedlung ins Ausland; Flucht vor Erlebnissen im Strafvollzug der DDR, die teilweise jedem Gerechtigkeitsempfinden hohnsprechen.

Wer will heute -nachdem die Verbrechen eines ganzen "Partei- und Staatssystems" offenbar werden- Maßstäbe für subjektive Gerechtigkeit setzen?
Aus sziologischer und kriminologischer Sicht wird sich doch u.U. herausstellen, daß die Rechtsbrecher oftmals mehr Opfer dénn Täter sind. Der gerechte Umgang mit Straftätern ist eine (heute kaum betrachtete) Herausforderung an das neue solidarische Gefüge, daß auf den Trümmern stalinistischer Arroganz errichtet werden muß.
Die weitere Ausschließung wäre eine Entscheidung von Staatsorganen, welche immer mehr Autoritätsverlust erleiden.

Jeder entlassene Rechtsbrecher nimmt sein Leben in die eigenen Hände. Es gibt keine Garantie für Endgültigkeit, aber es muß eine Chance geben!
Und alle Polemik von bisher nicht genutzten Chancen ist unlauter; denn es wird nichts mehr so sein, wie es vorher war.
Jeder Gefangene, der nach Punkt 2 oder Punkt 3 dieser Forderungen in einen neuen Rechtsstand versetzt wird, erhält eine Perspektive. Denn es darf für niemanden eine völlige Perspektivlosigkeit geben.

Der Strafvollzug der DDR als Organ des MfiA (vormals MdI) ist dermaßen diskreditiert, daß glaubwürdige Reformen eine Beteiligung j e d e s Gefangenen voraussetzen.
Im Personalbestand des Strafvollzugs werden bei der weiteren Aufarbeitung von Tatsachen der Vergangenheit sehr weitreichende Konsequenzen gezogen werden müssen. Das wird umso eher möglich sein, je unbelasteter durch Konflikte mit Strafgefangenen das vonstatten geht (Atempause könnte man es lax nennen).

Das Gefangenenaktiv garantiert für den genannten Zeitraum die allgemeine Sic erheit und Gewaltlosigkeit in der StVE Torgau.

Das »Gefangenenaktiv« wandte sich mit detaillierten Forderungen an den Staatsrat mit seinem Vorsitzenden Manfred Gerlach. Die notwendige Reform des Strafvollzugs sei nur unter Beteiligung aller Gefangenen zu leisten. Torgau, Ende Januar 1990.

Privatbesitz Jens Borchert

Staatsrat der DDR
Marx-Engels-Platz
B e r l i h
1025

StVE Torgau
Gefangenenaktiv der StVE

Werter Herr Vorsitzender des Staatsrates!

Das Gefangenenaktiv der StVE Torgau ist durch Wahlbeschluß und nach Diskussion autorisiert, folgende Erklärung abzugeben:

Die Durchführungsbestimmungen der Amnestie vom 6.12.1989 zeigen eine unverständliche, nicht zu akzeptierende Halbherzigkeit.
Die Ausschließungsbereiche und -gründe schaffen unter den Strafgefangenen einen Notstand (Zustand) von Rechtsunsicherheit und Benachteiligung.
Detaillierte Gründe werden in der Anlage aufgelistet.

Zum Erreichen einer meßbaren gleichen Rechtsstellung der Gefangenen stellen wir nachgenannte Forderungen.

1. Strafnachlaß von fünf Jahren; unabhängig davon, ob das Urteil fünf Jahre überschreitet.

2. Strafnachlaß von 50 Prozent bei Haftstrafen über zehn Jahre.

3. Herabsetzung von lebenslangen Strafen auf zeitliche Strafen.

4. Keine Ausschließung von Delikten (ausgenommen Hochverrat usw.).

5. Verbesserung der Bedingungen für Strafgefangene und aktive Beteiligung bei Ausarbeitung gesetzlicher Grundlagen.

6. Staatliche Garantie der Straffreiheit für Gefangene, die im Gefangenenaktiv kollektive Positionen vertreten.

7. Ständige Verbindung des Gefangenenaktivs der StVE Torgau zu entsprechenden Arbeitsgruppen in anderen StVE der DDR.

Sollte bis 16.Februar 1990 kein Gesetz vorgelegt werden, das positiv auf die genannten Forderungen eingeht, treten die Gefangenen der StVE Torgau am 16.Februar in einen unbefristeten Hungerstreik.

MINISTERRAT
DER DEUTSCHEN DEMOKRATISCHEN REPUBLIK
~~MINISTERIUM DES INNERN~~
Ministerium für Innere Angelegenheiten
Leiter der Verwaltung Strafvollzug

1086 Berlin, den 15 März 1990
Mauerstraße 34-38
Fernruf: 22 57
bo-ru
Tgb.-Nr.: 776/90

Leiter der Abt. SV der BDVP
Leiter der Abt. SV des PdVP
Leiter der StVE/JH und Fachschule
Ärztlicher Direktor des KHdSV

Gestaltung des Vollzuges der Strafen mit Freiheitsentzug

Im Interesse einer weiteren Reformierung der Gestaltung des Vollzuges der Strafen mit Freiheitsentzug ergeben sich weiterführende konkrete Maßnahmen, deren Sinn darin besteht, die Persönlichkeit der Strafgefangenen konsequent in den Mittelpunkt aller Bemühungen zu stellen und die Vollzugsbedingungen weiter zu verbessern. Dazu ist es erforderlich, alle militärischen Umgangsformen gegenüber den Strafgefangenen zu beseitigen und durch noch größeres Bemühen um einen gepflegten Stil und Ton, eine ruhige und sachliche Atmosphäre sowie durch konsequente Achtung der Menschenwürde einen vertrauensvollen Kontakt zu den Strafgefangenen zu gewinnen. Das bedeutet nicht zuletzt auch, daß die Erzieher und die anderen, unmittelbar mit den Strafgefangenen konfrontierten Kräfte allen Anliegen und Problemen der Strafgefangenen aufgeschlossen gegenüber stehen und sie bei deren Klärung aktiv unterstützen.

Folgende Festlegungen werden getroffen:

1. Mit sofortiger Wirkung sind die Strafgefangenen mit Herr, Frau bzw. Fräulein anzureden. Bei Jugendlichen bleibt die Anrede unverändert.

2. In Anbetracht des gegenwärtig geringen Bestandes an Strafgefangenen in den meisten StVE/JH ist die Belegung der Verwahrräume spürbar aufzulockern. Grundsätzlich sind nicht mehr als drei Strafgefangene gemeinschaftlich unterzubringen.
   Neben der Einhaltung allgemein üblicher Normen der Ordnung, Sauberkeit und Hygiene sind keine dogmatischen Vorschriften zum Herrichten der Betten sowie zur Nutzung der zur Verfügung stehenden Schrankablagen festzulegen.

3. In den Verwahrbereichen, in denen sich die Toiletten nicht in gesonderten Sanitärtrakten befinden, haben die installierten Schamwände bzw. Vorhänge den Anforderungen an die Wahrung der Intimsphäre zu entsprechen.

4. Während des Vollzuges der Disziplinarmaßnahme "Einzelarrest" ist das Trenngitter im Arrestraum grundsätzlich so zu schließen, daß für den Strafgefangenen die Toilette und das Waschbecken jederzeit zugänglich sind.

Der Leiter der Verwaltung Strafvollzug beim Ministerium für Innere Angelegenheiten teilte den nachgeordneten Dienststellen einige Vollzugserleichterungen für Strafgefangene mit. Die bislang geltenden militärischen Umgangsformen wurden abgeschafft. Berlin, 15. März 1990.

Bundesarchiv Berlin

5. In Ergänzung meines Schreibens vom 30. Januar 1990 (Tgb.-Nr. 301/90) unterliegen die Maßnahmen der religiösen Betreuung der Strafgefangenen keiner Überwachung.

6. Den durch die jeweils zuständige kirchliche Institution zur seelsorgerischen Betreuung der Strafgefangenen in den betreffenden StVE/JH beauftragten Geistlichen ist der ungehinderte Zutritt zu den Verwahr- und Freizeitbereichen zu gestatten.

7. Die im Auftrag staatlicher und kirchlicher Institutionen in den StVE/JH mit der Zielstellung wirkenden Kontaktpersonen bzw. -familien, Strafgefangenen im Rahmen des Resozialisierungsprozesses Hilfe und Unterstützung zu geben, sind in großzügiger Weise bei der Wahrnehmung ihrer Tätigkeit zu unterstützen. Ihr persönlicher Kontakt zu den Strafgefangenen ist außerhalb des im § 29 StVG festgelegten Umfangs zu gewähren. Im Rahmen der Erweiterung der persönlichen Verbindungen kann die Genehmigung zum Aufenthalt außerhalb der StVE bzw. des JH für den Tag der Besuchsdurchführung erteilt oder Urlaub aus dem Strafvollzug gewährt werden.

8. Kindern bis zu 14 Jahren ist in Begleitung von Erwachsenen und bei Zustimmung der Erziehungsberechtigten das Betreten von StVE und JH zu gestatten.

9. Der Besuch zwischen sich im Strafvollzug befindenden Ehepartnern oder Lebensgefährten ist auf eigene Kosten quartalsweise zu ermöglichen.

10. Es ist zu gewährleisten, daß Strafgefangene auf deren Wunsch bei der inhaltlichen Fassung von Eingaben beraten werden und ihnen bei der Wahl des jeweils kompetenten Eingabenadressaten Unterstützung zuteil wird.

Die selbständige Kontaktaufnahme Strafgefangener zu Redaktionen von Presse, Funk und Fernsehen ist nicht gestattet.

Lustik
Generalmajor

Kurz vor dem Ende der DDR demonstrierten Gefangene auf dem Dach des Haftgebäudes in Torgau für eine beschleunigte Überprüfung ihrer Urteile durch DDR-Behörden. Ende August 1990.

Manfred Bräunlich

BIOGRAFIEN

HARTMUT BEHLE

Privatbesitz Hartmut Behle

▌ 1937 wurde Hartmut Behle in Berlin geboren.

▌ 1957 legte Hartmut Behle das Abitur in Berlin-Schöneberg ab und nahm das Studium der Tiermedizin an der Freien Universität in West-Berlin auf, wohnte aber weiterhin in Ost-Berlin.

▌ Am 1. August 1961 beobachtete Hartmut Behle während des Urlaubs in einer Zeltgaststätte im Ostseebad Bansin Unstimmigkeiten zwischen dem Wirt und einer Gruppe jugendlicher Berliner. Diese sangen und grölten unter Alkoholeinfluss, tanzten auch den in der DDR verbotenen Rock 'n' Roll. Auffällig an ihnen war der Glatzenhaarschnitt, den sich einige in Urlaubslaune zugelegt hatten. Die Volkspolizei nahm nach einem Tumult mehrere Jugendliche fest. Hartmut Behle schloss sich freiwillig an, um als Zeuge auszusagen. Bald wurde er vom Staatssicherheitsdienst in Wolgast wie ein Beschuldigter verhört.

▌ Am 5. August 1961 wurde Hartmut Behle in die Untersuchungshaftanstalt der MfS-Bezirksverwaltung Rostock überstellt.

▌ Am 11. August 1961 kam es vor dem Kreisgericht Wolgast zum Prozess gegen sieben der Jugendlichen. Die höchste ausgesprochene Strafe betrug 18 Monate. Der Richter wurde wegen dieser als zu gering angesehenen Strafe von der Justizministerin Hilde Benjamin des Amtes enthoben.

▌ Am 4. September 1961 wurde gegen weitere vier Angeklagte vor dem Bezirksgericht Rostock die Verhandlung eröffnet. In der politisch angespannten Situation kurz nach dem Mauerbau wurde Hartmut Behle als »Rädelsführer« der vom Westen gesteuerten »Glatzkopfbande« dargestellt. Dies war bereits während des Ermittlungsverfahrens durch die Bezirksverwaltung des MfS Rostock festgelegt worden, die auch die Anklageschrift für den Staatsanwalt formulierte. Das Gericht verurteilte ihn zu acht Jahren Zuchthaus.

▌ Am 11. November 1961 wurde Hartmut Behle in die Strafvollzugsanstalt Torgau überstellt. Hier arbeitete er zunächst im »Papierkommando«, wo er mit anderen Gefangenen aus Spezialpapier einfache Schutzüberwürfe gegen radioaktiven Niederschlag kleben und falten musste, später wurde er als Schlosser eingesetzt. Um den Anschluss an sein Studienfach nicht zu verlieren, arbeitete er im Selbststudium Fachbücher durch.

▌ Am 21. August 1964 wurde Behle vorzeitig aus Torgau entlassen, nachdem seine Strafe zuerst durch einen Gnadenentscheid des Staatsrates der DDR überraschend auf sechs Jahre herabgesetzt worden war. Tatsächlich gehörte Hartmut Behle zu einer Gruppe von über 800 politischen Häftlingen, die von der Regierung der Bundesrepublik freigekauft worden waren. Er blieb in der DDR, lebte bei seinen Eltern und machte eine Ausbildung als Tierpfleger im Ost-Berliner Tierpark, studieren durfte er nicht mehr.

▌ Am 6. Mai 1966 erfolgte Behles Ausreise nach West-Berlin. Die Behörden der DDR hatten Hartmut Behle nahegelegt, einen Übersiedlungsantrag zu stellen. Er schloss das durch die Haft unterbrochene Studium an der Freien Universität Berlin ab und praktizierte bis zum Ruhestand als Tierarzt in der Bundesrepublik.

▌ Am 17. Juli 2000 wurde Hartmut Behle durch das Landgericht Rostock rehabilitiert.

29

- 2 -

Die Angeklagten werden wegen staatsgefährdender Gewaltakte (§ 17 StEG) wie folgt verurteilt:

der Angeklagte B e h l e zu

8 - acht - Jahren Zuchthaus,

der Angeklagte H e i n z e zu

5 - fünf - Jahren Zuchthaus,

die Angeklagten S c h l ö g e l und F r e u d e n r e i c h zu je

4 - vier - Jahren Zuchthaus.

Den Angeklagten Behle, Heinze und Freudenreich wird die seit dem 2. August 1961 und dem Angeklagten Schlögel die seit dem 3. August 1961 angeordnete Untersuchungshaft auf die erkannte Strafe angerechnet.

Die Kosten des Verfahrens haben die Angeklagten zu tragen.

G r ü n d e :

Die westdeutschen Imperialisten und Revanchepolitiker haben keine Lehren aus der Geschichte gezogen. Sie versuchen mit allen Mitteln, die Ergebnisse des 2. Weltkrieges, zu denen auch das Entstehen des ersten deutschen Arbeiter-und-Bauern-Staates, des Friedensstaates Deutsche Demokratische Republik, gehört, rückgängig zu machen. Zu diesem Zweck betreiben sie mit wachsender Intensität den kalten Krieg, den sie eines Tages in einen heißen, einen atomaren Krieg überzuleiten hoffen. Seit Jahren haben die Westmächte und die Bonner Militaristen unter fortgesetzter Verletzung des Potsdamer Abkommens und der UNO-Charta Westberlin als Stützpunkt des kalten Krieges ausgebaut. Von Westberlin aus wurden gefährliche Provokationen gegen den Frieden in Deutschland und

- 3 -

Postfach 45 06 80
12175 Berlin

Auszüge aus dem Urteil des Bezirksgerichts Rostock gegen Hartmut Behle, 4. September 1961.

Privatbesitz Hartmut Behle/BStU

30

Europa ausgelöst. Die Frontstadt - Westberlin - wurde zumm Hauptstützpunkt der imperialistischen Spionage- und Diversionsarbeit gegen die DDR und das gesamte sozialistische Lager, zum Hauptumschlagplatz für den verbrecherischen Menschenhandel, zu einem organisierten Zentrum der wirtschaftlichen und politischen Schädigung der DDR gemacht. Die Konzeption der Bonner Ultras und der Frontstadtpolitiker Westberlins besteht darin, das Ansehen der DDR zu schädigen, ihre gesellschaftliche Ordnung und ihre Organe in Mißkredit zu bringen, ihre ökonomischen Grundlagen zu gefährden und Unruhe zu stiften, um im Ergebnis dessen die Arbeiter-und-Bauern-Macht zu beseitigen und die Herrschaft des Imperialismus in ganz Deutschland zu errichten.

Um diesem, dem Frieden in Europa aufs höchste gefährdenden verbrecherischen Treiben Einhalt zu gebieten, ist es dringend ereforderlich, die Überreste des 2. Weltkrieges durch den Abschluß eines Friedensvertrages mit beiden deutschen Staaten zu beseitigen und im Zusammenhang damit den Gefahrenherd und in Westberlin unschädlich zu machen, indem es in eine entmilitarisierte Freie Stadt umgewandelt wird. Deshalb entsprechen auch die von der Sowjetunion in dem Memorandum über die Fragen des Abschlusses des Friedensvertrages mit Deutschland und die Regelung des Westberlinproblems, das der Vorsitzende des Ministerrates der UdSSR in Wien dem USA-Präsidenten übergab, gemachten Vorschläge den nationalen Grundinteressen des deutschen Volkes. Sie stimmen auch voll und ganz mit den von der Volkskammer und der Regierung der DDR in dem Deutschen Friedensplan der Öffentlichkeit unterbreiteten Vorschlägen überein.

Die Bonner Ultras und der Frontstadtchef Willi Brandt wollen jedoch eine Friedensregelung mit Deutschland auf jeden Fall unterbinden, um ungestört den Atomkrieg vorbereiten zu können. Daß dem so ist, beweist die Tatsache, daß sie gerade zu dem Zeitpunkt, da vonseiten der friedeliebenden Kräfte der ganzen Welt besondere Anstrengungen unternommen werden, um eine Entspannung der internationalen Lage zu fördern, die Friedens-

- 4 -

Hartmut Behle während der Haft in Torgau. Aufnahme für die Haftkartei.

Privatbesitz Hartmut Behle/BStU

Programmheft zu dem DEFA-Film, in dem die Vorgänge im Seebad Bansin als die Aktivitäten einer vom Westen gesteuerten Terrorbande dargestellt wurden, 1963.

Privatbesitz Hartmut Behle

BStU
000063

Der Strafgefangene B e h l e befindet sich seit dem 11.11.1961 zur weiteren Strafverbüßung in der Strafvollzugsanstalt Torgau.

Während der bisherigen Strafverbüßung waren seine Führung und Disziplin wechselhaft. Sein Verhalten entsprach nicht immer den Anforderungen, die im Strafvollzug zur Aufrechterhaltung der notwendigen Ordnung notwendig sind. Es kommt mitunter vor, daß er ihm erteilte Weisungen nur mit Widerwillen durchführt. Besonders oft muß er auf die Einhaltung der Zellenordnung hingewiesen werden.
Am 15.02.1964 mußte er wegen Nichteinhaltung der Bekleidungsordnung und frechem Benehmen gegenüber den VP.-Angehörigen disziplinarisch zur Verantwortung gezogen werden. Als er auf seine Disziplinlosigkeiten hingewiesen wurde, äußerte er gegenüber den Genossen der Werkstattaufsicht wörtlich: "Rutscht mir doch den Buckel herunter" und "Sie sind wohl nicht ganz klar?" Gegenüber seinen Mitgefangenen verhält er sich jedoch verträglich und fügt sich in das Kollektiv ein.

Am 15.08.1962 wurde er im Papierkommando zur Arbeit eingesetzt. Hier verrichtete er seine Arbeit im allgemeinen zufriedenstellend. Im Rahmen der Quartalsprämierungen erhielt er am 29.12.1962 eine Geldprämie. Nach Auflösung dieses Kommandos erfolgte am 07.05.1963 sein Einsatz im VEB Fortschritt Erntebergungsmaschinen als Schlosser. Für seine zufriedenstellenden Arbeitsleistungen, insbesondere für die Einhaltung der Termine bei der Neuerrichtung dieses Werkes, konnte er am 19.07.1963 erneut mit einer Geldprämie ausgezeichnet werden.

Der Strfgef. B. abonniert die Berliner Zeitung sowie die Zeitschrift "Wissenschaft und Fortschritt". Mit den aktuell-politischen Tagesereignissen ist er vertraut, versteht es jedoch nicht, dies mit seiner Entwicklung und seinem Gesamtverhalten in Einklang zu bringen. Vorträge und andere kulturelle Veranstaltungen werden von ihm regelmäßig besucht. In seiner Freizeit beschäftigt er sich viel mit Fachbüchern der Veterinärmedizin, um sich auf diesem Gebiet weiter zu bilden.

Es ist noch zu bemerken, daß besonders seine Mutter bei Besuchen nicht in jedem Falle positiv auf ihren Sohn einwirkt. Sie ist der Meinung, daß ihr Sohn nach den Richtlinien des Rechtspflege-Erlasses nicht gerecht und vor allem zu hoch verurteilt ist.

Zusammenfassend kann eingeschätzt werden, daß in der Umerziehung des Strfgef. B. während der bisherigen Strafverbüßung noch nicht die gewünschten Erfolge erreicht werden konnten. Es bedarf noch einer intensiven erzieherischen Einwirkung seitens des Strafvollzuges damit der Strfgef. B. die notwendigen Schlußfolgerungen für sein weiteres Leben zieht.

Leiter der Strafvollzugsanstalt
Major der Volkspolizei

T u s c h l i n g

Führungsbericht des Anstaltsleiters Tuschling. Torgau, 15. Juni 1964.

Privatbesitz Hartmut Behle/BStU

ACHIM BEYER

Archiv Bundesstiftung Aufarbeitung, Nachlass Achim Beyer

▮ 1932 wurde Achim Beyer in Dresden geboren. Er wuchs im sächsischen Werdau auf und besuchte dort die Alexander-von-Humboldt-Oberschule.

▮ 1947 wurde Achim Beyer Mitglied der Freien Deutschen Jugend (FDJ). Bald war er jedoch von der Politik der SED enttäuscht.

▮ Im Oktober 1950 verbreitete Achim Beyer, beeinflusst durch die Lektüre der Flugblätter der »Weißen Rose« und des Romans »1984« von George Orwell, mit einer Gruppe von Mitschülern Flugblätter gegen die als undemokratisch angesehene Volkskammerwahl am 15. Oktober 1950. Sie nahmen Kontakt zur antikommunistischen »Kampfgruppe gegen Unmenschlichkeit« (KgU) in West-Berlin auf. Von dort erhielten sie die satirische Zeitschrift »Tarantel« zur Verbreitung sowie Walzen zur Herstellung von Flugblättern. Zudem störten sie politische Veranstaltungen mit Stinkbomben.

▮ In der Nacht vom 18. auf den 19. Mai 1951 wurden zwei Mitglieder der Gruppe der »Werdauer Oberschüler« bei einer Flugblattaktion verhaftet. Achim Beyer konnte sich der Festnahme zunächst entziehen, wurde aber zwei Tage später an der thüringisch-bayerischen Grenze gefasst. Auch alle anderen Beteiligten wurden festgenommen. In Sonneberg und Dresden wurde Achim Beyer Verhören durch den DDR-Staatssicherheitsdienst unterzogen – unter psychischem Druck und völlig isoliert von Mithäftlingen und der Außenwelt.

▮ Am 3. Oktober 1951 begann der Prozess gegen insgesamt 19 Jugendliche aus Werdau vor dem Landgericht Zwickau. Zuvor waren in einer Absprache zwischen dem MfS, der Generalstaatsanwaltschaft Dresden, dem Staatsanwalt und dem Vorsitzenden Richter in Zwickau sowie der SED-Kreisleitung sowohl Prozessablauf als auch Strafmaß festgelegt worden. Sechs Angeklagte waren jünger als 18 Jahre, dennoch sollte in diesem Fall nicht das Jugendstrafrecht zur Anwendung kommen. Die Anklage wurde – rechtswidrig – nach Artikel 6 der Verfassung der DDR (»Boykotthetze«) in Verbindung mit Abschnitt II Artikel III A III der Kontrollratsdirektive 38 über »Verhaftung und Bestrafung von Kriegsverbrechern, Nationalsozialisten und Militaristen« erhoben. Kurz nach Mitternacht fand die Urteilsverkündung statt: Achim Beyer wurde zu acht Jahren Zuchthaus verurteilt. Es war sein 19. Geburtstag.

▮ Am 20. Juli 1952 wurde Achim Beyer nach Haftstationen in Leipzig und Waldheim nach Torgau verlegt. Hier musste er Tarnnetze nähen (»Kommando X«) und im »Schrott-Kommando« unter gefährlichen und gesundheitsschädlichen Bedingungen Flugzeugteile mit Hammer und Meißel zerlegen.

▮ Am 17. Juni 1953 erlebte Achim Beyer als Gefangener mit, wie Demonstranten die Haftanstalt »Roter Ochse« stürmen wollten.

▮ Am 2. März 1954 wurde er nach Waldheim verlegt, im darauffolgenden Jahr nach Luckau.

▮ Am 4. Oktober 1956, seinem 24. Geburtstag, wurde Achim Beyers vorzeitiges Haftende verfügt. Wenige Tage später wurde er aus der Haftanstalt Cottbus als letzter der verurteilten »Werdauer Oberschüler« entlassen.

▮ Am 6. November 1956 entschied sich Achim Beyer aus politischen Gründen und ohne berufliche Perspektive in der DDR zur Flucht in den Westen.

▮ Von 1963 bis 1993 arbeitete er als Wissenschaftlicher Mitarbeiter an der Universität Erlangen-Nürnberg im Bereich der DDR-Forschung.

▮ Seit 1997 erinnert eine Gedenktafel am Alexander-von Humboldt-Gymnasium Werdau an den Protest der »Werdauer Oberschüler« und ihre Verurteilung durch die SED-Strafjustiz.

▮ Achim Beyer starb am 28. September 2009 in Erlangen.

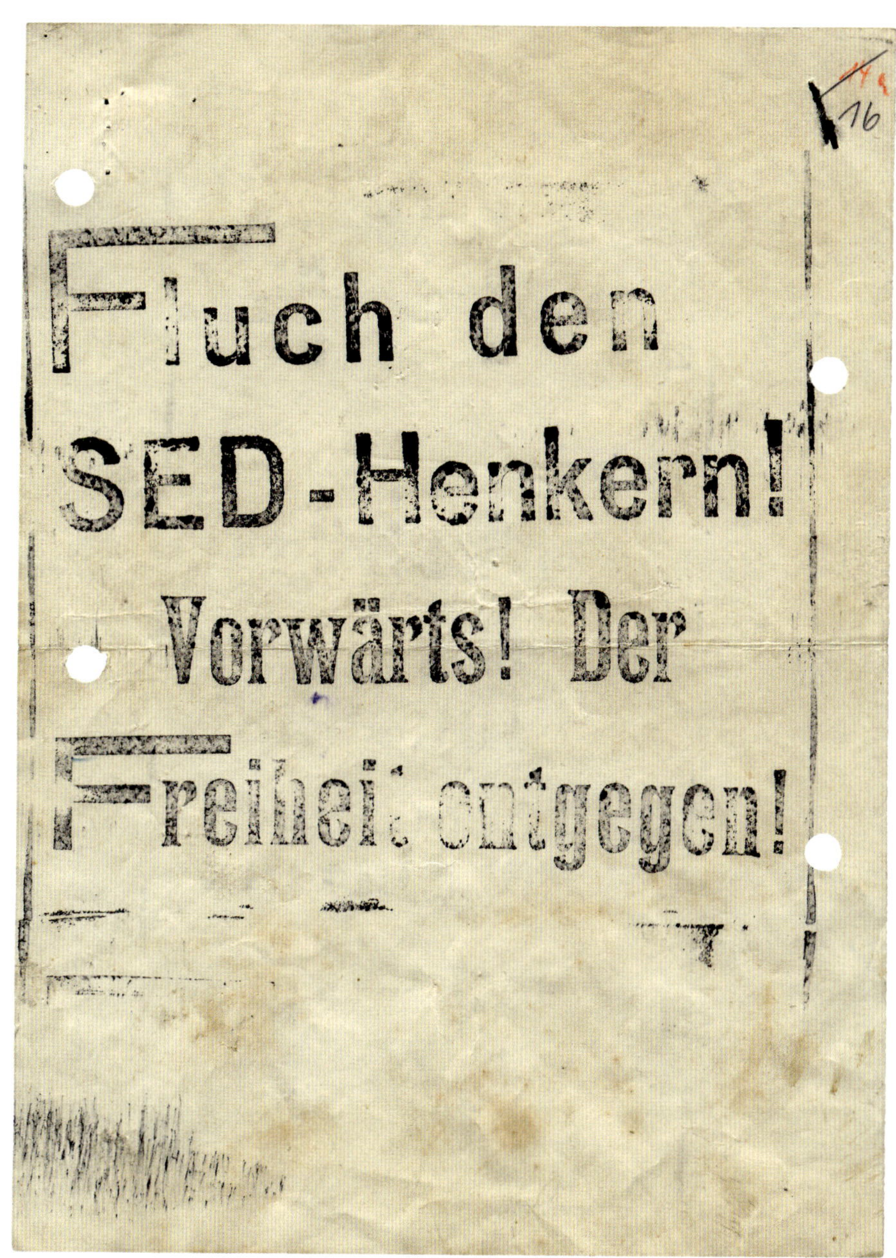

Mit einer Walze der »Kampfgruppe gegen Unmenschlichkeit« (KgU) hergestelltes Flugblatt der »Werdauer Oberschüler«. Die Gruppe verbreitete nur diejenigen Texte der KgU, die ihren eigenen politischen Vorstellungen entsprachen.

Archiv Bundesstiftung Aufarbeitung, Nachlass Achim Beyer

- 11 -

79-82, 93-94, d.A. — er auch beauftragt, nach West-Berlin zu fahren. Gäbler fuhr zum Hetzsender Rias und unterbreitete dort, daß man für die Widerstandsgruppe Hetzmaterial und organisierte Anweisungen benötige. Vom Rias wurde Gäbler zur Kampfgruppe gegen Unmenschlichkeit weiter verwiesen. Dort stellte er sich als Beauftragter vor und bat um Unterstützung für seine Gruppe bei ihrer Tätigkeit. Nachdem seine Personalien festgehalten, sowie die Stärke der Gruppe in Werdau/Sa. registriert waren, erhielt er einen Walzapparat zur Herstellung von Hetzmaterial gegen die Deutsche Demokratische Republik. Er erhielt Anweisung, das Hetzmaterial sofort zu Verteilung zu bringen und sich dann in Berlin neue Weisung zu holen.

Nach Rückkehr aus West-Berlin fand sofort in der Wohnung von Eckardt eine neue Sitzung statt, bei der Gäbler Bericht erstattete. Gäbler schlug dabei vor, noch weitere Personen, vor allem Mädchen zu werben, da man sich dadurch als Liebespärchen tarnen könne. Auf Grund des Beschlusses wurden folgende Werbungen durchgeführt und als Mitglieder in die Widerstandsgruppe aufgenommen:

<u>Von Gäbler:</u> Rasch, Beyer, Fleier,

<u>von Eckardt:</u> Falk, Karg, Büttner, Fritzsche und Göldner,

<u>von Schneider:</u> Krauß, Moschke, Kahler,

<u>von Körner:</u> Müller.

Der geworbene Oberschüler Beyer warb die Stets, Anneliese, und die wieder ihren Bruder, Stets, Manfred, und Karg warb die Roth, Sigrid, in der weiteren Entwicklung.

Bl. 100, 106, 110, 114, 120, 127, 138, 143 R d.A. — Nach der Werbung wurden in der Gartenlaube des Vaters der Angeschuldigten zu 5.) Roth, Sigrid, von Gäbler, Eckardt, Schneider und Roth mit Hilfe der gelieferten Walze ca. 1000 Stück Hetzflugblätter gegen die Deutsche Demokratische Republik hergestellt. In die Briefkästen und Hauseingänge bei der Bevölkerung von Werdau wurden die Hetzzettel von folgenden Beteiligten verteilt:

dem Angeschuldigten zu 1.) G ä b l e r,
" " " " 2.) E c k a r d t,
" " " " 3.) S c h n e i d e r,
" " " " 4.) K ö r n e r,
der " " " 5.) R o t h, Sigrid,
dem " " " 6.) R a s c h,
" " " " 7.) K r a u ß,
" " " " 8.) B e y e r,
" " " " 9.) B ü t t n e r,
" " " "10.) K a r g,
" " " "11.) M ü l l e r,
" " " "12.) F r i t z s c h e,
der " " "13.) F l e i e r, Gudrun,
dem " " "15.) S t e t s, Manfred,
der " " "17.) S t e t s, Anneliese.

- 12 -

Auszug aus der Anklageschrift gegen die »Werdauer Oberschüler«. Achim Beyer versteckte sein Exemplar in der Strohsack-Matratze in seiner Zelle. Seine Mutter schmuggelte es nach einem Besuch aus dem Gefängnis. Per Kurier gelangte es in den Westen.

Archiv Bundesstiftung Aufarbeitung, Nachlass Achim Beyer

Das Schandurteil von Zwickau

Die KAMPFGRUPPE GEGEN UNMENSCHLICHKEIT hat aus der Sowjetzone Deutschlands folgenden Brief erhalten:

„Gestern hat die 1. Große Strafkammer des Landgerichtes Zwickau gegen 19 Oberschüler aus Werdau und Umgebung die furchtbare Strafe von insgesamt 130 Jahren Zuchthaus verhängt. Der Prozeß fand unter Ausschluß der Öffentlichkeit statt. Auch die Eltern der Kinder durften der Verhandlung nicht beiwohnen und warteten bis 1 Uhr nachts auf dem Ernst-Toller-Platz vor dem Landgericht Zwickau auf die Urteilsverkündung. Die dort wartende Menschenmenge wurde durch einen Polizeikordon von 50 Mann am Betreten des Gerichtsgebäudes gehindert. Außerdem wurde die Menge durch zahlreiche Spitzel überwacht.

Folgende Urteile wurden gefällt:

Joachim Gäbler,	**17 Jahre alt, 15 Jahre Zuchthaus**
Karl-Heinz Eckardt,	**16 Jahre alt, 14 Jahre Zuchthaus**
Gerhard Schneider,	**19 Jahre alt, 13 Jahre Zuchthaus**
Theobald Körner,	**18 Jahre alt, 10 Jahre Zuchthaus**
Sigrid Roth,	**17 Jahre alt, 12 Jahre Zuchthaus**
Heinz Rasch,	**18 Jahre alt, 10 Jahre Zuchthaus**
Hermann Krauß,	**18 Jahre alt, 6 Jahre Zuchthaus**
Achim Beyer,	**19 Jahre alt, 8 Jahre Zuchthaus**
Gerhard Büttner,	**16 Jahre alt, 6 Jahre Zuchthaus**
Gottfried Karg,	**18 Jahre alt, 5 Jahre Zuchthaus**
Siegfried Müller,	**19 Jahre alt, 5 Jahre Zuchthaus**
Günter Fritzsche,	**17 Jahre alt, 7 Jahre Zuchthaus**
Gudrun Pleier,	**17 Jahre alt, 2 Jahre Zuchthaus**
Edgar Göldner,	**17 Jahre alt, 2 Jahre Zuchthaus**
Manfred Stets,	**24 Jahre alt, 3 Jahre Zuchthaus**
Günther Kahler,	**18 Jahre alt, 3 Jahre Zuchthaus**
Anneliese Stets,	**25 Jahre alt, 2 Jahre Zuchthaus**
Wolfram Schürer,	**18 Jahre alt, 2 Jahre Zuchthaus**
Walter Daßler,	**31 Jahre alt, 5 Jahre Zuchthaus**

Die Haltung der Jugendlichen war tapfer, mutig und stolz. Einige der Jugendlichen nannten den Staatsanwalt Piehl des öfteren einen Lügner. Besonders bravourös war die Haltung von Joachim Gäbler, der wörtlich sagte: „Ich bin stolz darauf, daß ich für die Freiheit gekämpft habe." Jeder versuchte den anderen so wenig wie nur möglich zu belasten.

Fritzsches Vater wurde von den Faschisten im KZ ermordet. Die OdF-Rente, die die Mutter bis dahin erhielt, entzog man ihr sofort nach der Verhaftung des Sohnes.

Der Vater von Schürer wurde im SED-KZ ermordet.

Ein zweiter Prozeß gegen 15 weitere Schüler aus Werdau, Zwickau und Umgebung und eine noch nicht festzustellende Zahl von Wismutarbeitern steht noch bevor.

Wir fordern die Kampfgruppe gegen Unmenschlichkeit auf: Setzt Euch mit allen Euch zur Verfügung stehenden Mitteln für die Befreiung der tapferen Widerstandskämpfer ein, macht davon die von der SED propagierten Wahlen abhängig. Der Rundfunk soll Euch eine ausreichende Sendezeit zur Verfügung stellen. Tretet mit der Bundesregierung in Verbindung.

Kein Tag darf vergehen, an dem nicht über dieses Schandurteil gesprochen wird!"

Herr Pieck, ist das Ihre Amnestie?

Rückseite eines Flugblattes der KgU, mit dem gegen die Verurteilung der Werdauer Jugendlichen protestiert wurde. Auch die bundesdeutsche Presse berichtete ausführlich über den Prozess. Die erwähnte Anneliese Stets war in Wirklichkeit erst 16 Jahre alt.

Archiv Bundesstiftung Aufarbeitung, Nachlass Achim Beyer

Anordnungen für den Empfänger

Untersuchungs- oder Strafgefangene dürfen innerhalb von 4 Wochen nur einmal Post empfangen, die in deutlicher Blockschrift geschrieben sein muß und nicht mehr als 15 Zeilen umfassen darf. Fotos, Bilder und dgl. sind nicht beizulegen. Bei Nichtbeachtung der Anordnung wird Post nicht ausgehändigt. Es wird ersucht, Rückporto beizufügen.

DDR Strafvollzugsanstalt Torgau I/5, den [illegible] VIII. 52

Meine lieben Eltern, Liebste Anne! Nun bin ich doch von Waldheim weggekommen. Hier gefällt es mir etwas besser. Leider habe ich jetzt keine Arbeit. Kann aber noch werden. – Hoffentlich kommt bald das Paket, ich warte so darauf. Schickt nur recht nahrhafte Sachen! – Nun an Vati die herzlichsten Geburtstagsgrüsse. Hoffen wir auf baldiges Wiedersehen! Bis dahin viel Gesundheit + Kopf hoch! Wie geht es Vati? Für Anne recht frohe Ferientage, gute Erholung. Ob sie mich einmal besuchen will? Ich hätte es gern. Rose recht baldige Besserung ihrer Gesundheit. An Rose-Lore + ihre Mutti vielen Dank für ihre Grüße, herzliche Erwiderung. In Gedanken bin ich immer bei Euch allen. Es freut mich, daß auch ich nicht vergessen bin. Recht herzliche Grüße allen Bek. + Verwandten. In alter Frische.

Euer Achim.

Wenige Tage nach der Verlegung aus Waldheim schrieb Achim Beyer an seine Eltern. Der Brief ist sichtbar zensiert. Torgau, 21. Juli 1952. (Datum erschlossen. Der Brief trägt den Poststempel 1. August 1952.)

Archiv Bundesstiftung Aufarbeitung, Nachlass Achim Beyer

BERND ENGLERT

Privatbesitz Bernd Englert

▌ 1944 wurde Bernd Englert in Meiningen geboren.

▌ 1958, nach Abschluss der Schule, begann Bernd Englert eine Lehre als Lokschlosser beim Reichsbahnausbesserungswerk (RAW) in Meiningen.

▌ Er war vorübergehend Mitglied der Freien Deutschen Jugend (FDJ), nahm allerdings nur selten an deren Aktivitäten teil.

▌ Am 31. August 1961 legte er die Facharbeiterprüfung ab und begann danach eine Tätigkeit als Schlosser beim Theater in Meiningen. Er hatte eine ablehnende Haltung gegenüber dem SED-Regime entwickelt und kritisierte den Bau der Berliner Mauer.

▌ Am 16. September 1961, dem Vortag der Volkswahl (Kommunalwahl), stellte Bernd Englert mit zwei befreundeten Jugendlichen Flugblätter mit der Aufschrift »Wer Ulbricht wählt, wählt den Untergang des Volkes« her. Bei der Verteilung wurden Englerts Freunde von einem Volkspolizisten beobachtet und festgenommen. Am folgenden Tag wurde auch Bernd Englert verhaftet und in die Untersuchungshaftanstalt Meiningen überstellt.

▌ Am 13. Oktober 1961 verurteilte der 1. Strafsenat des Bezirksgerichts Suhl in Meiningen den 17-jährigen Bernd Englert wegen »staatsgefährdender Propaganda und Hetze« zu einer Gefängnisstrafe von zwei Jahren und sechs Monaten. Seine mitangeklagten Freunde wurden ebenfalls zu zwei Jahren und sechs Monaten bzw. zu drei Jahren Gefängnis verurteilt.

▌ Am 18. November 1961 wurde Bernd Englert in das Jugendgefängnis (»Jugendhaus«) Torgau verlegt. Als Facharbeiter wurde er bei der Montage von technischen Geräten für die Maschinenfabrik Wurzen eingesetzt. Kurzzeitig arbeitete er auch in der Taucherei unter gesundheitsgefährdenden Umständen.

▌ Am 17. September 1962 lehnte das Bezirksgericht Suhl ein Gesuch seines Vaters auf Aussetzung der Strafe ab.

▌ Am 14. Mai 1963 wurde Bernd Englert vorzeitig aus dem Jugendhaus Torgau entlassen. Die Reststrafe wurde mit einer Bewährungszeit von zwei Jahren ausgesetzt. Bernd Englert konnte an seinen vorherigen Arbeitsplatz am Theater Meiningen zurückkehren, wo er bis zum Ruhestand tätig war.

▌ Am 19. November 1991 wurde Bernd Englert vom Bezirksgericht Meiningen rehabilitiert.

BStU
000256

Wer ULBRICHT
wählt
wahlt den
Untergang
des Volkes

Mit Stempeln aus einem Druckkasten gefertigtes Flugblatt. Das MfS stellte 128 Exemplare sicher. Meiningen, 16. September 1961.
BStU

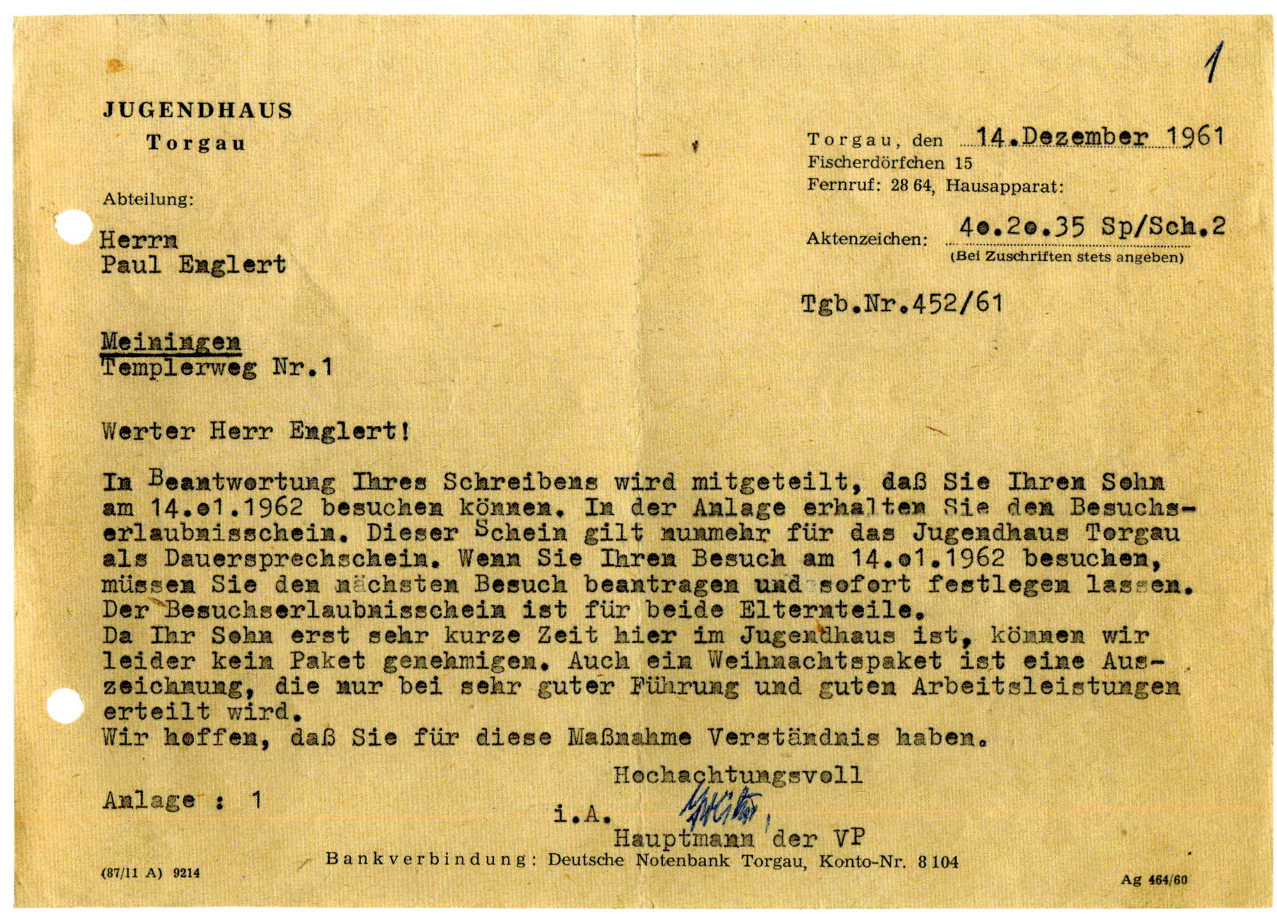

1

JUGENDHAUS
Torgau

Torgau, den 14.Dezember 1961
Fischerdörfchen 15
Fernruf: 28 64, Hausapparat:

Abteilung:

Aktenzeichen: 4o.2o.35 Sp/Sch.2
(Bei Zuschriften stets angeben)

Tgb.Nr.452/61

Herrn
Paul Englert

Meiningen
Templerweg Nr.1

Werter Herr Englert!

In Beantwortung Ihres Schreibens wird mitgeteilt, daß Sie Ihren Sohn am 14.o1.1962 besuchen können. In der Anlage erhalten Sie den Besuchserlaubnisschein. Dieser Schein gilt nunmehr für das Jugendhaus Torgau als Dauersprechschein. Wenn Sie Ihren Besuch am 14.o1.1962 besuchen, müssen Sie den nächsten Besuch beantragen und sofort festlegen lassen. Der Besuchserlaubnisschein ist für beide Elternteile.
Da Ihr Sohn erst sehr kurze Zeit hier im Jugendhaus ist, können wir leider kein Paket genehmigen. Auch ein Weihnachtspaket ist eine Auszeichnung, die nur bei sehr guter Führung und guten Arbeitsleistungen erteilt wird.
Wir hoffen, daß Sie für diese Maßnahme Verständnis haben.

Hochachtungsvoll
i.A.
Hauptmann der VP

Anlage : 1

(87/11 A) 9214
Bankverbindung: Deutsche Notenbank Torgau, Konto-Nr. 8 104
Ag 464/60

Der Empfang von Besuch und von Paketen im Jugendgefängnis war streng reglementiert. Torgau, 14. Dezember 1961.
Privatbesitz Bernd Englert

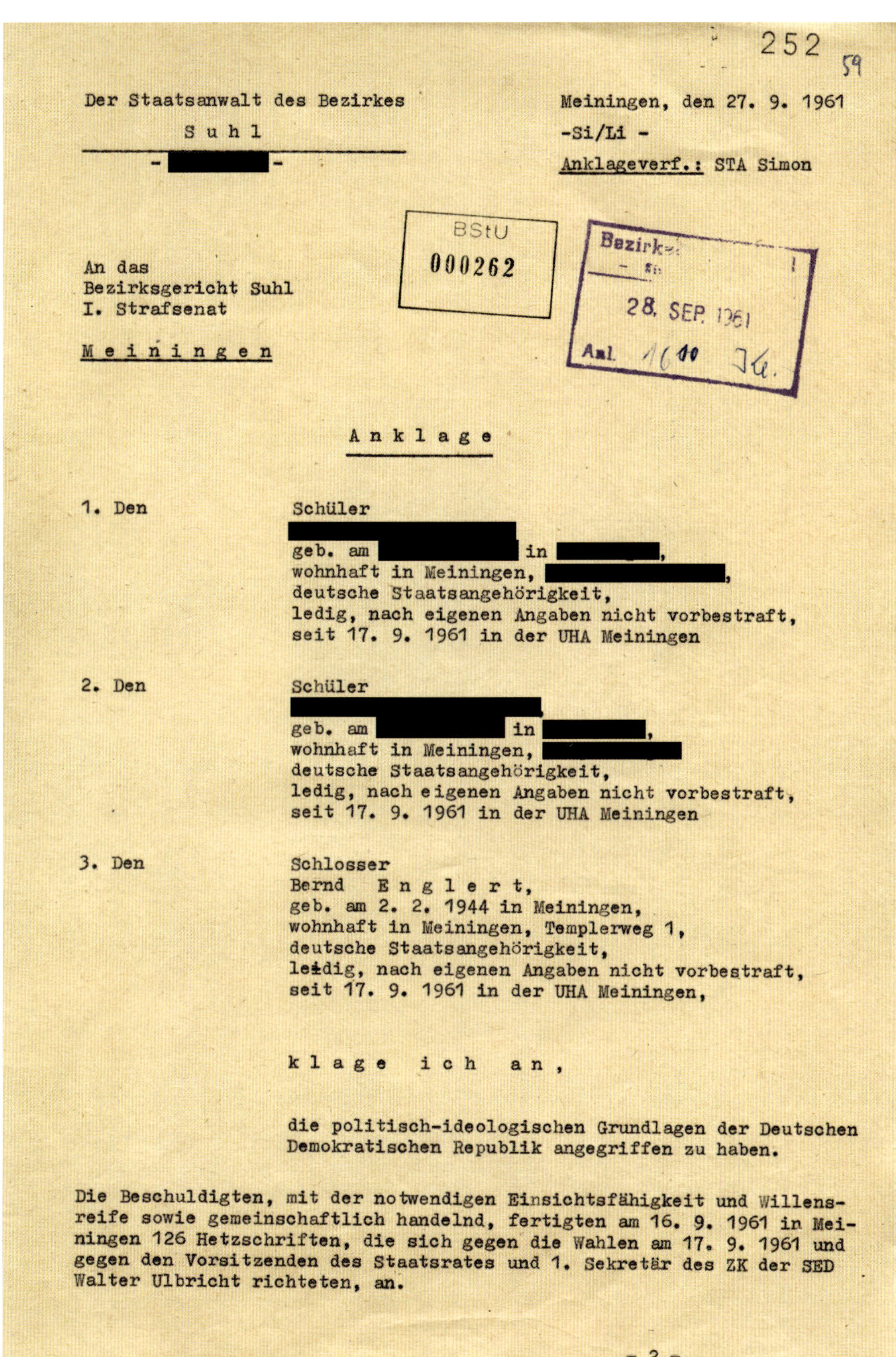

252

59

Der Staatsanwalt des Bezirkes
Suhl
- ███ -

Meiningen, den 27. 9. 1961
-Si/Li -
Anklageverf.: STA Simon

BStU
000262

Bezirk...
28. SEP 1961
Anl. 1(10 Ja.

An das
Bezirksgericht Suhl
I. Strafsenat

Meiningen

Anklage

1. Den Schüler
███
geb. am ███ in ███,
wohnhaft in Meiningen, ███,
deutsche Staatsangehörigkeit,
ledig, nach eigenen Angaben nicht vorbestraft,
seit 17. 9. 1961 in der UHA Meiningen

2. Den Schüler
███
geb. am ███ in ███,
wohnhaft in Meiningen, ███
deutsche Staatsangehörigkeit,
ledig, nach eigenen Angaben nicht vorbestraft,
seit 17. 9. 1961 in der UHA Meiningen

3. Den Schlosser
Bernd Englert,
geb. am 2. 2. 1944 in Meiningen,
wohnhaft in Meiningen, Templerweg 1,
deutsche Staatsangehörigkeit,
ledig, nach eigenen Angaben nicht vorbestraft,
seit 17. 9. 1961 in der UHA Meiningen,

klage ich an,

die politisch-ideologischen Grundlagen der Deutschen Demokratischen Republik angegriffen zu haben.

Die Beschuldigten, mit der notwendigen Einsichtsfähigkeit und Willensreife sowie gemeinschaftlich handelnd, fertigten am 16. 9. 1961 in Meiningen 126 Hetzschriften, die sich gegen die Wahlen am 17. 9. 1961 und gegen den Vorsitzenden des Staatsrates und 1. Sekretär des ZK der SED Walter Ulbricht richteten, an.

- 2 -

Auszüge aus der Anklageschrift gegen Bernd Englert und seine Freunde. Ihre Tat wurde als Folge der Beeinflussung durch westdeutsche Medien dargestellt. Meiningen, 27. September 1961.
BStU

- 3 -

BStU 000264 61 254

Die von den genannten Rundfunkstationen verbreitete Hetze wurde von ihnen aufgenommen und verwirrte ihre Einstellung zu unserem Arbeiter-und-Bauern-Staat derart, daß sie beschlossen, feindliche Handlungen durchzuführen. Sie organisierten sich nicht in der FDJ und sofern die geschah, beteiligten sie sich nicht oder nur unregelmäßig an den Veranstaltungen. Der Hetze der westdeutschen Imperialisten folgend, berieten sie am Vorabend der Wahlen darüber, wie sie durch Handlungen Teile der Bevölkerung der Stadt Meiningen von der Wahl abhalten können. Am 15. 9. 1961 machte zunächst der Beschuldigte ███ dem Beschuldigten Englert den Vorschlag, Flugblätter mittels eines Ballons zu verteilen. Der Beschuldigte ███, der hiervon unterrichtet wurde, wies jedoch daraufhin, daß eine Verbreitung von Flugblättern mittels Ballon kaum möglich ist. Auf Vorschlag des Beschuldigten ███ wurde am 17. 9. 1961 festgelegt, mittels Druckkästen, die die Beschuldigten ███ und ███ besaßen, Flugblätter mit einer Hetzlosung anzufertigen und noch am gleichen Abend vor Beginn des Fackelzuges in der Stadt Meiningen zu verteilen. In Verwirklichung ihres Planes kauften die Beschuldigten ███ und ███ 2 Zeichenblöcke, die von allen 3 Beschuldigten finanziert wurden. Sie begaben sich zur Werra, in der Nähe der Einmündung der Helba. Dort wurde man sich auch über den Text der Hetzlosungen, der von ███ und ███ festgehalten wurde, einig. Die beiden Beschuldigten druckten auch die Flugblätter, während der Beschuldigten Englert mit Hilfe eines Hirschfängers des Beschuldigten ███ aus den Zeichenblöcken 128 Zettel schnitt und den beiden übergab. Bei ihrer Arbeit trugen die Beschuldigten Handschuhe, um Fingerabdrücke zu vermeiden. Sie glaubten mit dieser Maßnahme sich der strafrechtlichen Verantwortlichkeit entziehen zu können. Nach der Anfertigung von insgesamt 126 Hetzflugblättern, sonderte sich der Beschuldigte Englert ab und begab sich zum Tanz in das Volkshaus. Die Beschuldigten ███ und ███ gingen zunächst nach Hause und begaben sich anschließend gemeinsam in die Stadt, wo sie, wie besprochen, vor Beginn des Fackelzuges mit der Verbreitung der Flugblätter begannen. Sie wurden hierbei vor den Volkselichtspielen gestellt und den staatlichen Organen übergeben.

Die Beschuldigten bringen in ihren Vernehmungen unumwunden zum Ausdruck, daß sie aus gegnerischer Einstellung zu unserem Arbeiter-und-Bauern-Staat handelten, daß sie kein Vertrauen zu den Partei- und Staatsfunktionären besitzen und mit der Anfertigung und Verbreitung der Hetzblätter, die den Vorsitzenden des Staatsrates Walter Ulbricht verunglimpfen, Teile der Bevölkerung im Gegensatz zu unserer Regierung ~~zu~~ bringen sowie verhindern wollten, daß Bürger von ihrem Wahlrecht ~~keinen~~ Gebrauch machen. Sie stellten sich damit in den Dienst der westdeutschen Imperialisten und erfüllten mit ihren verbrecherischen Handlungen den Tatbestand des § 19, Abs. 1, Ziff. 2 StEG. Entsprechend ihrer bisherigen Entwicklung besitzen sie die notwendige Einsichtsfähigkeit, ihr verbrecherisches Verhalten zu erkennen. Die Voraussetzungen des § 4 als Grundlage der strafrechtlichen Verantwortlichkeit Jugendlicher sind gegeben. Alle drei handelten auf Grund eines einheitlichen gemeinsamen gefaßten Entschlusses.

Die Beschuldigten wurden ein Opfer der psychologischen Kriegsführung der westdeutschen Militaristen und Revanchisten, die besonders auf die ideologische Beeinflussung unserer Jugend abzielt. Dazu dient besonders der Rundfunk, das Fernsehen, der Film, die Presse sowie die Schundliteratur. Mit Hilfe dieser Propagandamittel wird versucht, unsere Jugend gegen die sozialistische Entwicklung aufzuhetzen und der Individualismus sowie die Dekadenz-Literatur Kunst und Musik wird propagiert, um unsere jungen Menschen vom sozialistischen Gemeinschaftsleben abzuhalten und sie moralisch zu verseuchen.

- 4 -

Staatsanwalt des Bezirkes Suhl
Sitz Meiningen

Meiningen, den 16. 11. 1962
Karl-Marx-Straße 7a
Fernruf 2845/2846

Gesch.-Nr. I 167/61
(Bei Rückantwort obige Gesch.-Nr. angeben)

De/H

Herrn
Paul Englert

Meiningen
Templerweg 1

Betr.: Ihr Gnadengesuch für Ihren Sohn vom 1o. 11. 1962

Ich habe einen Führungsbericht vom Jugendhaus in Torgau angefordert. Inwieweit Ihrem Antrag stattgegeben werden kann, werde ich aus dem Führungsbericht ersehen. Von der Freiheitsstrafe ist jetzt etwa 1 Jahr und 2 Monate verbüßt.

Zu Ihrem Schreiben darf ich Ihnen aber noch etwas sagen.
Ich stimme mit Ihnen vollkommen überein, daß wir auch in unserer Jugend manchen Streich ausgeheckt und unbefangen mitgemacht haben. Ich bin selbst alt genug und habe erwachsene Kinder und kann das richtig einschätzen. Ein Junge, der auch einmal einen Streich mitmacht, steht auch mit beiden Beinen in der Welt und wird sich auch behaupten können. Duckmäuser liebe ich nicht. Ich liebe unsere Jugend und meine Aufgabe besteht auch darin, unseren Staat vor jedem Angriff zu schützen, weil noch kein Staat in Deutschland soviel für unsere Jugend und die Erhaltung des Friedens getan hat, wie unserer Arbeiter-und-Bauern-Staat.
Die strafbare Handlung, die Ihr Sohn mit seinen zwei Komplicen getan hat, sind keine Dummen-Jungen-Streiche, sondern waren am Vorabend der Wahl ein Angriff auf die Grundlage unseres Staates. Es waren wohl überlegte Angriffe auf die Funktionäre unseres Staates, die sich Zeit ihres Lebens für die Erhaltung des Friedens eingesetzt haben. Das sind keine Dummen-Jungen-Streiche, sondern von einem Oberschüler muß man hier mehr erwarten.

Ich weiß, daß bei Inhaftierungen und Bestrafungen von Jugendlichen die Eltern mit schwer betroffen werden. Aber andererseits kann man die Eltern nicht ganz freisprechen, weil die entstandenen Folgen mit auf Erziehungsfehler zurückzuführen sind.

Ich habe mir erlaubt, Ihnen meine Meinung zu Ihrem Brief darzulegen. Das ändert aber nichts daran, daß ich die Voraussetzungen für eine

DZI 1794-E-V2-11-S604-62

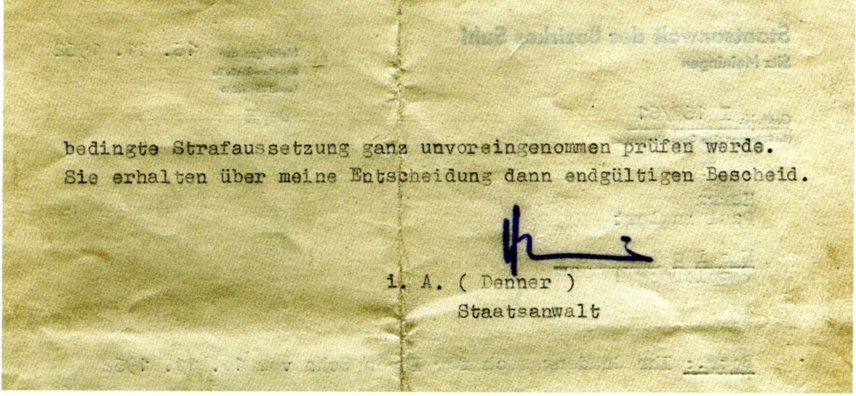

bedingte Strafaussetzung ganz unvoreingenommen prüfen werde.
Sie erhalten über meine Entscheidung dann endgültigen Bescheid.

i. A. (Denner)
Staatsanwalt

Der Staatsanwalt warf dem Vater Bernd Englerts, der ein Gnadengesuch gestellt hatte, Erziehungsfehler vor. In der Verbreitung der Flugblätter sah er einen Angriff auf die Grundlagen der DDR. Suhl, 16. November 1962.
Privatbesitz Bernd Englert

HERMANN FLADE

Ullstein-Bilderdienst Berlin

▮ 1932 wurde Hermann Flade in Würzburg geboren. Er wuchs in Olbernhau (Erzgebirge) und Dresden auf und wurde im katholischen Glauben erzogen.

▮ Ab 1942 besuchte Hermann Flade der Oberschule in Olbernhau. Im selben Jahr wurde er in das Deutsche Jungvolk übernommen. Er verließ diese Organisation der nationalsozialistischen Hitlerjugend (HJ) bereits zwei Jahre später wieder.

▮ 1949/50 arbeitete er als Hauer im Uranbergbau bei der Sowjetischen Aktiengesellschaft (SAG) Wismut in Marienberg.

▮ 1950 kehrte Hermann Flade an die Oberschule in Olbernhau zurück. Er trat der FDJ bei. Mit dem katholischen Pfarrer Arthur Langer diskutierte er über die Missstände in der DDR.

▮ Vom 10. bis zum 14. Oktober 1950 verbreitete Hermann Flade in Olbernhau 186 Flugblätter, die er mit einem Druckkasten hergestellt hatte. Darin kritisierte er das SED-Regime sowie die Tatsache, dass die Wahlberechtigten bei der bevorstehenden ersten Volkskammerwahl am 15. Oktober 1950 nur einer Einheitsliste (»Nationale Front«) zustimmen konnten. Andere Kandidaten waren nicht zugelassen.

▮ In der Nacht vom 15. Oktober 1950 wurde er von einer Zivilstreife der Volkspolizei gestellt. Er wehrte sich gegen die Festnahme und verletzte im Handgemenge einen Volkspolizisten mit einem Taschenmesser. Hermann Flade konnte entkommen.

▮ Am 17. Oktober 1950 wurde Hermann Flade verhaftet. Nachdem ihm der Untersuchungsrichter eröffnet hatte, seine Eltern und seine Großmutter seien ebenfalls festgenommen, legte Flade ein Geständnis ab. Vernehmungen durch das MfS unter Anwendung von Gewalt schlossen sich an.

▮ Am 10. Januar 1951 verurteilte das Landgericht Dresden Flade nach Artikel 6 der Verfassung der DDR wegen »Boykotthetze«, wegen Widerstands gegen Vollstreckungsbeamte und versuchten Mordes zum Tode. Der Schauprozess im »Tivoli« in Olbernhau wurde über Lautsprecher auf den Vorplatz und im Rundfunk übertragen.

▮ Am 29. Januar 1951 wurde das Todesurteil nach massiven Protesten in der Bundesrepublik und in der DDR aufgehoben. Hermann Flade wurde im Revisionsverfahren zu 15 Jahren Zuchthaus verurteilt.

▮ Am 30. März 1951 erfolgte Flades Verlegung aus der Untersuchungshaftanstalt Zwickau nach Bautzen.

▮ Am 7. Mai 1951 wurde er in die Strafvollzugsanstalt Torgau verlegt. Hier verbrachte er fast drei Jahre in Einzelhaft.

▮ Am 22. Dezember 1955 wurde Flade wegen einer schweren Tuberkuloseerkrankung in das Haftkrankenhaus in der Strafvollzugsanstalt Waldheim überwiesen. Nach seiner Genesung arbeitete er dort als Hilfspfleger.

▮ Im November 1960 erfolgte Flades Entlassung im Rahmen einer Amnestie. Er siedelte in die Bundesrepublik über.

▮ 1967 schloss er das Studium der Politischen Wissenschaften mit der Promotion ab. Als Wissenschaftlicher Mitarbeiter am Gesamtdeutschen Institut in Bonn war er für Jugend- und Kulturpolitik in der DDR zuständig.

▮ Am 16. Mai 1980 starb Hermann Flade in Bonn an den Spätfolgen der Haft.

Volkspolizeipräsidium Chemnitz
— Abteilung K —

Chemnitz, 15. Oktober 1950

Mordversuch
an einem
Volkspolizisten
5000 DM Belohnung

In der Nacht vom 14. zum 15. Oktober 1950 gegen 0.45 Uhr wurde in Olbernhau auf dem Tempelweg in Höhe des Hausgrundstückes Nr. 2 ein Volkspolizeiangestellter in Ausübung seines Dienstes (Ausweiskontrolle) von dem zu Kontrollierenden angegriffen und durch mehrere Messerstiche in den Rücken schwer verletzt.

Der Täter wird wie folgt beschrieben:

Personenbeschreibung: Etwa 18–25 Jahre alt, 1,70 m groß, kräftige Gestalt, längliches Gesicht, dunkles, glatt nach hinten gekämmtes Haar, dunkle, vermutlich braune Augen

Bekleidung: Der Unbekannte trug keine Kopfbedeckung und war mit einer dunkelgrünen Jacke bekleidet, auf der außer den Seitentaschen schräge Taschen aufgenäht sind. Er trug weiterhin eine lange Hose, deren Farbe nicht erkannt wurde. Er führte ferner eine rote Brieftasche bei sich.

Die Bevölkerung wird gebeten, auf folgendes zu achten:

1. Wer kennt Personen, auf die die angegebene Beschreibung zutrifft?
2. Wer hat in der Nacht vom 14. zum 15. Oktober 1950 eine solche Person beobachtet?
3. Der Täter ist durch Abwehrbewegungen am Kopf verletzt. Es besteht die Möglichkeit, daß die Bekleidung durch den Kampf beschmutzt ist. Wer hat diesbezügliche Wahrnehmungen gemacht?
4. Wo ist eine solche beschriebene Person abgängig?

Für sachdienliche Mitteilungen, die zur Ermittlung des Täters führen, hat der Generalstaatsanwalt im Land Sachsen eine

Belohnung in Höhe von 5000 DM

ausgesetzt.

Die Belohnung ist ausschl. für Personen der Bevölkerung und nicht für Angestellte des öffentlichen Dienstes bestimmt, zu deren Amtspflichten die Verfolgung strafbarer Handlungen gehört. Zuerkennung und Verteilung der Belohnung erfolgt unter Ausschluß des Rechtsweges durch die Generalstaatsanwaltschaft im Land Sachsen.

Volkspolizeipräsidium Chemnitz
Mordkommission

Generalstaatsanwalt im Land Sachsen
Hentschel

Die Verletzung eines Volkspolizisten bei seiner Festnahme wurde Hermann Flade als Mordversuch angelastet. Fahndungsplakat, Chemnitz, 15. Oktober 1950.
BStU

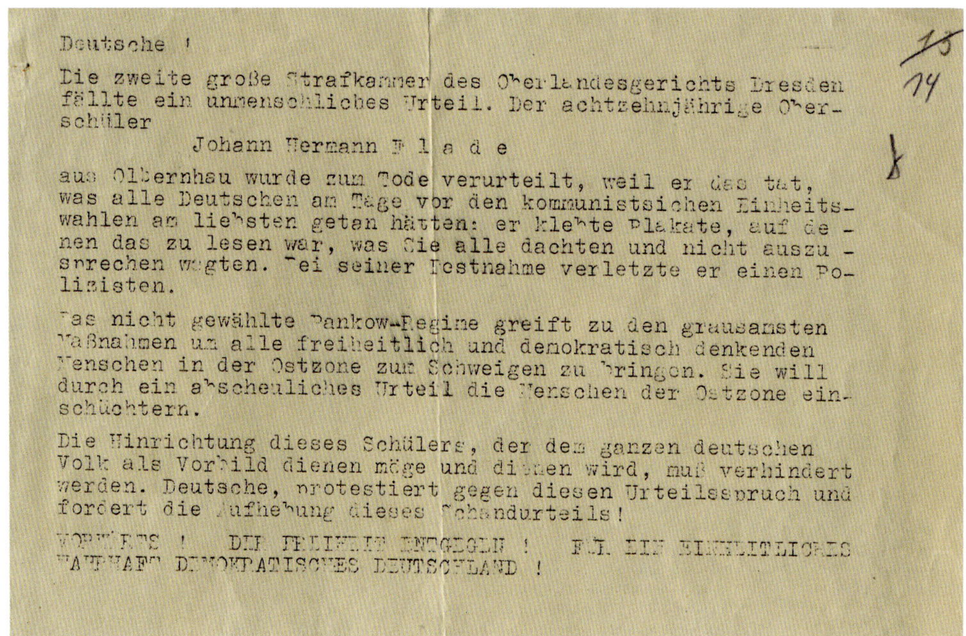

Deutsche !

Die zweite große Strafkammer des Oberlandesgerichts Dresden fällte ein unmenschliches Urteil. Der achtzehnjährige Oberschüler

Johann Hermann F l a d e

aus Olbernhau wurde zum Tode verurteilt, weil er das tat, was alle Deutschen am Tage vor den kommunistsichen Einheitswahlen am liebsten getan hätten: er klebte Plakate, auf denen das zu lesen war, was Sie alle dachten und nicht auszusprechen wagten. Bei seiner Festnahme verletzte er einen Polizisten.

Das nicht gewählte Pankow-Regime greift zu den grausamsten Maßnahmen um alle freiheitlich und demokratisch denkenden Menschen in der Ostzone zum Schweigen zu bringen. Sie will durch ein abscheuliches Urteil die Menschen der Ostzone einschüchtern.

Die Hinrichtung dieses Schülers, der dem ganzen deutschen Volk als Vorbild dienen möge und dienen wird, muß verhindert werden. Deutsche, protestiert gegen diesen Urteilsspruch und fordert die Aufhebung dieses Schandurteils!

VORWÄRTS ! DER FREIHEIT ENTGEGEN ! FÜR EIN EINHEITLICHES WAHRHAFT DEMOKRATISCHES DEUTSCHLAND !

Mit Wandparolen und selbstverfassten Flugblättern protestierte die Gruppe »Werdauer Oberschüler« gegen die Verurteilung Hermann Flades zum Tode. Sie hatten sich ebenfalls gegen die erste Volkskammerwahl 1950 gewandt.

Archiv Bundesstiftung Aufarbeitung, Nachlass Achim Beyer

Nr. 72

2972 ERLANGEN/2 24 19 1515 =

LANDESGERICHT DRESDEN =

Dresden

IM NAMEN DER EUROPAEISCHEN JUGEND PROTESTIEREN WIR GEGEN DAS TOTESURTEIL AN FLADE UND BITTEN UM MILDERUNG DES URTEILS. =

BUND EUROPAEISCHER JUGEND ERLANGEN +

UM MILDERUNG DES URTEILS. +

Viele Einzelpersonen und Organisationen forderten die Aufhebung des Todesurteils gegen Hermann Flade. Telegramm des Bundes Europäischer Jugend, Erlangen, 19. Januar 1951.

BStU

Beglaubigte Abschrift

V/V

99

GStA ~~IV~~ 15/51
21 ERKs 7/51

Rechtskräftig geworden am 29.1.51
Grohbach, Jhg.

U r t e i l

I m N a m e n d e s V o l k e s !

In der Strafsache
gegen

BStU
000140

den Oberschüler

Hermann Josef F l a d e ,

wohnhaft in Olbernhau/Erzgeb., Töpfergasse 5

Angeklagten,

wegen Verbrechens nach Artikel 6, 144 der Verfassung der Deutschen Demokratischen Republik in Verb.mit § 1, 14 StGB, Abschnitt II Art. III A III der KRDirektive 38, § 211 StGB in Verb.mit § 43 StGB, sowie Vergehens nach § 113 in Verb. mit § 73 StGB

– Akten: (22) 2 gr. 17/50 LG Dresden
StKs 28/50

hat

auf die Revision des Angeklagten gegen das Urteil der 22. gr. Strafkammer des Landgerichts Dresden vom 10. Januar 1951

der 21. Strafsenat des Oberlandesgerichts Dresden in der Sitzung vom 29. Januar 1951, an der teilgenommen haben:

Oberlandesgerichtspräsident Pogorschelsky
als Vorsitzender
Dr. Scheerer, Richter beim Oberlandesgericht,
Ludwig, Amtsrichter
als Beisitzer,
Kern, Staatsanwalt
als Vertreter der Staatsanwaltschaft,
Dr. Graul, Referendar
als Schriftführer,

für Recht erkannt:

Auf die Revision des Angeklagten wird das angefochtene Urteil im Strafausspruch

a u f g e h o b e n

und der Angeklagte Flade zu

15 -fünfzehn- Jahren Zuchthaus

unter Verhängung der obligatorischen Sühnemaßnahmen nach Artikel 9 Ziff. 3-9 KRDir. 38, davon die unter

Urteil des Revisionsverfahrens, in dem das Todesurteil gegen Hermann Flade in 15 Jahre Zuchthaus umgewandelt wurde. Oberlandesgericht Dresden, 29. Januar 1951.
BStU

MICHAEL GARTENSCHLÄGER

Privatbesitz Thomas Köckeritz

▌1944 wurde Michael Gartenschläger in Strausberg bei Berlin geboren.

▌Im September 1959, nach dem Schulabschluss, begann Michael Gartenschläger eine Lehre als Kfz-Schlosser in Strausberg.

▌Im April 1960 gründete er mit anderen Jugendlichen einen Fanclub des westdeutschen Rock 'n' Roll-Sängers Ted Herold. Der Fanclub wurde im Januar 1961 von der Volkspolizei verboten und aufgelöst.

▌Im August 1961 malte Michael Gartenschläger aus Protest gegen die Absperrung West-Berlins mit vier Freunden politische Parolen wie »SED – nee«, »Macht das Tor auf« oder »Freie Wahlen« an Mauern und Wände in Strausberg. Als Fanal setzten sie eine LPG-Feldscheune in Brand.

▌Am 19. August 1961 wurde Michael Gartenschläger verhaftet und anschließend in der MfS-Untersuchungshaftanstalt Frankfurt (Oder) verhört.

▌Vom 13. bis zum 15. September 1961 fand der Schauprozess vor dem 1. Strafsenat des Bezirksgerichts Frankfurt (Oder) im Kulturhaus der Nationalen Volksarmee in Strausberg statt. Wegen »Diversion im schweren Fall«, »staatsgefährdender Gewaltakte«, »staatsgefährdender Propaganda und Hetze im schweren Fall« wurden die Hauptangeklagten Michael Gartenschläger und Gerd Resag zu lebenslangen Zuchthausstrafen verurteilt. Die anderen Jugendlichen erhielten Haftstrafen zwischen sechs und 15 Jahren.

▌Im Oktober 1961 wurde Michael Gartenschläger nach Zwischenstationen in der MfS-Untersuchungshaftanstalt Berlin I (Lichtenberg, Magdalenenstraße) und der Strafvollzugsanstalt Brandenburg-Görden in die Strafvollzugsanstalt Torgau verlegt.

▌Anfang 1962 erfolgte seine Verlegung von Fort Zinna in das Jugendgefängnis (»Jugendhaus«) Torgau im Haftgebäude Fischerdörfchen. Dort wurde er zur Arbeit in der Anstaltsschlosserei herangezogen.

▌Am 24. August 1963 wurde Michael Gartenschläger nach einem Ausbruchsversuch wieder in die Strafvollzugsanstalt im Fort Zinna verbracht und in Einzelhaft gelegt. Er schloss seine Ausbildung zum Dreher mit der Facharbeiterprüfung ab.

▌Im Sommer 1965 wurde er nach erneutem Ausbruchsversuch in die Strafvollzugsanstalt Brandenburg überführt.

▌Am 5. Juni 1971 wurde Michael Gartenschläger nach Freikauf durch die Bundesregierung aus der Haft entlassen und in den Westen abgeschoben. Er lebte in Hamburg als Tankstellenpächter. Als nicht-kommerzieller Fluchthelfer ermöglichte er insgesamt 31 Menschen, darunter auch ehemaligen Häftlingen, die DDR zu verlassen.

▌Am 30. März 1976 demontierte Gartenschläger eine Splittermine (SM-70) an der innerdeutschen Grenze. In der Nacht zum 23. April gelang ihm das ein zweites Mal. Die Verwendung dieser Selbstschussanlagen hatte die DDR-Führung zuvor stets geleugnet.

▌In der Nacht vom 30. April 1976 wurde Michael Gartenschläger vor dem dritten Versuch, eines dieser Geräte zu demontieren, von einem Sondereinsatzkommando des MfS erwartet und erschossen.

Nach dem 13. August 1961 protestierten Michael Gartenschläger und seine Freunde mit Aufschriften gegen den Bau der Berliner Mauer. Tatortfoto der Volkspolizei.

BStU

Für den Schauprozess in Strausberg waren Michael Gartenschläger und die anderen Jugendlichen betont westlich eingekleidet worden.

Privatarchiv Lothar Lienicke

Torgau, den 30.5.62

Hiermit bestätige ich das ich Heute aus der Taucherei ein Eisensägeblatt ausbauen wollte. Das Sägeblatt wollte ich bei einer guten Gelegenheit für eine Flucht verwenden. Ich weiß das die beiden Jugendlichen die das gemeldet haben und alle anderen „Verräter" trotzdem von den Erziehern verachtet werden. Ausserdem hatte ich einen „Startschlüßel" ihn wollte ich nach geglückter Flucht aus dem Jugendhaus verwenden. Ich habe das geschrieben in dem glauben kein „Nachschlag" zu bekommen. An „Recht" in der Deutschen Demokratischen Republik kann ich nicht mehr glauben. Da der wegen Millionenfachen Mord und Kriegsverbrechern vom Oberstengericht der DDR Angeklagte „Oberländer" auch nur zu einer Lebenslangen-Zuchthausstrafe verurteilt worden ist. Da unsere Tat in keiner Weise mit „Oberländer" seine Tat zu vergleichen ist, bin ich und meine Tatgenossen mit der Höhe der Strafe nicht einverstanden. Da man uns bei der Staatssicherheit eine Strafe von „7 bis 10 Jahre" voraus-gesagt hatte und der Antrag des Staatsanwaltes Todesstrafe lautete, die Endgültige Strafe jedoch Lebenslang-Zuchthaus lautete kann man es mir nicht verübeln das ich an ein Recht nicht mehr glaube.

M. Gartenschläger

In der Niederschrift nach seinem Ausbruchsversuch aus der Haftanstalt erläuterte Michael Gartenschläger, dass er seine Strafe als ungerechtfertigt hoch empfand. Er führte den Fall des NS-belasteten Bundesministers für Vertriebene, Flüchtlinge und Kriegsgeschädigte Theodor Oberländer an, der in der DDR in Abwesenheit in einem Schauprozess als NS-Kriegsverbrecher zu lebenslanger Haft verurteilt worden war. Torgau, 30. Mai 1962.
BStU

Jugendhaus Torgau Torgau, den 16.08.1962

BStU 000029

Aktenvermerk

Am heutigen Tage wurde mit dem Jugendlichen Michael Gartenschläger durch den Leiter des Jugendhauses i.V. Gen. Obltn.d.VP Grießl, durch den Politstellv. Gen. Hptm. d.VP Grandt und durch den Leiter der Vollzugsgeschäftsstelle Gen. VP.-Meister Gehrt eine Aussrpache durchgeführt. Anlaß dieser Aussprache war das im Anhang verzeichnete Schreiben des Jugendlichen betreffs seiner Trennung von dem Jugendlichen ██████

Die Aussprache brachte folgendes Ergebnis:
Der Jugendliche Gartenschläger brachte zum Ausdruck, daß er niemals eine Meldung machen würde, wenn er erfahren würde, daß ██████ oder auch andere Jugendliche irgendwelche Maßnahmen wie Ausbruch usw. planen. Er begründete dies damit, daß er immer noch glaube, daß die Amerikaner ihn und die andern doch noch eines Tages befreien würden und dann würde er sich doch selbst den Ast absägen, auf dem er sitze.
In seinen ganzen Ausführungen und seiner Einstellung kam eine offene faschistische und reaktionäre Einstellung zum Ausdruck. Unter anderm glaubt er auch noch daran, daß der Start und die Landung der beiden Weltraumflieger eine Münchhausengeschichte sei. Er ist weiterhin fest davon überzeugt, daß der Amerikaner die stärkere Macht sei. Weiterhin hofft er immer noch, daß, wenn sich die Ernährungslage weiter verschlechtert, die Bevölkerung in der DDR einen Aufstand macht und Westdeut

land dann eingreifen würde. Für die tatsächlichen und realen Verhältnis bringt er keinerlei Verständnis auf. Er klammert sich mit aller Kraft an einzelne ihm genehme Fakten und will einfach nicht die Gesamtzusammenhänge sehen. Man muß den Eindruck gewinnen, daß der Jugendliche Gartenschläger trotz der zahlreichen mit ihm geführten Aussprachen unverändert auf seinem Standpunkt beharrt und überhaupt nicht gewillt ist, in seinem Denken eine Veränderung zu vollziehen. Alle gut gemeinten Ratschläge, alle ihm aufgezeigten realen Fakten über die Entwicklung in der Welt und in Deutschland prallen an seiner feindlichen und reaktionären Einstellung einfach ab.
Durch den Gen. Polit-Stellvertreter wurde ihm ein Buch über Buchenwald ausgehändigt, mit dem Hinweis, dieses aufmerksam zu studieren und seine Eindrücke persönlich dem Gen. Polit-Stellvertreter mitzuteilen.
Es wurde weiterhin entschieden, daß der Jugendliche Gartenschläger bis auf weiteres weiter in Einzelhaft verbleibt.

Leiter des Jugendhauses Torgau
i.V. -Oberleutnant der VP - (G r i e ß l)

BStU 000030

In der Haft entwickelte sich das jugendliche Aufbegehren Michael Gartenschlägers zu politischer Gegnerschaft. Die Anstaltsleitung bewertete dies als »faschistische und reaktionäre Einstellung«. Torgau, 16. August 1962.

BStU

DIETRICH GERLOFF

Privatbesitz Dietrich Gerloff

▮ 1936 wurde Dietrich Gerloff in Berlin-Lichterfelde geboren.

▮ 1955 begann er ein Lehramtsstudium an der Freien Universität in West-Berlin. Während des Studiums wohnte er als »Bildungsgrenzgänger« weiterhin in Ost-Berlin.

▮ Im selben Jahr übernahm Dietrich Gerloff die ehrenamtliche Leitung eines Kreises der Jungen Gemeinde in Berlin-Schmöckwitz (Ost-Berlin).

▮ Am 18. August 1961, wenige Tage nach dem Bau der Berliner Mauer, unternahm er mit der Jungen Gemeinde eine Tagesfahrt von Wolgast auf der MS Seebad Binz Richtung Bornholm (Dänemark). An Bord befanden sich auch Jugendliche der Evangelisch-Freikirchlichen Gemeinde aus Brandenburg (Havel).

▮ Wegen Wetterverschlechterung änderte der Kapitän den Kurs und entschied sich dafür, nur eine küstennahe Tour um die Insel Rügen zu fahren. Der Schmöckwitzer Jugendliche Jürgen Wiechert verfasste eine scherzhafte Bitte an den Kapitän, die Fahrt solle doch in Richtung Bornholm fortgesetzt werden. Dietrich Gerloff unterzeichnete den Zettel zusammen mit anderen.

▮ Die »Seebad Binz« nahm daraufhin sofort Verbindung zur Grenzpolizei auf und wurde von einem Boot der Deutschen Grenzpolizei nach Saßnitz geleitet. Dort wurden Dietrich Gerloff, Jürgen Wiechert und der größte Teil der beiden Jugendgruppen festgenommen.

▮ Nach einem ersten Verhör bis in die frühen Morgenstunden des nächsten Tages wurde er bis Ende Oktober 1961 in der MfS-Untersuchungshaftanstalt Rostock in Einzelhaft festgehalten.

▮ Bereits vier Tage nach dem Vorfall wurde der Prozess vor dem Bezirksgericht Rostock gegen insgesamt zwölf Angeklagte eröffnet.

▮ Bei der Urteilsverkündung am 26. August 1961 wurden Dietrich Gerloff und Jürgen Wiechert als »Rädelsführer« zu den höchsten Strafen verurteilt: acht Jahre Zuchthaus wegen »staatsgefährdender Propaganda und Hetze« sowie Nötigung. Der Staatsanwalt hatte fünf Jahre gefordert.

▮ Am 9. Februar 1962 wurde Dietrich Gerloff nach Zwischenstationen in der MfS-Untersuchungshaftanstalt Berlin I (Lichtenberg, Magdalenenstraße) und in der Strafvollzugsanstalt Berlin-Rummelsburg in die StVA Torgau eingeliefert.

▮ Am 23. September 1963 begnadigte ihn der Staatsratsvorsitzende Walter Ulbricht.

▮ Am 3. Oktober 1963 wurde Dietrich Gerloff aus Torgau entlassen. Er gehörte zu den ersten Häftlingen, die von der Bundesrepublik freigekauft wurden. Er konnte den Strafvollzug verlassen, musste aber in der DDR bleiben.

▮ Zunächst arbeitete er als Wissenschaftlicher Mitarbeiter bei der Evangelischen Kirche Deutschlands in Berlin-Weißensee, daneben leitete er weiterhin seine Jugendgruppe.

▮ Am 19. November 1966 durfte er gemeinsam mit seiner Mutter nach West-Berlin ausreisen.

▮ 1969 schloss er sein Studium ab. Nach dem Referendariat in Hamburg arbeitete er als Studienrat, bis zu seiner Pensionierung 1998 als Studiendirektor.

Seiner Majestät, dem Herrn Admiral auf SMS „Seebad Binz“ untertänigst übermittelt.

Im Anbetracht der guten Stimmung auf dem Oberdeck bitten 10 Berliner stellvertretend für die meisten Passagiere um Fortsetzung der Fahrt in Richtung Bornholm.

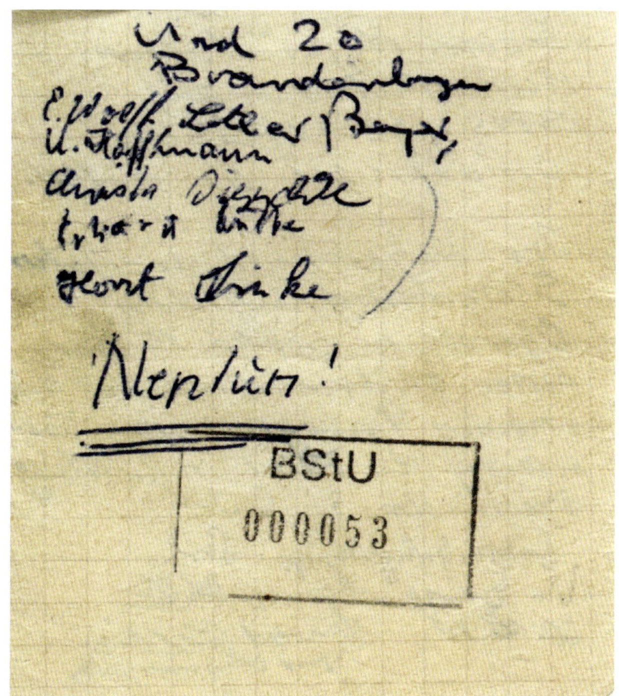

und 20 Brandenburger

Neptun!

BStU
000053

Eine scherzhafte »Bittschrift« brachte den Unterzeichnern in der politisch angespannten Atmosphäre um den Mauerbau ein Strafverfahren und Haft ein. 18. August 1961.

BStU

Dietrich Gerloff bei der Verhandlung vor dem Bezirksgericht Rostock. 22. August 1961.

Privatbesitz Jürgen Fensch

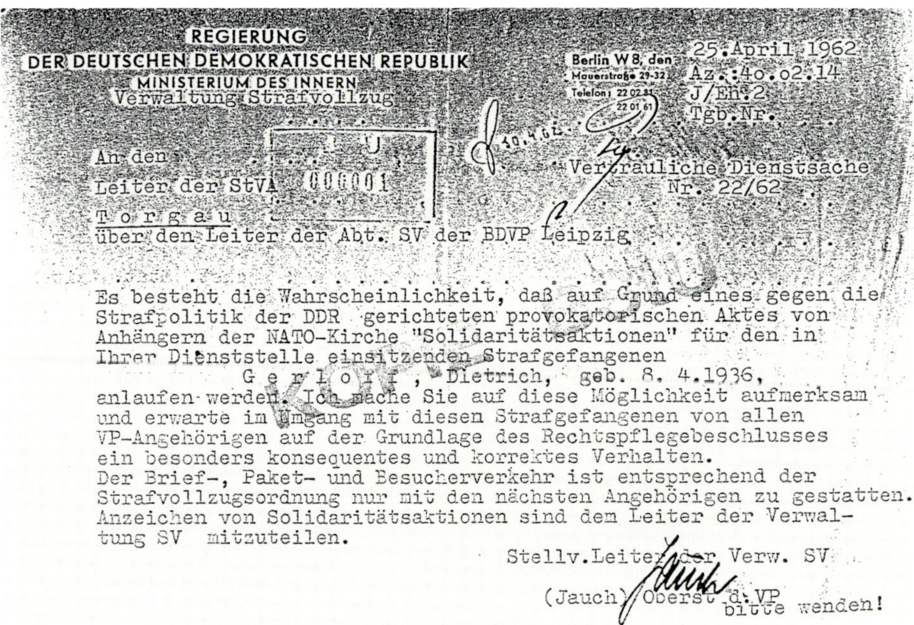

REGIERUNG
DER DEUTSCHEN DEMOKRATISCHEN REPUBLIK
MINISTERIUM DES INNERN
Verwaltung Strafvollzug

Berlin W 8, den 25. April 1962
Mauerstraße 29-32 Az.: 4o.o2.14
Telefon: 22 02 81 J/Eh.2
22 01 61 Tgb.Nr.

An den
Leiter der StVA
T o r g a u
über den Leiter der Abt. SV der BDVP Leipzig

Vertrauliche Dienstsache
Nr. 22/62

Es besteht die Wahrscheinlichkeit, daß auf Grund eines gegen die Strafpolitik der DDR gerichteten provokatorischen Aktes von Anhängern der NATO-Kirche "Solidaritätsaktionen" für den in Ihrer Dienststelle einsitzenden Strafgefangenen

G e r l o f f , Dietrich, geb. 8. 4.1936,

anlaufen werden. Ich mache Sie auf diese Möglichkeit aufmerksam und erwarte im Umgang mit diesen Strafgefangenen von allen VP-Angehörigen auf der Grundlage des Rechtspflegebeschlusses ein besonders konsequentes und korrektes Verhalten.
Der Brief-, Paket- und Besucherverkehr ist entsprechend der Strafvollzugsordnung nur mit den nächsten Angehörigen zu gestatten. Anzeichen von Solidaritätsaktionen sind dem Leiter der Verwaltung SV mitzuteilen.

Stellv. Leiter der Verw. SV

(Jauch) Oberst d. VP

bitte wenden!

Die Verwaltung Strafvollzug beim MdI der DDR befürchtete Solidaritätsaktionen zugunsten des Verurteilten Gerloff. Als »NATO-Kirche« galt die Evangelische Kirche in der Bundesrepublik, weil sie einen Seelsorgevertrag mit der Bundeswehr geschlossen hatte. Berlin, 25. April 1962.

BStU

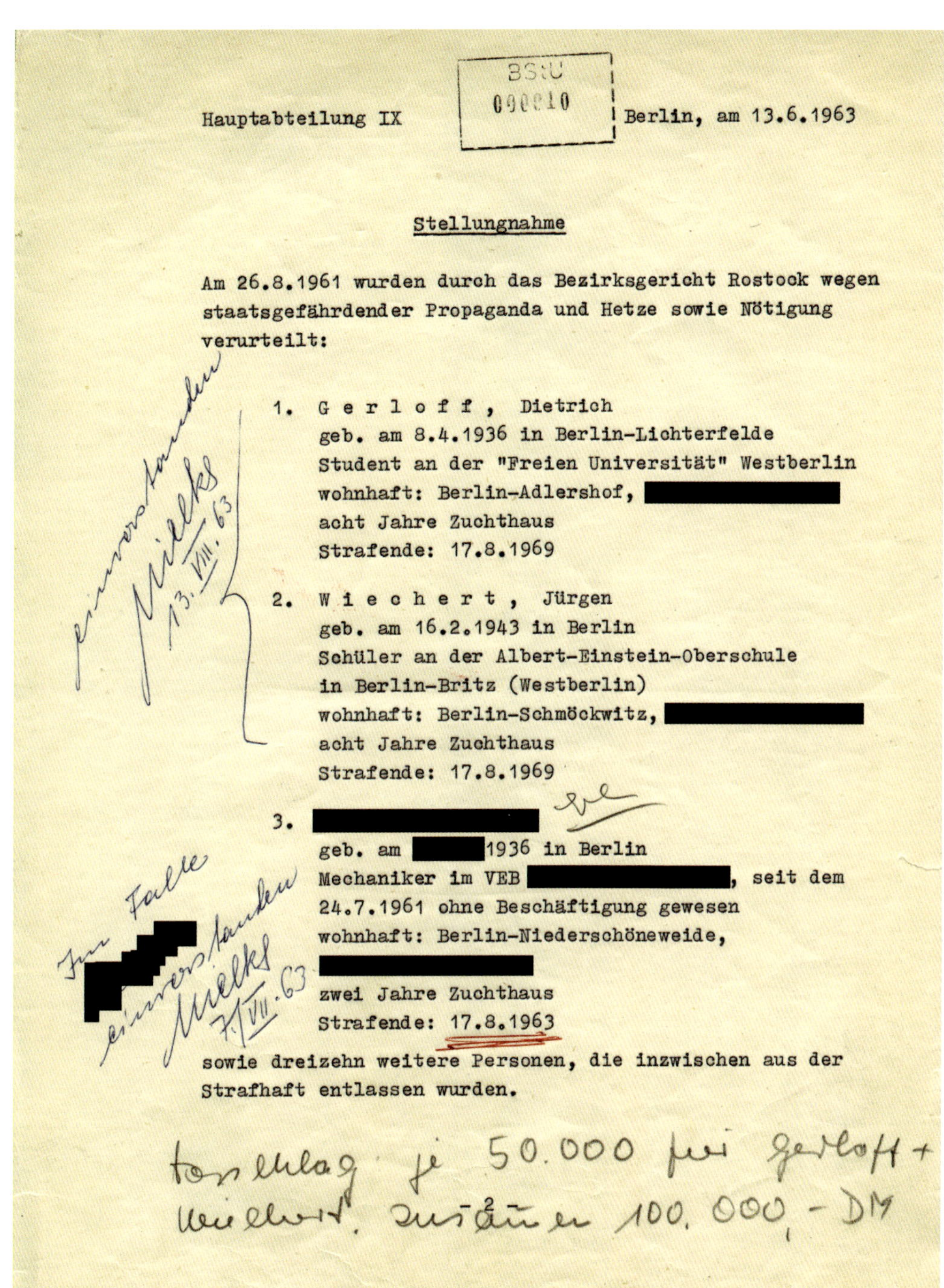

BStU 000010

Hauptabteilung IX

Berlin, am 13.6.1963

Stellungnahme

Am 26.8.1961 wurden durch das Bezirksgericht Rostock wegen staatsgefährdender Propaganda und Hetze sowie Nötigung verurteilt:

1. G e r l o f f , Dietrich
   geb. am 8.4.1936 in Berlin-Lichterfelde
   Student an der "Freien Universität" Westberlin
   wohnhaft: Berlin-Adlershof, ██████
   acht Jahre Zuchthaus
   Strafende: 17.8.1969

2. W i e c h e r t , Jürgen
   geb. am 16.2.1943 in Berlin
   Schüler an der Albert-Einstein-Oberschule
   in Berlin-Britz (Westberlin)
   wohnhaft: Berlin-Schmöckwitz, ██████
   acht Jahre Zuchthaus
   Strafende: 17.8.1969

3. ██████
   geb. am ███1936 in Berlin
   Mechaniker im VEB ██████, seit dem
   24.7.1961 ohne Beschäftigung gewesen
   wohnhaft: Berlin-Niederschöneweide,
   ██████
   zwei Jahre Zuchthaus
   Strafende: 17.8.1963

sowie dreizehn weitere Personen, die inzwischen aus der Strafhaft entlassen wurden.

Bereits Wochen vor der Begnadigung durch den Staatsratsvorsitzenden Walter Ulbricht hatte der Minister für Staatssicherheit Erich Mielke dem Freikauf Dietrich Gerloffs zugestimmt. Berlin, 13. Juni 1963.
Gerloff gehörte zur ersten Gruppe von acht Personen, die in derartigen »Sonderaktionen« aus DDR-Haftanstalten entlassen wurden. Dietrich Gerloff und Jürgen Wiechert durften allerdings die DDR nicht sofort verlassen. Seit den 1970er Jahren gelangten insbesondere politische Gefangene im Rahmen eines zunehmend institutionalisierten Freikaufverfahrens in der Regel direkt aus dem DDR-Strafvollzug in die Bundesrepublik.
BStU

RUDOLF HOFFMANN

Privatbesitz Rudolf Hoffmann

▮ 1927 wurde Rudolf Hoffmann in Frankfurt (Oder) geboren.

▮ Nach Kriegsende gehörte er zu den Mitbegründern der FDJ in seiner Heimatstadt. Er hatte die Schule zwar wegen seiner Einberufung zur Wehrmacht in der Obersekunda rund ein Jahr vor dem Abitur verlassen müssen, nach 1945 konnte er jedoch als »Neulehrer« Fuß fassen. Die Behörden in der sowjetischen Besatzungszone (SBZ) versuchten damit, den Mangel an politisch unbelastetem Lehrpersonal auszugleichen. Vorübergehend war er deshalb Mitglied der KPD.

▮ Am 14. Oktober 1947 wurde Rudolf Hoffmann in Frankfurt (Oder) durch sowjetische Sicherheitsorgane in Begleitung eines deutschen Polizisten festgenommen.

▮ Er wurde beschuldigt, amerikanischer Spion zu sein und einer illegalen Organisation anzugehören. Den Anlass bot die Kontaktaufnahme zur CDU in West-Berlin.

▮ Anschließend transportierte man ihn nach Potsdam, wo er im NKWD-Gefängnis Lindenstraße inhaftiert wurde.

▮ Am 31. März 1948 erfolgte seine Verurteilung durch das Sowjetische Militärtribunal des Landes Brandenburg zu 25 Jahren »Besserungsarbeitslager«.

▮ Im April 1948 überführte man ihn in das sowjetische Speziallager Nr. 4 in Bautzen im berüchtigten »Gelben Elend«. Nach der Auflösung der sowjetischen Speziallager wurde auch diese Haftanstalt im Februar 1950 von der Deutschen Volkspolizei übernommen.

▮ Im März 1951 wurde Rudolf Hoffmann aus der Strafvollzugsanstalt Bautzen in die Strafvollzugsanstalt Torgau verlegt. Zunächst war es den politischen Häftlingen noch verwehrt zu arbeiten, daher suchte Rudolf Hoffmann den Anschluss an Mitgefangene, die ihre akademische Bildung und ihr Fachwissen an die jüngeren vermittelten.

▮ Im März 1953 verschafften Mithäftlinge Rudolf Hoffmann eine Arbeitsstelle im »Techniker-Kommando«. Mit der Angabe, er sei Fachmann, konnte er in der Architektenabteilung als technischer Zeichner beschäftigt werden.

▮ Am 8. Juli 1955 wurde seine Haftzeit auf zehn Jahre zurückgesetzt, nach einer Begnadigungsaktion des Präsidenten der DDR Wilhelm Pieck.

▮ Am 27. Dezember 1955 wurde Hoffmann aus der Strafvollzugsanstalt Torgau entlassen.

▮ Im Februar 1956 siedelte Rudolf Hoffmann in die Bundesrepublik über, wo er das Abitur nachholte und ein Lehramtsstudium absolvierte. Bis zur Pensionierung arbeitete er als Lehrer und war zuletzt Rektor.

▮ Er ist am 26. November 2014 in Lohmar gestorben.

Der Bundesbeauftragte für die Unterlagen des Staatssicherheitsdienstes der ehemaligen Deutschen Demokratischen Republik – ASt. Magdeburg –

22. JUNI 1993

BStU 000010

Kopie

1227

6 II

Urteilsauszug

Vom Militärtribunal SMA Brandenburg

Akten Nr. 62642 nach der Anklage Spionage

1. Familien-, Vor- und Vatersname (ausführlich schreiben) Hofmann Rudolf

2. Geburtsjahr und Geburtsort 1927 in Frankfurt/Oder

3. Heimatanschrift Frankfurt/Oder

4. Nationalität deutsch 5. Staatsangehörigkeit deutsch

6. Schulbildung Mittelschule 7. Parteizugehörigkeit seit 1937 HJ

8. Beruf Lehrer, 9. Familienstand ledig

10. Beschäftigung vor der Haft Lehrer in Finkenheerd (Brieskow)

Verurteilt:

Familien-, Vor- und Vatersname Hofmann Rudolf

laut den Artikeln 58-6, I d. StGB d. RSFSR

Genau angeben wofür Spionagetätigkeit für d. amerik. Nachrichtendienst

Strafmass 25 Jahre Arbeitslager

Mit ~~oder ohne~~ Ei~~gentums~~beschlagnahme d. bei d. Festnahme sichergestellten

Strafverbüssung rechnet ab 14.10.1949 Verbrechen – 13.10.57

Original mit den gehörigen Unterschriften der Tribunalzusammensetzung

Auszug beglaubigt: (Unterschrift) Übers.: Bier 25.1.50

(Feldpoststempel) ВОЙСКОВАЯ ЧАСТЬ

„14." Jan. 1950

Kopie

Auszug aus dem Urteil des Sowjetischen Militärtribunals zu Rudolf Hoffmann für die Deutsche Volkspolizei, 24. Januar 1950.

Privatbesitz Rudolf Hoffmann/BStU

Im März 1951 wurde ich mit anderen nach Torgau verlegt, warum, weiss ich nicht. So etwas wurde uns nie gesagt. Wieder ging es zu viert auf die Einmannzelle, aber welches »Paradies«: hier gab es tatsächlich Parkettfußboden, Toilette und fließendes Wasser! Aber sonst blieb alles wie bisher. Die Staatsführung hoffte, wenigstens uns jüngere Gefangene noch für den Sozialismus retten zu können. So wurden wir von den Älteren isoliert und in Jugendzellen zusammengelegt. Jetzt waren wir nicht nur zu viert; [...] auf der – größeren – Zelle waren wir circa 16 Menschen. Die politische Schulung wurde schnell aufgegeben, weil unsere Argumente richtiger waren und die intellektuellen Qualitäten unserer »Erzieher« einfach miserabel. Dafür ließ sich die Anstaltsleitung etwas Neues einfallen; wieder wurde aussortiert, diesmal waren die schlimmsten Verbrecher dran, die sogenannten Spione. Das war ich also auch, und wir bekamen zur Unterscheidung von den anderen, den »grünen« Häftlingen, eine rote Binde um den Arm und wurden im Ostflügel, vierte Etage, isoliert. Es sei dabei erwähnt, dass die Anstaltsleitung von den Russen lediglich ein einziges Blatt Papier pro Häftling bekommen hatte; sie hatte praktisch keine Ahnung, warum wir im Knast waren. [...]

Bis dahin durften wir nicht arbeiten, ab circa Anfang 1952 mussten wir arbeiten. Es begann im »X-Kommando«, das Tarnnetze für die Kasernierte Volkspolizei herstellte, bald kam das »Schrottkommando« dazu, das im Drei-Schicht-System alten Kriegsschrott, vor allem Flugzeuge, in seine Einzelteile zerlegen musste. Ich kam zum Schrott. Die Arbeitsbedingungen waren schlimm [...]. Aber ich lernte jetzt die demokratische Arbeitswelt kennen, mit Brigaden und Sozialistischem Wettbewerb samt der dazugehörigen Wimpel. Ich lernte, was ein Soll ist und wie man sein Werkzeug in »persönliche Pflege« nahm. Nach drei Monaten gelang es meinen Freunden, mich ins »Techniker-Kommando« zu holen, unter dem Vorwand, ich sei Mathematiker und Statiker, also genau der Mann, den man brauche. Jetzt begann ein neues Leben, auch wenn die Bezeichnung »Leben« für das Vegetieren im DDR-Knast nicht so richtig passt. Aber wir hatten uns alle eingefügt und begriffen, dass wir, um überleben zu können, bestimmte Strategien entwickeln mussten. Sehr geholfen hat uns dabei der Zusammenhalt untereinander und die Gewissheit, dass die Verbrecher auf der anderen Seite der Gitter waren.

Nun also »Techniker-Kommando«. Ich wurde der Architekten-Abteilung zugewiesen, wo mich der Brigadier Rudi K. zuerst einmal misstrauisch aufnahm; schließlich musste man sich vor Spitzeln hüten, die von der Vopo eingeschleust wurden. Ich hatte endlich mal Glück. Es stellte sich heraus, dass K. Kunde unserer Lichtpauserei in Frankfurt gewesen war und seinen ersten Zeichentisch als junger Architekt von meinem Vater geschenkt bekommen hatte! Von jetzt an wurde mein Leben lebenswert. Ich hatte von Technik keine Ahnung, aber meine Freunde taten alles, was für mich wichtig war. Sie sorgten dafür, dass ich weiter lernen konnte, beschafften mir die nötigen Schulbücher unter dem Vorwand, sie bräuchten sie für ihre Arbeit zum Wohl des Sozialismus, halfen mir also, wo immer sie konnten. [...]

Die äußerlichen Lebensumstände verbesserten sich für mich natürlich auch beträchtlich. Irgendwann erklärte unser Brigadier Fritz B. den Vopos, dass wir nur produktiv arbeiten könnten, wenn wir täglich Milch bekämen, oder auch Bettwäsche. Unsere Aufpasser waren bei aller Bosheit auch so dämlich, das alles zu glauben, allerdings auch, weil sie auf unser Kommando angewiesen waren. Schließlich hatte man so viele Intellektuelle in den Westen vertrieben oder in den Knast gesperrt, dass man wichtige Konstruktionsvorhaben in den Knast vergeben musste! Heute betrachtet, war das schon eine makabre Situation. [...] Drei Jahre war ich im »Techniker-Kommando«. Da wurde doch noch ein Spitzel bei uns eingeschleust, ein gewisser G. Wir schnitten ihn, er gab mir die Schuld für die offene Feindseligkeit aller und »verzinkte« mich. So wurde ich kurz vor Weihnachten 1955 aus dem Kommando abgelöst, wegen Sozialismus-Feindlichkeit. Wenige Tage später wurde ich dennoch entlassen, am 27. Dezember 1955.

Auszüge aus einem Erinnerungsbericht von Rudolf Hoffmann, 2004.

Archiv Stiftung Sächsische Gedenkstätten/DIZ Torgau

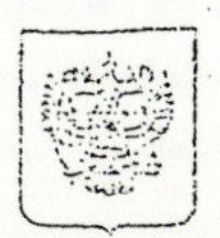

ГЕНЕРАЛЬНАЯ ПРОКУРАТУРА
РОССИЙСКОЙ ФЕДЕРАЦИИ

ГЛАВНОЕ УПРАВЛЕНИЕ ПО НАДЗОРУ
ЗА ИСПОЛНЕНИЕМ ЗАКОНОВ
В ВООРУЖЕННЫХ СИЛАХ

«8» декабря 1994 г.
№ 5уд-I087-94
103160, г. Москва, К-160

СПРАВКА О РЕАБИЛИТАЦИИ

Гр-н Гофманн Рудольф

Год и место рождения 1927 г.р., г. Франкфурт-на-Одере

Гражданин(ка) какого государства Германии национальность немец

Место жительства до ареста г. Франкфурт-на-Одере

Место работы и должность (род занятий) до ареста учитель, арестован 14 октября 1947 г.

Когда и каким органом осужден (репрессирован) 3I марта 1948 г. военным трибуналом советской военной администрации земли Бранденбург

Квалификация содеянного и мера наказания (основная и дополнительная) ст.ст. 58-6, ч. I и 58-II УК РСФСР, 25 лет лишения свободы в ИТЛ, с конфискацией изъятых при обыске ценностей.

На основании ст.3 и ст.5 Закона РСФСР "О реабилитации жертв политических репрессий" от I8 октября I99Iг. гр-н Гофманн Рудольф реабилитирован.

Главная военная прокуратура

СТ. ВОЕННЫЙ ПРОКУРОР ОТДЕЛА РЕАБИЛИТАЦИИ

Н.С.Власенко

Rehabilitierung Rudolf Hoffmanns durch
den Haupt-Militärstaatsanwalt der Russischen
Föderation, Moskau, 8. Dezember 1994.

Privatbesitz Rudolf Hoffmann

SIEGFRIED IHLE

Privatbesitz Siegfried Ihle

▮ 1927 wurde Siegfried Ihle in Stollberg (Erzgebirge) geboren.

▮ Im Januar 1946 kehrte er aus amerikanischer Kriegsgefangenschaft in Frankreich zurück. Siegfried Ihle begann eine Dolmetscherausbildung in Leipzig und Hamburg.

▮ Anfang 1948 kehrte er nach der Ausbildung mit Examen in Englisch als freier Journalist nach Leipzig zurück und wurde bald Redakteur beim Sender Leipzig des Mitteldeutschen Rundfunks.

▮ Am 19. September 1949 wurde Siegfried Ihle vor seiner Wohnung in Leipzig durch die sowjetische Geheimpolizei in Begleitung deutscher Kriminalpolizisten festgenommen. Vorgeworfen wurde ihm antisowjetische Propaganda und Spionageverdacht. Als Journalist hatte er auch für britische und amerikanische Blätter geschrieben. Das Potsdamer Abkommen sah die freie Berichterstattung in allen Besatzungszonen Deutschlands ausdrücklich vor. In der Untersuchungshaft in Leipzig sollte er mit Gewalt zu einem Geständnis gezwungen werden. Nach einem gescheiterten Fluchtversuch wurde er zusammengeschlagen.

▮ Ende September 1949 wurde Siegfried Ihle nach Dresden in das Untersuchungsgefängnis in der Bautzner Straße verlegt. Auch hier wurde er schwer misshandelt. Zudem geriet er wegen seiner Sprachkenntnisse in den Verdacht, Amerikaner zu sein.

▮ Am 19. Januar 1950 verurteilte ihn ein Sowjetisches Militärtribunal, das im Landgerichtsgebäude am Münchner Platz in Dresden tagte, wegen »Spionage« zu 25 Jahren Zwangsarbeit. Am 29. März wurde er in die Strafvollzugsanstalt Bautzen (»Gelbes Elend«) überstellt.

▮ Am 3. Oktober 1951 wurde Siegfried Ihle in die Strafvollzugsanstalt Torgau verlegt. Dort war er in der Tischlerei und danach als Zeichner und Übersetzer im »Techniker-Kommando« eingesetzt, bei dem fast 100 Strafgefangene arbeiteten.

▮ Im Juli 1955 verkürzte ein Gnadenerlass des Präsidenten der DDR Wilhelm Pieck Ihles Strafmaß auf elf Jahre.

▮ Am 17. September 1960 wurde Siegfried Ihle aus der Strafvollzugsanstalt Torgau nach Leipzig entlassen.

▮ Im November 1960 flüchtete er nach West-Berlin. Im folgenden Jahr zog er nach Köln, wo er als Lektor, Rundfunkredakteur, später als freier Journalist, Übersetzer und Schriftsteller tätig war.

▮ Siegfried Ihle ist am 19. Januar 2013 in Bad Bevensen gestorben.

DONNERSTAG, 25. MAI 1961 D

Haftverhältnisse in Torgau

Torgau ist eines der modernsten, aber auch der am besten gesicherten Gefängnisse in der Zone. Es wurde 1936 unter Hitler erbaut und befindet sich auf dem Gelände des ehemaligen Forts Zinna. Bis 1955 stand noch eine der alten Kasematten, dann mußte auch dieses unter Denkmalsschutz stehende Gebäude einer neu errichteten Fabrikhalle weichen. Was aber nicht weichen mußte, das waren die Sicherheitsmaßnahmen. Im Gegenteil, sie wurden noch verstärkt. Zunächst ist da der alte Wallgraben des Forts. Er ist etwa fünf Meter tief, bei einer Sohlenbreite von vier Metern. Am Scheitel hat er eine Weite von rund fünfzehn Metern. Die nach außen führende Wand ist fugendicht mit einer leichten Neigung nach innen gemauert, so daß es selbst einem guten Kletterer nahezu unmöglich ist, diese Wand zu überwinden. Die „Volkspolizei" ließ jedoch 1950 um das innere Anstaltsgelände noch eine fünf Meter hohe Mauer errichten, auf der sich in Sichtweite voneinander Stände für die Posten befinden. An der Innenseite der Mauer verläuft außerdem noch ein Schutzstreifen von 2,50 m Breite, der wiederum durch einen Drahtzaun von 2,20 m Höhe begrenzt wird. Die Mauer und alle Gebäude sind bis auf eine Höhe von fünf Metern mit weißer Kalkfarbe angestrichen, darüberhinaus wurden Neonröhren und Scheinwerfer so angebracht, daß praktisch jeder Winkel ausgeleuchtet ist.

Die Einmannzellen in Torgau sind alle mit drei oder vier Häftlingen belegt. Dabei wird darauf geachtet, daß politische Gefangene immer mit Kriminellen zusammengelegt werden. Auch als sogenannte Brigadiers in den Arbeitskommandos setzt man nur Kriminelle ein. Der Tag beginnt mit dem offiziellen Wekken um fünf Uhr. Meistens geschieht das jedoch schon zwanzig Minuten früher, weil die Wachmeister es eilig haben. Nach dem Frühstück, zu dem es einen halben Liter Ersatzkaffee gibt, wird um sieben Uhr zur Arbeit angetreten. Als Brotaufstrich bekommt der Häftling 100-120 g Marmelade oder Sirup pro Woche. Brot gibt es im allgemeinen reichlich. Das Mittagessen ist quantitativ ausreichend, läßt aber in der Qualität oft sehr zu wünschen übrig. Es gibt im allgemeinen Eintopfgerichte: Brühnudeln, Brühreis, Graupen, Kraut, Grütze und manchmal Erbsen, sonntags Kartoffeln und Fleisch. Als Abendverpflegung erhält der Häftling ein Stück Margarine von der Größe einer kleinen Streichholzschachtel und eine Scheibe Wurst. Die letztere ist bei arbeitenden Gefangenen etwas größer als bei Nichtarbeitern.

Die Haftbedingungen sind auch heute noch schwer, weil die Wachmannschaften sehr oft die Häftlinge provozieren. Ein typisches Beispiel, das hier mit Absicht unter Nennung der Namen angeführt ist, lieferte einmal der SSD-Oberleutnant Straußmann. Am 11. Februar 1959 stand abends gegen 18 Uhr der politische Häftling Hermann Klatt vor der Ambulanz. Er wurde gefragt: „Klatt, was wollen Sie denn in der Ambulanz?" — „Kopfschmerztabletten, Herr Oberleutnant." — „Aha, Kopfschmerztabletten! Krank spielen, was? Ich will Ihnen mal was sagen — seien Sie froh, daß ich Ihnen keine Tabletten geben darf. Von mir würden Sie welche bekommen, daß Ihnen die Schmerzen für immer vergehen." Klatt wurde später aus persönlicher Willkür von Straußmann in den Karzer und in die Isolierstation gebracht. Wenn es auch heute nicht mehr so ist, daß Häftlinge im Arrest krummgeschlossen werden — bis zum 17. Juni 53 war das teilweise noch üblich, — so ist doch auch heute noch die Verbüßung einer Arreststrafe für den Häftling eine harte Zeit. Er befindet sich dann in einer kahlen und kalten Zelle, die nur eine gemauerte Pritsche hat; das kleine Fenster ist zusätzlich noch verblendet. Der Häftling bekommt nur jeden dritten Tag normale Verpflegung, sonst nur Kaffee und ein paar Scheiben Brot. Er darf auch nur jeden dritten Tag auf einem Strohsack schlafen und hat im gleichen Zeitraum nur einmal eine halbe Stunde Rundgang auf dem Hof. Sonst ist er Tag und Nacht in dieser Zelle hinter doppelten Türen und zählt die Minuten und die Stunden — 21 Tage lang, denn es kommt nur selten vor, daß geringere Arreststrafen verhängt werden.

Wer Jahre in einem Zuchthaus wie Torgau verbringen muß, kehrt nicht gesund heim. Die mangelnde Vitaminkost, die Schikanen der Wachmannschaften und der dauernde psychische Druck, das vollständige Ausgeliefertsein zermürben und zerrütten die geistige und körperliche Widerstandskraft eines Menschen. Und das ist auch das Ziel des sowjetzonalen Strafvollzugs, nicht die Umerziehung, sondern das „Fertigmachen" des politischen Gegners — und darum die unmenschlich hohen Strafen und die tausend kleinen Schikanen, denen der politische Gefangene in einem Zuchthaus der Zone ausgesetzt ist. **Siegfried Ihle**

Nach der Entlassung berichtete Siegfried Ihle
über die Strafvollzugsanstalt Torgau.
Der Tagesspiegel (West-Berlin), 25. Mai 1961.

Privatbesitz Siegfried Ihle

Es war der 17. Juni 1953 und fünf Uhr morgens. Nichts deutete darauf hin, daß dieser Tag anders verlaufen würde als die vielen Tage und Nächte, die wir bereits hinter den Mauern von Torgau verbracht hatten. Es gab kein Signal, keine Meldung von draußen, keine geflüsterte Parole von Zelle zu Zelle – noch nicht. [...] Für uns Nicht-Werktätige begann der normale Gefängnisalltag. [...] Ich hatte mich zur Ambulanz gemeldet und wurde geholt. Vor der Ambulanz im obersten Stockwerk mußten wir uns aufstellen. Auch wer bös erkrankt war, durfte sich nicht setzen.

Nach einer Weile kam »Lederarsch« vorbei, einer der schärfsten Vopos damals in Torgau. [...] Ihm machte es eine sadistische Freude, Neuankömmlinge auf die Karzerstation zu führen. Damals war es noch üblich, die mit Karzer, geschärftem Arrest, bestraften Häftlinge zum Teil in Ketten zu legen. [...] Auch mir hatte »Lederarsch« seine Karzerzellen vorgeführt, als ich von Bautzen nach Torgau strafverlegt worden war. Nie werde ich den Anblick vergessen, wie ein geschundener Kamerad krummgeschlossen auf der Pritsche saß und uns mit leerem Blick anstarrte. Wer so 21 Tage geschärften Arrest hinter sich hatte, war gezeichnet, zumal es ja nur jeden dritten Tag eine warme Mahlzeit gab. Und solche Arreststrafen wurden für die geringsten Anlässe verhängt. Jeder versuchte daher, »Lederarsch« aus dem Wege zu gehen. An diesem Junimorgen ging er aber nicht wie üblich kaltschnäuzig an uns vorbei, sondern blieb stehen, blickte die Reihe der Häftlinge entlang und sagte dann zum Aufsicht führenden Wachtmeister: »Lassen Sie diesem Mann da einen Hocker bringen, er kann ja kaum stehen.« Wir standen wie vom Donner gerührt. Was war geschehen, stand eine Entlassungsaktion bevor?

Plötzlich kam Unruhe auf. Auf den Etagen wurden die Türen geschlossen, die Häftlinge rückten vorzeitig ein, die Freistunde wurde abgebrochen. Ein Sanitäter erschien, behielt nur die schweren Fälle da und schickte uns wieder auf die Zellen. Walter, der als letzter behandelt worden war, stieß mich an: »Es geht los«, flüsterte er, »in Berlin wird gemeutert. Vielleicht holen sie uns raus.« Dann wurden wir getrennt. Die Wachtmeister drängten zur Eile, sie waren sichtlich nervös. Wenig später rückten auch die Arbeitskommandos wieder ein. Es wurde still im Kreuzbau, nachdem die letzte Tür ins Schloß gefallen war. Vom Fenster aus konnten wir beobachten, daß die Kontrollen vor dem Zellenbau verstärkt wurden. Vopos hasteten ins Verwaltungsgebäude.

Nun setzte der Nachrichtendienst von Zelle zu Zelle, von Fenster zu Fenster ein. Wir bemühten uns nicht einmal, sonderlich leise zu sein. Zwar wurde gelegentlich von draußen gerufen: »Ruhe auf den Zellen!« Aber niemand hielt sich daran. Aus Wortfetzen schälten sich erste Meldungen: »In Berlin und in der Zone gibt es einen Aufstand.« »Ulbricht ist geflohen! Die holen uns raus!« Hoffnung keimte auf. Aber da waren auch Häftlinge, die den Aufstand vom 31. März 1950 in Bautzen mitgemacht hatten. Zu Hunderten waren wir brutal zusammengeschlagen worden. Es hatte viele Schwerverletzte gegeben. [...] Ja, es gab auch Angst unter uns Häftlingen an jenem 17. Juni 1953, die Angst, einen Befreiungsversuch von außen nicht zu überleben. Bei der Essenausgabe grinste der Kalfaktor, der Posten war unruhig. Aus den oberen Etagen kamen die Meldungen der Arbeitskommandos durch. »Sie biedern sich an, sagen, sie seien doch immer korrekt zu uns gewesen. In Merseburg und Magdeburg haben sie die Gefangenen schon rausgeholt.«

Der Nachmittag verging. Wir warteten. Die Rufe von Zelle zu Zelle wurden seltener. Am Abend klopfte Paul, unser Kalfaktor, leise an die Zellentür. »Sie haben draußen vor dem Tor ein MG zur Stadt hin aufgestellt. Da kommt keiner ran!« Als es dunkel geworden war, hörten wir das Rasseln von Panzerketten auf der Straße vor dem Anstaltsgelände und von drüben, wo die Kaserne der Volkspolizei war, erklangen die halbe Nacht scharfe Kommandos. In der Nacht starb die Hoffnung auf Befreiung hinter den Mauern von Torgau. Für manchen von uns sollte es noch viele Jahre dauern, bis er die Freiheit wiedersah.

Aus einem Bericht Siegfried Ihles in der Tageszeitung Die Welt (Hamburg), 16./17. Juni 1983.

WOLFGANG NATONEK

Privatbesitz Christa Natonek

- 1919 wurde Wolfgang Natonek in Leipzig als Sohn eines linksliberalen Publizisten geboren. Die Familienmitglieder wurden nach der Machtübernahme der Nationalsozialisten zu Staatenlosen erklärt. Der Vater wurde als »Jude« verfolgt und musste 1937 emigrieren.

- 1938 legte Wolfgang Natonek das Abitur ab und nahm anschließend das Studium der Veterinärmedizin auf. Nach drei Semestern wurde er 1940 zur Wehrmacht eingezogen.

- 1941 galt Wolfgang Natonek nach den nationalsozialistischen Rassegesetzen als »Halbjude«. Er wurde als »wehrunwürdig« entlassen und zur Zwangsarbeit in einem Leipziger Metallbetrieb verpflichtet. Dort konnte er drei geflohenen sowjetischen Kriegsgefangenen einige Wochen lang helfen, bis zum Kriegsende unterzutauchen.

- Am 15. September 1945 trat Wolfgang Natonek der Liberal-Demokratischen Partei Deutschlands (LDP) bei. Er wollte die Chance eines demokratischen Neubeginns nutzen.

- Im Februar 1946 schrieb er sich an der Universität Leipzig für Zeitungswissenschaft und Germanistik ein.

- Anfang 1947 kandidierte Wolfgang Natonek bei der ersten Wahl zum Studentenrat für die LDP. Bei einer Mehrheit der Sitze für die Liberalen und die CDU wurde er zum Vorsitzenden gewählt.

- Im Mai 1948 trat Wolfgang Natonek auf dem Wartburgfest, an dem auch viele studentische Vertreter aus den West-Zonen teilnahmen, für die Freiheit der Wissenschaft, aber auch für bewusstes politisches Handeln der Wissenschaftler ein.

- Am 12. November 1948 wurde Wolfgang Natonek auf Betreiben der SED von der sowjetischen Geheimpolizei festgenommen.

- Am 30. März 1949 verurteilte ihn ein Sowjetisches Militärtribunal in Dresden zu 25 Jahren Zwangsarbeit. Da Wolfgang Natonek einem wegen angeblicher Spionage bereits verurteilten Studenten einmal einen Eisenbahn-Berechtigungsschein ausgestellt hatte, konnte er unter dem Vorwand der Beihilfe zur Spionage als unbequemer und bekannter Studentenvertreter ausgeschaltet werden. Er wurde im sowjetischen Speziallager Nr. 4 in Bautzen inhaftiert, das Anfang 1950 von der Deutschen Volkspolizei als Haftanstalt übernommen wurde.

- Im Mai 1951 wurde Natonek in die Strafvollzugsanstalt Torgau verlegt.

- Am 1. März 1956 erfolgte seine Entlassung aus der Haft.

- Im Juni 1956 verließ er die DDR und begann ein Philologiestudium in Göttingen. Danach war er als Gymnasiallehrer tätig.

- Am 21. Januar 1994 starb Wolfgang Natonek in Göttingen.

- Am 28. März 1995 wurde er durch die russische Militärstaatsanwaltschaft rehabilitiert.

8 26
29

FREIER DEUTSCHER GEWERKSCHAFTSBUND

KREISVORSTAND (10) LEIPZIG C 1, SCHILLERSTR. 5 . RUF 3 40 91

Bankkonto: 1 45 09 Sächsische Landesbank, Zweigstelle Leipzig . Postscheckkonto: Leipzig 11 73 07

FDGB LEIPZIG

SEKRETARIAT:
SCHULUNG UND KULTUR

An den
Senat der Universität Leipzig
z. Hdn. Sr. Magn. Herrn Prof. Dr. Jacobi

L e i p z i g C 1
Ritterstraße

Ihre Zeichen:
Ihre Nachricht vom:
Unsere Zeichen: Th/Schr.
Tag 8. 12. 47

Betrifft: Äußerungen des Studentenratsvorsitzenden
stud. phil. Natonek

Eure Magnifizenz!

Der Kreisvorstand Leipzig des FDGB sieht sich veranlaßt, dem Senat der Universität Leipzig folgende Angelegenheit zu unterbreiten:

Herr stud. phil. Natonek, Vorsitzender des Studentenrates der Universität Leipzig, hat sich zu einer Einstellung bekannt, die geeignet ist größtes Mißtrauen gegenüber Herrn Natonek hinsichtlich seiner positiven Einstellung zu den Maßnahmen unseres demokratischen Neuaufbaues zu erwecken. Herr Natonek äußerte sich auf einem Parteitag der LDP wie folgt:

1) "Es gab einmal eine Zeit, in der der verhindert war zu studieren, der eine nichtarische Großmutter hatte. Wir wollen nicht eine Zeit, in der es dem verhindert wird zu studieren, der nicht über eine proletarische Großmutter verfügt."

2) "Mir kommt es als eine gewisse Parallelerscheinung vor, wenn man hört, daß sich folgendes ereignete: Ein sehr großer Leipziger Betrieb, der landeseigen geworden ist, hatte – da vielleicht die Frist schon überschritten war, eine Resolution gegen Dr. Müller-Bernhardt abzugeben – einen Anruf von der zuständigen Industriegewerkschaft erhalten, wo die Resolution bliebe. Fast vor unserem geistigen Auge scheint der betreffende Empfänger des Anrufes die Hacken zusammenzuschlagen und zu melden: "Jawohl, Resolution wird erledigt!" Am nächsten Tage dann, ich kann den Betrieb auch nennen; es handelt sich um die Leipziger Wollkämmerei mit 1800 Belegschaftsmitgliedern – fand diese Resolution statt. Sie fand statt unter dem Betriebsrat, der Betrieb selbst erfuhr davon nichts. Wo ist nun eigentlich der Unterschied zwischen jenem so belastenden 8. 11. 38, als unsere Volksseele kochte, ohne daß wir etwas davon ahnten und jenem Tage, an dem Resolutionen gefaßt werden, weil es von oben diktiert wird?"

Die unter 1) wiedergegebene Äußerung kennzeichnet Herrn Natoneks ablehnende Einstellung gegenüber den Arbeiterstudenten in einem Maße, daß man sich fragen muß, ob Herr Natonek als Vorsitzender im Studenten-

1 316 3068

b. w.

Meldung über eine Äußerung Wolfgang Natoneks, der sich gegen die Benachteiligung von Studenten bürgerlicher Herkunft bei der Zulassung zum Studium gewandt hatte. Freier Deutscher Gewerkschaftsbund, Leipzig, 8. Dezember 1947.

Archiv Stiftung Sächsische Gedenkstätten/Dokumentationsstelle Dresden

4

"УТВЕРЖДАЮ"
ЗАМ. НАЧАЛЬНИКА ОПЕРСЕКТОРА СВА
ЗС – ПОЛКОВНИК –
/КОЖЕВНИКОВ/.

"19" января 1949 г.

"АРЕСТ САНКЦИОНИРУЮ"
ВОЕННЫЙ ПРОКУРОР СВА З.С.
ПОДПОЛКОВНИК ЮСТИЦИИ –
/МЕНЬШИКОВ/.

"24" января 1949 г.

П О С Т А Н О В Л Е Н И Е

/на арест/.

"19" января 1949 г.   гор. Дрезден.

Я, ст. следователь 6 отдела Оперсектора СВА Земли Саксония капитан ЕРМАКОВ, рассмотрев спступившие материалы в отношении –

Н А Т О Н Е К Вольфганга, 1919 года рождения, урож. гор. Лейпциг, немец, образование среднее, холост, член ЛДП, студент Лейпцигского университета, проживает в гор. Лейпциг Ц-1 Файербахштрассе № 10.

Н А Ш Е Л:

Что по показаниям арестованного агента американской разведки МАЗИНГ явствует, что НАТОНЕК поддерживает тесную связь с руководителем ЛДП доктором ПРОЙСКЕР, последний дал задание МАЗИНГ встретиться с НАТОНЕК, от которого получить материалы о результатах голосования в студенческом комитете и о политической жизни студентов Лейпцигского университета.

Кроме того, агент американской разведки РАКВИТЦ изобличает НАТОНЕК в том, что последний, зная о шпионской деятельности РАКВИТЦ выдавал ему в июле 1947 года и в марта 1948 года разрешение на получение льготных билетов для поездки по железной дороге с целью сбора шпионских сведений.

Вместе с этим НАТОНЕК, зная о шпионской деятельности РАКВИТЦ, информировал последнего о настроениях студенческой среды университета гор. Лейпциг.

Изложенное подтверждается показаниями МАЗИНГ, РАКВИТЦ и частичным признанием НОТАНЕК. Руководствуясь изложенным –

П О С Т А Н О В И Л:

НАТОНЕК Вольфганга подвергнуть аресту и обыску.

СТ. СЛЕДОВАТЕЛЬ ОПЕРСЕКТОРА СВА
ЗС – КАПИТАН –
/ЕРМАКОВ/.

"СОГЛАСЕН":

НАЧ 6 ОТДЕЛА ОПЕРСЕКТОРА СВА
ЗС – ПОДПОЛКОВНИК –
/ГРИДНЕВ/.

Haftverfügung vom 19. Januar 1949. Hierin wird Wolfgang Natonek Beihilfe zur angeblichen Spionage eines Studenten vorgeworfen sowie Kontakt zum Vorsitzenden der LDP.

Zentralarchiv FSB Moskau

Kop/ 62

VERBAND DEUTSCHER STUDENTENSCHAFTEN (US-ZONE)

Studentischer Zonenrat

~~Aussenamt~~

VORSTAND

40

~~Leiter:~~ 2. Vorsitzender

(17a) Heidelberg, den 2. Dezember 48

Alte Universität, Zi. 9

Fernruf: 2251/97

Az.: K/K

Betrifft: Verhaftung Ihres Vorsitzenden u.a.

Dem Herrn Vorsitzenden des

Studentenrates der Universität

Leipzig

Universität

Lieber Kommilitone!

Mit Bestürzung hörte ich von der Verhaftung von Studenten und Studentenvertretern Ihrer Universität, unter ihnen Herr Natonek. Die Nachricht hat an den Universitäten der Westzonen nicht geringe Besorgnis ausgelöst, sahen wir doch gerade auch in Herrn Natonek einen entschiedenen Vertreter des Widerstandes gegen eine Spaltung der Studentenschaften in Deutschland und für die Freiheit der Lehre und des Lernens an den deutschen Hochschulen in einem demokratischen Staatswesen.

In Ansehen seiner Eigenschaften hat im Januar die Konferenz von Vertretern fast aller deutschen Hochschulen in Berlin Herrn Natonek neben 4 anderen Kommilitonen zum Vertreter der Deutschen Studentenschaft bei einer einzuberufenden Jugendkonferenz gewählt. So muss es uns wichtig sein, zu erfahren, warum dieser Student, der unser Vertrauen ausgesprochen erhielt, verhaftet worden ist.

Darf ich Sie um Mitteilung ersuchen:

1. Welche Polizei die Verhaftung vorgenommen hat
2. auf wessen Befehl,
3. mit welcher Begründung gegenüber der Studentenschaft.
4. Falls keine Begründung gegeben worden ist, welchen Grund Sie gegenüber Ihrer Studentenschaft angeführt haben und welchen Grund Sie selbst sehen.
5. Welche Kommilitonen sind ausser Herrn Natonek inhaftiert worden.
6. Wo befinden sich die Verhafteten?
7. Was haben Sie bisher unternehmen können, umein angemessenes Verfahren herbeizuführen.

Darf ich Sie versichern, dass die Studentenschaft der Universitäten der US-Zone begierig ist, Ihre Äusserung zu hören, da sie sich dagegen sträubt, Informationen vager Art durch die Presse als verbindlich anzusehen und sich ein Urteil zu bilden, ohne durch eine zuständige studentische Stelle informiert worden zu sein.

In Erwartung Ihrer Mitteilung verbleibe ich

Mit freundlichem Gruss

Ihr

Karsten

(Karsten)

Nach der Verhaftung Wolfgang Natoneks fragten auch Studentenvertreter aus den westalliierten Besatzungszonen Deutschlands nach den Hintergründen. Heidelberg, 2. Dezember 1948.

Archiv Stiftung Sächsische Gedenkstätten/Dokumentationsstelle Dresden

Als die Sterne erloschen blieb ein Rest
Der wie ein weites Gewand alle Formen verbarg
Aus einer Scham, sie zu zeigen.
Als die Lichter verloschen, sank ein Fest
Der Erwartung in einen stählernen Sarg,
Ohne das Klagen von Geigen.
Als der Kreisel stillstand, hielt ich gepreßt
Eine Hand auf ein geweitetes Augenpaar
Um seine Lider zu neigen.
Als die Flut verebbte war meine Hand genäßt
Von einem Abendtau, welchem so sonderbar
Schien eine Wärme zu eigen.
Als die Sterne erloschen, blieb ein Rest -
Und der Rest war nichts als ein Schweigen. 1/54

Weihnacht 1953
Wälder sind es nicht unter Sternenmyriaden
Düfte nicht heimeligster Zeit -
Aber die Augen, so schwer mit Trübnis beladen
Dürsten nach Licht, das befreit. Türme
Glocken sind es nicht, Kindheit beschirmender
Ragend trotz Schrecknis und Brand - Stürme
Aber die Sehnsucht danach mit dem Rütteln der
Zieht über schweigendes Land.
Leuchten ist es nicht in den geliebten Gesichtern
Spiegel des seligsten Glücks -
Aber ein Wiedererflammen von einstigen Lichtern
Jenseits des heutigen Blicks.
Singen Wälder nicht unter dem Schimmer der Sterne
Tönt nicht die Heimat uns zu? ... Ferne:
Raunt nicht, was nah um uns ist, gleich der Weite -
Schlafet in gläubiger Ruh!
Bannen Lichter nicht Zauber aus uralten Zeiten
Auch auf die Lider der Nacht! Hen:
Sehet den Himmel für Weise das Zeichen berei-
Daß ihr zum Leben erwacht!

Für meine C.G. 4/53
Daß eine Seligkeit so viel Schmerzen trägt
Daß du bei dir bitterlich schluchzen mußt
Wie der blasse Morgen duftschweren Mai's
Dem irgendetwas springt in der Brust.
Daß ein Schmerz so viel Seligkeit trägt
Daß du bei dir leise aufjubeln kannst
Wie der goldene Abend eines herbstlichen Parks
Durch den noch einmal ein Flimmern tanzt -
Das ist, daß mein Herz niemals ruht, sondern singt,
Und deines, mein Alles, in ihm widerklingt!!

Nach einem Freitag. 1/54
Dem eine große Hoffnung schwand, strich
Durch deren Wipfel schon ein Traum von morgen
So daß sein Herz sich langsam aus dem Jetztsein band,
Das in ein fernes Gestern wich -
Der eine Furt nach drüben fand schien
Nachdem die Zeit des Suchens ihm ein Leben
Und als vergeßner Schatten doch am Ufer stand,
Als hielte irgend etwas ihn:
Der muß das allzunahe Dort
Versenken in ein seltsam leeres Hier und Jetzt
Und jenes Morgen in sich tragen immerfort
Bis es ihm angehört - - zuallerletzt.

K.P. zum 4.6.54
Man nahm ihm viel, zuviel als daß es zählbar wäre
Zumal es Dinge sind, für die das Wort zu schwach u. bloß
Doch daß er aufrecht seines Lebens höchste Ehre
Wie einen Königsmantel um die Armut schlug, so daß
Er wie gekrönt erschien - das war die Steigerung,
Der sich in Pflicht und Sorge treu gebliebnen Lebensbahn
Zu einem Gipfelpfad, auf dem die Weigerung,
Sich mit dem Flachen zu verbinden, tönend aufgetan
Sein Herz, das übervoll vom Schmerz zum Künder ward
Von dem, was unantastbar heilig durch die Zeiten schreitet.
Er sprach zu mir auf dieser wunderlichen Fahrt
Und gibt soviel, zuviel als daß es zählbar ist, und weitet
Das Bild vom Menschen mir zum Glauben an des Menschen Größe
Die sich erhebt zu wahrem Glanz im Schweigetal der Blöße.

Reise um das Nichts. 2/54
Mich trieben Jahre, die ich nicht begreife
An einer starren Achse um das Nichts.
Kennt ihr die irren Kreise um Magnete?
Sie werden kürzer, schneller, und ich streife -
Vielleicht, weil ich nun nicht mehr bete -
Mit meiner Seele fast ans Nichts.
Es hat kein Vorn, kein Hinten, nicht Höhe -
Doch wo ich bin, trifft mich sein leerer Blick.
Ihr wißt, wie Schlangen ihre Beute bannen?
Und wie ich mich auch wende, ist's als ziele
Ein Gift, dem Opfer nie entrannen,
Auf meines Herzens Lebensblick.
Denn der wird früher, zu oft war das Gleiche,
Das unverändert Ausdruckslose nah.
Ihr meint, mir müßten fromme Kerzen blinken?
Ach, seltsam öd' sind diese Zwischenreiche,
Da alle Fernen mir versinken -
Und nur ein Abgrund ist noch da
Vor dem verlor sich längst das frühe Grauen,
Es ist der Abstand, der die Seele quält.
Ganz dicht, glaubt mir, rührt nur ein großes Staunen,
Das müde Herz, wenn wir im Nichts erschauen
Was unser wär und uns ein Raunen
Von nie bewußtem Glück erzählt.
Und eine tiefe Ehrfurcht vor dem Leben
Läßt mich die Hände falten, - nah beim Nichts
Ihr ahnt nicht, wie das ist, um es zu kreisen -
So lange und die Augen nie zu heben,
Bis sich der Krampf löst und im leisen
Gebet aufgeht - ein Heil des Lichts!

Die Liebenden 11/53
Belebter Stein, gelöst zu gleitender Bewegung,
Und dennoch festgehalten ohne Starre ihr Geschick:
Sie, niederneigend, Kühlung in der Hände Regung,
Verzicht, der nicht mehr schmerzt, im gebend zugewandten Blick -
Er in die weiten Arme Anruf angstlos drängend,
Verleugnung, ohne Falsch, der undurchdringbar grauen Nacht,
So Beide beim Zum-andern-Streben niedersengend
Was hart, gepreßt an Stolz dazwischen stand und dargebracht
Ihr Herz, geheiligt durch das Opfer, leicht im Frieden,
Verschmolz der fremde Stein, sonst ungerührt und unbewegt,
Und, über seine Grenzen tretend, blieb er ungeschieden
Das hohe Mal, das ihren Geist in die Materie trägt.

Eine Plastik für G.N.

Golgatha. K.P.z. Karfreitag.
Wie eine Stunde, die über Hell und Dunkel entschied,
Eine Furche zu vielen Falten und Rissen in dein müdes Gesicht,
Warf eine Stunde die Frage, warum das geschieht
In dein Herz, das unter lautlosen Schlägen zerbricht,
Will es auf einmal dir scheinen, als winke ein Antlitz von fern,
Daß du ihm folgst - und du siehst einen Mittag verhangen zu Nacht,
Hörst eine Stimme dich fragen trotz Schmerzen, so klar wie ein Stern,
Ob du, bevor du selbst littest, schon je an ihr Leiden gedacht.

Nach d. 1. Besuch Nov. 53

In der Haft entstandene und von einem Mitgefangenen aufgezeichnete Gedichte Wolfgang Natoneks konnten bei der Entlassung 1956 aus der Haftanstalt Torgau herausgeschmuggelt werden.

Privatbesitz Hans Gert Pförtner

HENOCH RAUTHE

Privatbesitz Gerda Rauthe

1925 wurde Henoch Rauthe in Bad Warmbrunn geboren.

1942 machte Henoch Rauthe nach dem Besuch der Volksschule eine Lehre als Bauzeichner, die er erfolgreich abschloss. Er besuchte die Staatsbauschule in Görlitz, dann in Graudenz.

1944 wurde er zur Wehrmacht eingezogen und als Reserve-Offiziersbewerber ausgebildet.

Am 5. Mai 1945 geriet Henoch Rauthe in britische Gefangenschaft. Nach der Entlassung ging er zurück nach Görlitz und arbeitete bei seinem Vater, einem Holzbildhauer.

1947 trat Henoch Rauthe der Glaubensgemeinschaft der Zeugen Jehovas bei, der auch sein Vater angehörte, und ließ sich taufen.

1948 wurde er durch die Wachtturm-Gesellschaft in Magdeburg zum Gruppendiener der Gruppe Löbau berufen, wo er auch als Prediger wirkte.

Von September 1949 an war Henoch Rauthe als Bautechniker im Kommunalen Wirtschaftsunternehmen (KWU) des Kreises Löbau angestellt.

Am 28./29. November 1950 wurde Henoch Rauthe mit 13 Glaubensgenossen, darunter auch seine Frau Gerda, vor dem Landgericht Bautzen angeklagt.

Die öffentliche Verhandlung vor etwa 500 Zuschauern wurde im Bautzener Stadtfunk übertragen. Vier der Angeklagten waren bereits in der Zeit des Nationalsozialismus inhaftiert gewesen. Henoch Rauthe wurde wegen Spionage nach Artikel 6 der Verfassung der DDR und nach der Kontrollratsdirektive Nr. 38 zu 15 Jahren Zuchthaus verurteilt. Vorgeworfen wurden ihm seine Aktivitäten für die Zeugen Jehovas: Als Spionagetätigkeit wurden ihm drei Berichte an die Wachtturm-Gesellschaft in Magdeburg zur Last gelegt. Die übrigen Angeklagten wurden zu Strafen zwischen einem und 15 Jahren Zuchthaus verurteilt, ein Angeklagter wurde freigesprochen. Zunächst wurde Henoch Rauthe in Bautzen inhaftiert, danach in Waldheim.

Im Sommer 1952 wurde Henoch Rauthe in die Haftanstalt nach Torgau überführt. Schon sein Vater war während des Zweiten Weltkriegs wegen Wehrdienstverweigerung in Torgau inhaftiert gewesen. Aufgrund seiner Ausbildung wurde Henoch Rauthe im Baukommando eingesetzt.

Am 1. August 1955 gelang ihm bei Vermessungsarbeiten an der Außenmauer der Torgauer Haftanstalt die Flucht. Er hielt sich einige Tage bei Zeugen Jehovas in Torgau versteckt, bis die Polizei die Suche nach ihm abbrach. Glaubensgenossen versorgten ihn mit unauffälliger Kleidung. Außerhalb der Stadt durchschwamm er die Elbe und wurde auf dem anderen Ufer von weiteren Unterstützern in Empfang genommen.

Nach zahlreichen Zwischenstationen gelangte er innerhalb von zwei Wochen nach West-Berlin. Dort traf er seine Frau wieder, die inzwischen aus der Haft entlassen worden war.

Am 15. August 1962 kam Henoch Rauthe, der als selbstständiger Architekt im Schwarzwald lebte, bei einem Verkehrsunfall ums Leben.

Koll. Elfriede Linke EBO

Einlaßkarte

zur öffentlichen Gerichtsverhandlung

vor der 5. Großen Strafkammer gegen Handlanger des anglo-amerikanischen Imperialismus in der Sekte „Zeugen Jehovas“ Ostsachsens

Beginn: 28. 11. 1950, 8.30 Uhr, im KWU-Hotel Bautzen

B 14/05/7584 45256/50

Die Gerichtsverhandlung gegen Henoch Rauthe und andere Zeugen Jehovas wurde als Schauprozess inszeniert. Es wurden eigene Einlasskarten gedruckt. Organisationen wie der Freie Deutsche Gewerkschaftsbund (FDGB) sorgten für den erwünschten Zustrom an Publikum.
Archiv Jehovas Zeugen, Selters (Taunus)

Der Beschuldigte Hennoch Rauthe ist in Anbetracht seines verhältnismäßig jungen Alters ein verbissener " Zeuge Jehovas".

Seine Tätigkeit kann man im wesentlichen bezeichnen mit Vertreibung von Hetzschriften, hartnäckiger Agitationen, Verneinung unserer demokratisc Ordnung und Erstellung von Spionageberichtrn an die Magdeburger Zentral Die Zeitschrift " Erwachet" verwandte er zur Führung des theokratischen Kurses.

Bezeichnend ist weiterhin, daß der Beschuldigte Hennoch Rauthe im Besit umfangreichen Zeitungsmaterials westlicher Herkunft gewesen ist. Unter anderem fand man bei dem Beschuldigten das Buch:"Führer, Schwärmer und Rebellen" welches in gemeiner Art und Weise gegen die Sowjet - Union u die deutsche Demokratische Republik hetzt. In einer dieser Westzeitunge wird besonders hervorgehoben, daß nur der Vorsprung der USA in der Ent - wicklung der Atomenergie den Frieden erhalten könnte. Des weiteren bein tet das westliche Hetzblatt eine wüste Verleumdnung des Führers der Wel friedensfront, Generalissimus Stalin. Darin heißt es nämlich unter ande " Stalin hätte geäußert, daß für die Atomstrategie Geldmaterial und Men schen keine Rolle spielen würden." Es wird dies so hingestellt, als ob S lin das Leben der Menschen nicht interessiert.

In einer weiteren Westzeitung wird über den Stand der Wasserstoffbombe ihrer Wirkung berichtet. Es steht auch dabei, daß eine Wasserstoffbombe 700 q- zu einer Wüste macht. Wenn man nunmehr bedenkt, mit welchen wahn

sinnigen Problemen sich insbesondere der Beschuldigte Hennoch Rauth beschäftigt, dann kann man ermessen, wie gefährlich ein derartiges V halten für alle friedliebenden Menschen ist. " Keinen Glauben an den Aufstieg und das Wohl der Menschheit, sondern in erster Linie Glau be an die Vernichtung und den Krieg von Harmagedon, wie diese Sekte sich auszudrücken pflegt. "

Der Beschuldigte Hennoch Rauthe hat außerdem darüber hinaus auch eine umfangreiche Spionagetätigkeit durchgeführt. So hat er drei Berichte verfaßt und an die juristische Abteilung nach Magdeburg weiter gegebe

Der erste Bericht enthält einen Vorfall mit einem Pfarrer Kreusel in Löbau, der zweite Bericht einen Vorfall mit einem Volkspolizisten in Groß-Debsa und der dritte Bericht enthält Angaben, wie ein Beauftrag der Kaderabteilung der SED vorging.

Desweiteren entwendete der Beschuldigte Hennoch Rauthe aus seiner Vol polizeibereitschaft in Löbau drei Zeichnungen, obwohl er vor Beginn d Arbeit von seinem Chef, Baumeister Philipp, besonders belehrt wurde, d die angefertigten Zeichenungen weder kupiert noch aus dem Bereich der Volkspolizeibereitschaften entfernt werden dürfen. Er gibt selbst zu, daß er diese Zeichnungen anderen Personen zeigen wollte bezw. an eine gewissen Förster, Bauingenieur in Cottbus weiter geben wollte, der be falls ein "Zeuge Jehovas" ist.

Daß er die Spionageanweisung in Form des bereits schon mehrfach erwäh ten KFD Geheimbriefes strikt befolgte, verwundert wenig. So gab er An- weisungen im Drei-Brüder Komitee an einen gewissen Otto Günther und an einen Gerhard Feige bekannt. Des weiteren schaltete der Beschuldigte Hennoch Rauthe seine mitbeschuldigte Ehefrau, Gerda Rauthe, in seine verbrecherische Tätigkeit mit ein und schickte diese nach West -Berlin zum Holen verbotener Literatur. Des weiteren beauftragte er den Be - schuldigten Biernetzki, verbotene Literatur aus West-Berlin zu holen und dann vom Ostsektor aus in kleinen Paketen an Deckadressen nach Lö- bau zu schicken. Durch diese Maßnahmen wurde der Wachtturm Nr. 7 sowie die Jahrbücher 1950 nach Löbau gebracht.

Am 2.8.50 hetzte er bei einem Vortrag gegen die Volkspolizei, indem er die demagogische Behauptung aufstelle, die Volkspolizei hätte bei eine Gottesdienstbeeinträchtigung in Kottbus einige Brüder ohnmächtig gesch gen.

Zu R a u t h e, Hennoch.

Auch bei dem Beschuldigten Hennoch Rauthe sind die verbrecherischen Voraus- setzungen im Sinne des Artikel 6 der Verfassung der DDR und der Kontrollrat direktive Nr. 38 Abschnitt 2 Artikel III A III erfüllt.

Auszug aus der Anklageschrift gegen Henoch Rauthe und die Mitangeklagten. 17. November 1950.

Privatbesitz Gerda Rauthe

Am letzten Tag, wo die Gruppe im äußeren Bereich der Anstalt zu vermessen hatte, hat mein Mann über seinen selbst genähten Zivilanzug Häftlingskleidung angezogen und vertraute sich einem Mithäftling an. Dieser lenkte den Wachtmeister ab, indem er ihn in ein Gespräch verwickelte. Dies war nun die Gelegenheit zur Flucht. Rasch entledigte er sich der Häftlingskleidung, mußte allerdings noch eine zwei Meter hohe Mauer – mit Stacheldraht-Verhau – überwinden und sprang auf der anderen Seite auf die Straße, genau gegenüber dem Eingang der Kasernierten Volkspolizei, wo der Wachtposten stand und zuschaute.

Mein Mann rechnete jeden Moment damit, von ihm angerufen zu werden, aber es geschah nichts. Sich zur Ruhe zwingend lief er im Dauerlauf (so als wäre es eine Sportübung) stadteinwärts. Das nächste Hindernis war die Bahnschranke, die obligatorisch immer unten war und unter zehn bis fünfzehn Minuten nicht wieder hochging. Seine Nerven waren zum Äußersten gespannt, denn jede Minute war kostbar. Dann endlich – die Schranke öffnete sich. So konnte mein Mann seinen Lauf fortsetzen in Richtung Kontaktadresse […]. Mein Mann fand zwar das Haus, in der Aufregung aber nicht seinen Namen. Er las immer wieder die große Namenstafel, die gleich eingangs im Hausflur aushing, auf der alle Mieter des Hauses namentlich verzeichnet waren – er sah nichts – bis er sich ganz bewußt zur Ruhe zwang. Jetzt fand er auch diesen Namen. Er klingelte, der Mann öffnete, schaute meinen Mann an und sagte: »Treten Sie ein, setzen Sie sich, ich bringe Ihnen zuerst etwas zu Trinken. Dann bringe ich Sie über Hinterhöfe zu Ihren Brüdern.« Mein Mann brauchte keine Erklärung zu geben. Er wurde von dem Mann zu den […] Brüdern gebracht, und diese wiederum versteckten ihn in einer Scheune.

Inzwischen war Großalarm ausgelöst worden. Ganz Torgau wurde mit Wachtposten besetzt. Besonders die Elbbrücke wurde beidseitig bewacht. Die Brüder unterrichteten meinen Mann jeden Tag über den neuesten Stand der Dinge. […] Endlich, nach acht Tagen, waren die Wachtposten abgezogen […]. In der Abenddämmerung fuhren der Bruder und mein Mann mit dem Fahrrad durch Torgau […] dann ging es entlang der Elbe bis zu einem von den Brüdern abgesprochenen Punkt. Dort wurde mein Mann von dem Bruder entlassen, mit dem Hinweis: »Du mußt jetzt durch die Elbe schwimmen und bei dem Busch auf der gegenüberliegenden Seite ankommen. Dort wirst Du erwartet. Auch wirst Du mit einem Handtuch, trockener Kleidung und einem Fahrrad versorgt. Dieselbe Person bringt Dich auch zur nächsten Stelle.« Mein Mann erzählte mir: »Ich sah niemanden. Im guten Glauben und Vertrauen zu meinen Brüdern sprang ich ins Wasser und schwamm auf die andere Seite der Elbe. Als ich in Ufernähe kam, streckte mir jemand die Hand entgegen, zog mich heraus und kleidete mich ein. Alles war wie ein Wunder.« […] Jedenfalls fehlte es nie an Helfern, die meinen Mann mittels Fahrrad oder Bahn immer näher nach Berlin brachten.

In Königs Wusterhausen mußte er die S-Bahn besteigen, um nach West-Berlin zu kommen. Natürlich wurde dort streng kontrolliert. Jeder mußte seinen Personalausweis vorzeigen. Inzwischen wurde die Kongreßleitung der Zeugen Jehovas von der Flucht unterrichtet. Es fand nämlich zu diesem Zeitpunkt gerade der Bezirkskongreß in West-Berlin statt. Ein junger Bruder aus der DDR – er hatte sogar Familie – stellte seinen Personalausweis zur Verfügung, der irgendwie meinem Mann übermittelt wurde. Viele Fahrgäste strömten morgens zur ersten S-Bahn. Jeder hielt seinen Ausweis in der Hand, um durch die Kontrolle zu kommen. Vor meinem Mann war ein Fahrgast, der sagte zum Polizisten: »Sie können mit mir heute machen, was Sie wollen, aber ich habe meinen Ausweis vergessen.« Der Polizist war abgelenkt. Mit hocherhobener Hand, den Ausweis zeigend, ging mein Mann durch die Kontrolle in die S-Bahn. Sein Helfer – diesmal war es kein Bruder, sondern ein DDR-Bürger, der eine Wut auf den Kommunismus hatte, sagte: »Jetzt sind wir in Sicherheit, im Zug wird nicht mehr kontrolliert […].«

Der Freund meines Mannes, Bruder Dietrich F., war auch von der Flucht unterrichtet worden. Er sagte an diesem Morgen zu seiner Frau: »Wenn es heute morgen um halb acht Uhr an unserer Haustür klingelt, dann hat es Henoch geschafft.« Es klingelte wirklich pünktlich.

Auszug aus dem Bericht der ebenfalls in Bautzen verurteilten Gerda Rauthe über die Flucht ihres Mannes aus der Strafvollzugsanstalt Torgau, niedergeschrieben um 2000.

Archiv Stiftung Sächsische Gedenkstätten/DIZ Torgau

SIEGFRIED SCHMUTZLER

Privatbesitz Regina Schmutzler

▮ Am 17. März 1915 wurde Siegfried Schmutzler in Leipzig geboren.

▮ 1934 begann Siegfried Schmutzler ein Pädagogikstudium an der Universität Leipzig, das er 1939 mit der Promotion abschloss.

▮ Im September 1939 wurde er zur Wehrmacht einberufen und trat der Bekennenden Kirche bei.

▮ Im Februar 1946 kehrte Siegfried Schmutzler aus französischer Kriegsgefangenschaft nach Leipzig zurück und begann ein Theologiestudium. Er wurde Mitglied der CDU und war 1946/47 Stadtverordneter in Markranstädt. 1950 verließ er die Partei wieder, weil er ihr untergeordnetes Verhältnis zur führenden SED ablehnte.

▮ Nach dem Examen 1951 leitete er die Pressestelle der Sächsischen Landeskirche in Dresden und war anschließend Pfarrer in Panitzsch bei Leipzig, 1953 in Dresden.

▮ 1954 wurde Siegfried Schmutzler zum Evangelischen Studentenpfarrer an der Leipziger Universität gewählt. Die Studentengemeinde baute die Kontakte zu Evangelischen Akademien in der Bundesrepublik aus und engagierte sich für eine Universitätsreform. Siegfried Schmutzler kritisierte den obligatorischen Russisch-Unterricht und das niedrige Niveau der Pflichtvorlesungen über Marxismus-Leninismus.

▮ Im November 1956 verbreitete die SED-Parteileitung der Universität Leipzig Flugblätter, worin ihm »reaktionäre Zersetzungs- und Wühlarbeit« vorgeworfen wurde.

▮ Ende Februar 1957 beteiligte sich die Leipziger Studentengemeinde mit »Besuchsdienst« bei der Evangelischen Kirchengemeinde der Industriestadt Böhlen bei Leipzig. Die Studenten nahmen eine Woche lang mit Vorträgen und Veranstaltungen am Gemeindeleben teil. Dagegen starteten die örtlichen Behörden eine Kampagne.

▮ Am 5. April 1957 wurde Siegfried Schmutzler verhaftet und kam anschließend in Untersuchungshaft des MfS in Leipzig.

▮ Am 28. November 1957 verurteilte das Bezirksgericht Leipzig Siegfried Schmutzler nach einem viertägigen Schauprozess zu fünf Jahren Zuchthaus wegen »Boykotthetze im Auftrag der NATO«. Seine Kirchenverbindungen in die Bundesrepublik wurden als »kriegsvorbereitende Agententätigkeit« ausgelegt.

▮ Am 16. Dezember 1957 wurde er in die Strafvollzugsanstalt Torgau eingeliefert und verbüßte ein Jahr in Einzelhaft in der Arrestabteilung, dann ein Jahr in einer Zwei-Mann-Zelle der Strafabteilung.

▮ Am 18. Februar 1961 wurde Siegfried Schmutzler nach internationalen Protesten vorzeitig auf Bewährung entlassen. Bis 1980 war er Pfarrer in Dresden und theologisch-pädagogischer Berater beim Landeskirchenamt der Evangelisch-Lutherischen Landeskirche Sachsens. Nach der Pensionierung siedelte Schmutzler nach West-Berlin über.

▮ 1991 wurde er durch das Leipziger Bezirksgericht rehabilitiert. Siegfried Schmutzler starb am 11. Oktober 2003.

66

221

a) Studentenpfarrer Schmutzler – Universität Leipzig

Der Studentenpfarrer an der Karl-Marx-Universität Leipzig, Siegfried Schmutzler, hat zur Unterstützung und Verbreitung der feindlichen Tätigkeit die im Rahmen der gesamtdeutschen Kirchenarbeit durchgeführten Konferenzen von Studentenpfarrern ausgenutzt.
So forderte er auf der in Westberlin stattgefündenen Konferenz in der Zeit vom 12. – 17. 11. 1956 die anderen Studentenpfarrer in der DDR auf, staatsfeindliche Forderungen an den Universitäten, Hoch- und Fachschulen zu erheben. Dabei bezieht er sich auf die Veranstaltung der Evangelischen Studentengemeinde Leipzig am 5. und 6. 11. 1956.
Dort hatte er den Studenten vorgeschlagen, Resolutionen gegen das Grundlagenstudium, gegen den Russisch-Unterricht, gegen das 10-Monate Studienjahr, für die Schaffung einer Studentenvertretung neben der FDJ und für die Ablösung des loyal eingestellten Theologen Dr. Haufe, anzunehmen.

Zur systematischen Durchsetzung seiner Ziele organisierte er 1955 die Arbeitsgruppe "Sozial-ethischer Kleinkreis", der 30 – 35 Studenten verschiedener Fakultät der Karl-Marx-Universität Leipzig angehörten. In 14-tägigen Besprechungen dieser Arbeitsgruppe behandelte Schmutzler vorwiegend Themen, die sich gegen die Politik und die Maßnahmen der Regierung der DDR richteten.
Außerdem versuchte er Ende 1956 die in Leipzig bestehenden sogenannten "Hauskreise" der Evangelischen Akademikerschaft in seine Feindtätigkeit einzubeziehen. Seit 1955 hat er weiterhin unter dem Deckmantel der gesamtdeutschen Arbeit ca. 70 Studenten aus Leipzig zu Tagungen der Evangelischen Akademien in Friedewald, Bad Boll, Bad Dürkheim, Westberlin, Arnoldhain, Tutzingen, Hamburg, Schleswig, Isarlohn, Heifgeißmar geworben.

Auszug aus der »Analyse der Feindtätigkeit innerhalb der wissenschaftlichen Intelligenz« des SED-Zentralkomitees. Berlin, 1957.

Gedenkstätte Deutscher Widerstand

Berlin, den 22. 3. 58

S O Z I A L I S T U N D C H R I S T

In Deutschland ist Krieg! Wann wird er heiß? Das liegt bei uns.

Mediziner bist Du taub?

Im Westen liegen die Raketen auf den Rampen Richtung Osten.

Mediziner schläfst Du?

Sieh Dich um! Wer ist Dein Feind? Pfarrer Schmutzler prädigt Haß und Tod. Du verurteilst ihn.

Genügt das?

Wir müssen kämpfen, tun wir es alle?

Der "Jugendfreund" Jork tut es nicht. Es sagt, er sei Christ. Ist er es? Er spricht gegen die Äußerungen und Handlungen Schmutzlers. Verurteilt aber nicht den"Menschen"Schmutzler. Er kann daher nicht die "Menschen"Kriegsverbrecher und Kriegstreiber verurteilen.

In der Diskussion mit der Studienjahresleitung mußte er sich in Widersprüche verwickeln. "Ich bin verpflichtet, gegen jeden Menschen vorzugehen, der in Deutschland die Kriegsgefahr vergrößert. Schmutzler hat sie vergrößert." Jork (Vergleiche oben.)

Der "Jugendfreund"Jork ist für den Sozialismus. Hat er gemeinsam mit uns am sozialistischen Arbeitseinsatz teilgenommen? Nein! Er sagt, er sei krank. Gleichzeitig ist er aktiver Sportler(Ruderer)

Merkst Du was? –

Der "Jugendfreund" Jork ist Christ. Er trägt das Kugelkreuz.

Der "Jugendfreund" Jork ist Sozialist. Er trägt k e i n FDJ-Abzeichen.

Der "Jugendfreund" Jork spricht mit zwei Zungen. – Warum?

> Er ist zu feige, sich zu bekennen. Fürchtet er um seinen Studienplatz?
>
> Er ist kein Sozialist. Er redet dafür, aber tritt nicht dafür ein.
>
> Er ist kein Christ, denn er kämpft nicht für den Frieden aller Menschen. Er kann den "Menschen" Kriegshetzer Schmutzler nicht verurteilen. Er verurteilt n u r die Tat abstrakt.

Was ist der "Jugendfreund" Jork?

Durch seine indirekte Unterstützung des Kriegshetzers Schmutzler unterstützt er auch die Kriegsvorbereitung im Westen und schwächt unsere Republik. Er gefährdet Deinen und meinen Studienplatz.

D e r " J u g e n d f r e u n d " J o r k i s t e i n H a n d l a n g e r d e s I m p e r i a l i s m u s !

Deine Stellungnahme!

FDJ--Studienjahresleitung

Selbst als Siegfried Schmutzler bereits in Haft war, benutzte die FDJ seinen Namen weiterhin für antikirchliche Kampagnen. Dieses Flugblatt richtete sich gegen ein Mitglied der Jungen Gemeinde und der FDJ und wurde auch an der Universität Leipzig verteilt. Berlin, 22. März 1958.

Privatbesitz Regina Schmutzler

Art. 6 der Verfassung.

In der Ausnutzung kirchlicher Einrichtungen zu Wühlarbeit gegen den Arbeiter-und-Bauern-Staat liegt eine schwere Form der Boykotthetze.

BG Leipzig, Urt. vom 28. November 1957 – 1 b Ks 370/57.

Der Angeklagte Siegfried Schmutzler trat nach seinem Staatsexamen in den kirchlichen Dienst und war seit September 1954 dritter Pfarrer an der Peterskirche in Leipzig. Von der Kirchenleitung hatte er den Auftrag, sich besonders um die christlichen Studenten der Universität Leipzig zu kümmern und sie seelsorgerisch zu betreuen. Aus diesem Grunde wurde er auch als Studentenpfarrer bezeichnet.

Etwa 1952 erhielt der Angeklagte von der Kirchenleitung die Anweisung, sich als Pfarrer auch mit dem Marxismus-Leninismus zu beschäftigen. Er sollte selbst marxistische Literatur studieren, um zu lernen, „die Argumente der Marxisten zu widerlegen". Außerdem war er beauftragt, bei den Bürgern, die Mitglieder der Kirche waren, „den Einfluß des Marxismus zurückzudrängen". In diesem Entwicklungsprozeß erhielt der Angeklagte damals schon eine negative Einstellung zu unserem Staat.

Im Jahre 1954 kam der Angeklagte mit den westdeutschen evangelischen Akademien in Verbindung. Durch die westdeutsche Studentengemeinde erhielt er Einladungen zu Lehrgängen und Vorträgen. Zunächst nahm er zur evangelischen Sozialakademie in Friedewald Verbindung auf. Dort besuchte er mehrere Vorträge und hielt sich dort auch mehrmals während seines Urlaubs auf. Die Leiter der Akademien, besonders die in Friedewald, sind Feinde unseres Staates. Ständig werden dort sog. antimarxistische Lehrgänge durchgeführt. Unter anderem halten solche Personen wie Kriegsminister Strauß, andere NATO-Offiziere und der Verräter Leonhardt an diesen Akademien Vorträge, was aus den Veröffentlichungen der westdeutschen Presse selbst hervorgeht. In allen Vorträgen bemüht man sich, die marxistische Weltanschauung zu widerlegen, wobei man zum Teil verfälschte marxistische Literatur verwendet und dabei die gesellschaftlichen und politischen Verhältnisse in der Deutschen Demokratischen Republik und in anderen sozialistischen Staaten verleumdet. An diesen Akademien wird Hetzmaterial ausgegeben, das von den Teilnehmern in die DDR eingeschleust wird.

Auszüge aus dem Urteil des Bezirksgerichts Leipzig vom 28. November 1957 mit handschriftlichen Anstreichungen von Siegfried Schmutzler. Neue Justiz (Ost-Berlin), 20. Januar 1958.

Privatbesitz Regina Schmutzler

Alle diese Handlungen und die getroffenen Maßnahmen beweisen, daß aus der Studentengemeinde eine illegale Organisation geworden war, die politisch gegen unsere Gesellschaftsordnung geschult und beeinflußt wurde. Diese illegale Organisation ging unter Führung des Angeklagten zu staatsfeindlichen Aktionen über. Besonders deutlich wurde das im November 1956, als zur Zeit des imperialistischen Angriffs auf Ägypten und der Konterrevolution in Ungarn eine gespannte politische Lage in der Welt bestand. In einigen Orten der DDR glaubten feindliche Elemente, daß der Zeitpunkt für konterrevolutionäre Aktionen günstig sei. Das war auch bei dem Angeklagten Schmutzler der Fall. Durch seine Diskussionen über den mißglückten faschistischen Putschversuch vom 17. Juni 1953 und die Vorkommnisse an der Humboldt-Universität in Berlin und durch seine Forderungen nach Demonstrationen und Veränderungen der Hochschulpolitik hetzte er die Mitglieder seiner illegalen Organisation auf. Er gab ihnen die Weisung, zunächst noch andere Studenten für diese Bestrebungen zu gewinnen und nicht als Studentengemeinde aufzutreten. Diese Maßnahmen waren geeignet, konterrevolutionäre Aktionen in Leipzig zu provozieren. Daß die Absichten des Angeklagten sich nicht verwirklichten, lag daran, daß sowohl die Studenten als auch der Lehrkörper der Universität ein solches Vorhaben ablehnten und die Arbeiterklasse wachsam und entschlossen war, alle Aktionen gegen ihren Staat sofort zunichte zu machen.

Die Handlungen des Angeklagten sind Angriffe auf die verfassungsmäßige Ordnung in unserem Staat. Sowohl seine Tätigkeit bei der Organisierung der Verbindungen zwischen den evangelischen Akademien in Westdeutschland und der Studentengemeinde in Leipzig zur Durchsetzung der NATO-Politik als auch seine Machenschaften während der Konterrevolution in Ungarn und im Frühjahr 1957 in Böhlen, ferner seine Tätigkeit gegen die Volkswahl 1954, gegen die FDJ, seine Hetze in den sozial-ethischen Kleinkreisen, akademischen Hauskreisen und anderen Vorträgen sind Boykotthetze gegen demokratische Einrichtungen und Organisationen gemäß Art. 6 der Verfassung der Deutschen Demokratischen Republik.

Das Urteil richtet sich gegen den Angeklagten als Bürger, weil er gegen unseren Staat vorgegangen ist und die durch die Verfassung geschützte Ordnung gefährdete, und damit indirekt gegen die reaktionären Kräfte in der Kirchenleitung, die diese feindliche Tätigkeit unterstützten und bestrebt waren, mit Hilfe des Angeklagten und der von ihm in Leipzig geschaffenen Organisation in der Studentengemeinde die NATO-Politik durchzusetzen. Der Angeklagte erkannte die Gefährlichkeit seiner Handlungen, deshalb hat er seine Tätigkeit und seine Verbindungen getarnt. Er ist für seine Handlungen verantwortlich und war demzufolge gem. Art. 6 der Verfassung der Deutschen Demokratischen Republik zu verurteilen. Der Senat erkannte entsprechend der Gefährlichkeit seiner Handlungen und unter Berücksichtigung seiner Intensität und Aktivität auf eine Zuchthausstrafe von fünf Jahren.

Marianne Schmutzler
Leipzig-S3
Alfred-Kästner-Str.11

Leipzig, am 27.Mai 1960

Herrn
Landesbischof D.Noth
D r e s d e n - A 21
Tauscherstr.44

Sehr geehrter Herr Landesbischof!

Mein Besuch bei Prof.Fuchs ergab folgendes:
Er hat die von ihm und einigen Herren der Fakultät unterzeichnete Eingabe an den Justizminister Hilde Benjamin geschickt und bis jetzt nur den Zwischenbescheid erhalten, daß sie bearbeitet würde. Er will aber weiter an der Sache bleiben.

Heute war ich bei meinem Mann. Es geht ihm leidlich. Er klagt über arge Rückenschmerzen durch die Spondylose und Schlaflosigkeit und erwartet mit Schmerzen die Rückkehr des Arztes aus dem Urlaub. Eine fiebrige Grippe hat er hinter sich.

Er ist wieder allein in der Zelle. Der Anstaltspfarrer hat ihm zur Rückkehr des griechischen N.T. verholfen. Er klagt, daß andere der Bücherei durch ihre Angehörigen Bücher geschekkweise vermachen könnten, die dann ausgeliehen würden und daß andere private Bücher in den Zellen hätten. Mir wurde solch ein Geschenkbuch für die Bücherei nicht abgenommen.

Mein April-Brief wurde ihm ohne Begründung nicht ausgehändigt. Ich bekam seinen Mai-Brief nicht. Es wäre das letzte Mal, daß wir Bücher erwähnten. Dies war uns bis jetzt nie verboten worden.Ich habe im April-Brief 4 Titel von Ostbüchern genannt, die ich z.Teil gekauft oder gelesen hatte. Mit Mühe und unter Verlusten haben wir nun rausgekriegt, daß wir nicht schreiben dürfen von Blumen, Vögeln und Büchern und keine Verse.
Es scheint, daß wir damit besonders genommen werden, und meinem Mann war die Resignation darüber deutlich anzumerken. Möchte Gott nur immer wieder allen Mangel und alle Beschränkung mit seinem Wort ausfüllen. Ein Mensch, der jahrelang so abgesperrt ist, braucht die Gemeinde um seine Mauern herum. Und er hat sie ja auch. Ich versuche jedes Mal, ihn dessen gewiß zu machen.
Ihre Grüße hat er dankbar aufgenommen. Er erwidert alles Grüßen herzlich. Hoffentlich kann Prof.Fuchs noch eine Strafminderung erwirken, wenn schon Amnestien für uns Deutsche so gar nicht in Frage kommen.

Gott segne all Ihren Dienst.
Mit dankbaren Grüßen

Ihre

Marianne Schmutzler berichtete dem sächsischen Landesbischof über die Haftbedingungen ihres Mannes. Die erwähnte Eingabe des Leipziger Theologen Emil Fuchs wurde abgelehnt. Leipzig, 27. Mai 1960.

Privatbesitz Regina Schmutzler

GÜNTHER SPIELVOGEL

Privatbesitz Günther Spielvogel

▮ 1942 wurde Günther Spielvogel in Rittersgrün (Erzgebirge) geboren.

▮ Nach dem Schulabschluss begann er eine Lehre als Tischler.

▮ Am 26. August 1960 trat Günther Spielvogel nach einer Werbeaktion in die Deutsche Volkspolizei ein. Er erhoffte sich nach dreijähriger Dienstzeit Vorteile für seine Weiterqualifizierung zum Tischlermeister.

▮ Im Juni 1961 erfolgte seine Übernahme zur Grenzbrigade der Bereitschaftspolizei.

▮ Am 13. August 1961 hatte Günther Spielvogel Telefondienst in Berlin-Niederschönhausen und nahm den Befehl der Abriegelung der Grenze zu West-Berlin entgegen. Seine Einheit wurde zur Grenzsicherung und Objektbewachung in den Raum Blankenfelde verlegt.

▮ Als am 18. August 1961 angeordnet wurde, auf jeden zu schießen, der die Absperranlagen überwinden wollte, weigerte er sich. Er gab Waffen und Munition ab und bat um Versetzung in seinen Heimatort. Der Vorgesetzte appellierte an seine patriotische Pflicht und drohte mit empfindlichen Konsequenzen für den Fall, dass er auf dieser Einstellung beharre.

▮ Am 20. August 1961 entschloss sich Günther Spielvogel mit drei weiteren Polizisten zur Flucht nach West-Berlin. Der Plan wurde verraten und alle vier wurden festgenommen. Sie wurden in die MfS-Untersuchungshaftanstalt Berlin I (Lichtenberg, Magdalenenstraße) überführt.

▮ Am 5. und 7. September 1961 wurde Günther Spielvogel in einem Schauprozess vor etwa 200 Soldaten und Offizieren vom Strafsenat 1a des Stadtgerichts von Groß-Berlin nach § 14 des Strafrechtsergänzungsgesetzes wegen Spionage und nach § 21 wegen Verleitens zum Verlassen der DDR zu sechs Jahren Zuchthaus verurteilt.

▮ Am 20. September 1961 wurde er in die Strafvollzugsanstalt Torgau überführt, wo er in der Tischlerei arbeitete. In der Haft schloss er Freundschaft mit einem Fluchthelfer aus West-Berlin, der am selben Tag wie er festgenommen worden war.

▮ Am 12. November 1964 wurde Günther Spielvogel auf Bewährung aus der Haft entlassen. Er arbeitete zunächst als Tischler, ab 1977 als Hauer im Uranbergbau bei der Sowjetisch-Deutschen Aktiengesellschaft (SDAG) Wismut. Nach Denunziation als Saboteur und wegen der Kontakte zu seinem später freigekauften Haftkameraden aus Torgau wurde er über Jahre vom MfS überwacht. Erst zwei Jahre vor dem Ende der DDR konnte er seine Meisterprüfung als Tischler ablegen.

▮ Am 27. Mai 1992 wurde Günther Spielvogel rehabilitiert.

▮ Er starb am 23. Oktober 2010 in Rittersgrün.

Günther Spielvogel (vierter von links) bei der Bereitschaftspolizei. Berlin-Niederschönhausen, 1960/61.
Privatbesitz Günther Spielvogel

- 2 -

Wegen Verbrechen nach § 14 StEG und § 3 Abs. 1 der Waffen-Verordnung werden verurteilt, der Angeklagte Schwarz zu einer Gesamtstrafe von

6 - sechs - Jahren Zuchthaus,

wegen Verbrechen nach § 14 StEG der Angeklagte Spielvogel zu

6 - sechs - Jahren Zuchthaus,

wegen Verbrechen nach §§ 14 und 33 Abs. 1 und 3 StEG der Angeklagte Kunze zu einer Gesamtstrafe von

4 - vier - Jahren Zuchthaus,

wegen Verbrechen nach § 21 Abs. 2 StEG und § 2 Abs. 2 der Waffen-Verordnung der Angeklagte Harbig zu einer Gesamtstrafe von

4 - vier - Jahren Gefängnis.

Allen Angeklagten wird die Untersuchungshaft angerechnet.

Die Angeklagten haben die Auslagen des Verfahrens zu tragen.

Gründe:

Gestützt auf die Vereinbarung der Vertreter des Warschauer Paktes hat die Volkskammer der DDR am 11. 8. 1961 wichtige Beschlüsse zur Sicherung des Friedens in Europa gefaßt.
In Durchführung dieses Beschlusses wurden vom Ministerrat wichtige Maßnahmen zum Schutze des Territoriums der DDR und seiner Hauptstadt Berlin am 13. 8. 1961 erfolgreich eingeleitet und mit großem Erfolg bis zum letzten Tage abgeschlossen.
Die Soldaten, Unterführer und Offiziere der bewaffneten Organe haben gemeinsam mit Angehörigen der Kampfgruppen der Arbeiterklasse mit großer Einsatzbereitschaft, Entschlossenheit in vorbildlicher Disziplin wesentlich dazu beigetragen, daß den westdeutschen Militaristen und Revanchepolitikern ein entscheidender Schlag versetzt wurde. Ihnen wurde dafür der Dank der gesamten friedliebenden Menschen ausgesprochen. Auch die Einheit der Bereitschaftspolizei, welcher die Angeklagten Schwarz, Spielvogel und Kunze angehörten, die sich heute wegen schwerster Verbrechen vor dem 1. Strafsenat des Stadtgerichts von Groß-Berlin verantworten mußten, hat großen Anteil an der Verwirklichung der Beschlüsse unserer Regierung. Die Angeklagten, die selbst aus den Reihen der Arbeiterklasse kommen, haben in der Stunde der Gefahr ihre patriotische Pflicht nicht erfüllt, sondern sind den kämpfenden Klassengenossen in den Rücken gefallen.

Auszug aus dem Urteil gegen Günther Spielvogel und die drei Mitangeklagten. Berlin, 7. September 1961.

Privatbesitz Günther Spielvogel

Posten stoßen. Der Angeklagte Sp. hatte das so verstanden, daß in einem solchen Falle von dem Messer Gebrauch zu machen ist. Das streitet der Angeklagte H. zwar ab. Der Senat ist aber den Aussagen des Angeklagten Sp. gefolgt, da nicht ersichtlich ist, warum sich Sp. mit einem solchen schweren Vorwurf selbst belasten sollte.

In der Zwischenzeit hatten sich die Angeklagten Sch., Sp. und K. Schulterstücke und Kragenspiegel von den Uniformen abgerissen. Um nicht sofort als Deserteure erkannt zu werden, zogen sie Zivilkleidung über die Uniformen. Der Zeuge W. warf die ihm übergebene Zivilhose wieder auf den Rucksack zurück, da er inzwischen seinen Vorsatz nach Westberlin zu gehen aufgegeben hatte und zur Unterkunft der Einheit zurückkehren wollte. Als dies der Angeklagte Schwarz merkte, drohte ihm dieser mit seiner Waffe.

Gegen 22^{00} h begannen dann die Angeklagten, zu denen sich noch ein 19 jähriges Mädchen gesellt hatte, unter entsprechender Sicherung zum Teil auf dem Bauche kriechend mit dem vereinbarten Grenzdurchbruch. Als sich die Angeklagten, nachdem die einen Bach überquert, dem Bahndamm genähert hatten übernahm der Angeklagte Sp. die weitere Aufklärung und robbte noch weiter 30 m in Richtung der aufgestellten Posten. Dabei konnte er feststellen, daß außer einer mechanischen Grenzsicherung die Posten ziemlich dicht standen. Er kroch daher zu den anderen Angeklagten zurück und sie brachen das Vorhaben vorläufig ab. Auf dem Rückweg schlug dann der Angeklagte Sp. vor, sich den Stahlhelm, die Zeltplane und die MP aus der Unterkunft zu verschaffen, um als Posten getarnt die Grenze zu überschreiten. Die anderen lehnten das aber ab, da sie erst einmal schlafen wollten. Das Vorhaben des Angeklagten Sp. konnte ebenfalls verhindert werden. Als er sich in den Raum begab, um seine Sachen zu holen, wurde er von 2 Offizieren aus dem Raum verwiesen.

Dieser Sachverhalt ergibt sich aus den Aussagen der im wesentlichen voll geständigen Angeklagten Sp., Sch. und K. und den nur zum Teil wahren Aussagen des Angeklagten H. sowie den Vernehmungen der Zeugen Wegert und Klein, soweit ihnen der Senat folgen konnte.

Die Angeklagten Sp., Sch. und K. haben als ehemalige Angehörige der bewaffneten Organe, obwohl ihnen durch ihre Ausbildung hinreichen bekannt war, daß durch den Übertritt nach

- 7 -

[V]olkspolizei-Kreisamt — Schwarzenberg, den 26.11.68

— Schwarzenberg

Polizeiliches Führungszeugnis

für Herrn / ~~Frau / Fräulein~~ Spielvogel , Günther
(Vor- und Familienname, bei Frauen auch der Geburtsname)

geboren am 29. o7. 1942 in Rittersgrün

polizeilich gemeldet in Rittersgrün Krs. Schwarzenberg
(Wohnort, Kreis, Straße und Hausnummer)
Karl- Marx- Str. o6

zum Zwecke Gewerbererlaubnis Rat der Gemeinde

Wenden!

Die polizeiliche Liste enthält ~~keine~~ / folgende Vermerke

Am o7.o9.61 weg. Spionage u. z. Verleiten z. Verlassen der DDR – §§ 14, 21 STEG zu 6 Jahren Zuchthaus.
Teilstr. verb. 12.11.64 Bew. Zeit bis 11.11.67
erl. am 18.12.67

MDN 2.– Verwaltungsgebühr

Deutsche Demokratische Republik (D. S.) Volkspolizei-Kreisamt Schwarzenberg

(Unterschrift)

Zur Beachtung
In polizeilichen Führungszeugnissen werden Strafen und Entscheidungen auf der Grundlage des Strafregistergesetzes vom 11. 12. 1957 vermerkt.
Polizeiliche Führungszeugnisse geben kein Urteil über den Leumund oder über das Allgemeinverhalten des Inhabers.

PM 31 (87/11) Ag 464/3423/65

Für die Zulassung zur Meisterprüfung im Tischlerhandwerk musste Günther Spielvogel ein polizeiliches Führungszeugnis vorlegen. 26. November 1968.

Privatbesitz Günther Spielvogel

ANHANG

Strafvollzug und politische Justiz in der DDR

Beer/Weißflog 2011
Beer, Kornelia/ Weißflog, Gregor: Weiterleben nach politischer Haft in der DDR: gesundheitliche und soziale Folgen, Göttingen 2011.

Borchert 2002
Borchert, Jens: Erziehung im DDR-Strafvollzug. Theoretische und gesetzliche Grundlagen sowie die Durchführung in der Strafvollzugseinrichtung Torgau, Herbolzheim 2002.

Dölling 2009
Dölling, Birger: Strafvollzug zwischen Wende und Wiedervereinigung. Kriminalpolitik und Gefangenenprotest im letzten Jahr der DDR, Berlin 2009.

Haase/Oleschinski ²1998
Haase, Norbert/Oleschinski, Brigitte: Das Torgau-Tabu. Wehrmachtstrafsystem, NKWD-Speziallager, DDR-Strafvollzug, Leipzig ²1998.

Handbuch für Erzieher 1981
Publikationsabteilung des Ministeriums des Innern (Hrsg.): Handbuch für Erzieher im Strafvollzug (»Nur für den Dienstgebrauch!«), Berlin (Ost) 1981.

Kill/Kopper/Peters 2016
Kill, Susanne/Kopper, Christopher/Peters, Jan-Hendrik: Die Reichsbahn und der Strafvollzug in der DDR: Häftlingszwangsarbeit und Gefangenentransport in der SED-Diktatur, Essen 2016.

Lindenberger 1998
Lindenberger, Thomas: Die Deutsche Volkspolizei (1945–1990), in: Diedrich, Torsten/Ehlert, Hans/Wenzke, Rüdiger (Hrsg.): Im Dienste der Partei. Handbuch der bewaffneten Organe der DDR, Berlin 1998, S. 97–152.

Müller 2012
Müller, Jörg: Strafvollzugspolitik und Haftregime in der SBZ und in der DDR. Sachsen in der Ära Ulbricht, Göttingen 2012.

Oleschinski 1994
Oleschinski, Brigitte: Schlimmer als schlimm. Strafvollzug in der DDR, in: Bundesministerium der Justiz (Hrsg.): Im Namen des Volkes? Über die Justiz im Staat der SED. Wissenschaftlicher Begleitband zur Ausstellung des Bundesministeriums der Justiz, Leipzig 1994, S. 255–261.

Oleschinski/Pampel 1995
Oleschinski, Brigitte/Pampel, Bert: »Nazis«, »Spione«, »Sowjetfeinde«? Die SMT-Verurteilten im April 1953 in Torgau, in: Deutschland Archiv 28 (1995), S. 456–466.

Pfarr 2013
Pfarr, Micha Christopher: Die strafrechtliche Aufarbeitung der Misshandlung von Gefangenen in den Haftanstalten der DDR, Berlin 2013.

Schmidt 2011
Schmidt, Karin: Zur Frage der Zwangsarbeit im Strafvollzug der DDR: die »Pflicht zur Arbeit« im Arbeiter- und Bauernstaat, Hildesheim 2011.

Sonntag 2011
Sonntag, Marcus: Die Arbeitslager in der DDR, Essen 2011.

Vesting 2012
Vesting, Justus: Zwangsarbeit im Chemiedreieck. Strafgefangene und Bausoldaten in der Industrie der DDR, Berlin 2012.

Weigt/Wittwer 1980
Weigt, Hubert/Wittwer, Helmut: Kommentar zum Strafvollzugsgesetz. Ministerium des Innern, Publikationsabteilung, Berlin 1980.

Werkentin 1995
Werkentin, Falco: Politische Strafjustiz in der Ära Ulbricht, Berlin 1995.

Wernicke 2011
Wernicke, Simone: Jugendstrafvollzug in der DDR. Die Rechtsentwicklung vor dem Hintergrund der politischen und gesellschaftlichen Veränderungen, Hamburg 2011.

Wölbern 2014
Wölbern, Jan Philipp: Der Häftlingsfreikauf aus der DDR 1962/63–1989. Zwischen Menschenhandel und humanitären Aktionen, Göttingen 2014.

Wunschik 2001
Wunschik, Tobias: Selbstbehauptung und politischer Protest von Gefangenen im DDR-Strafvollzug, in: Neubert, Ehrhart/Eisenfeld, Bernd (Hrsg.): Macht – Ohnmacht – Gegenmacht. Grundfragen zur politischen Gegnerschaft in der DDR, Bremen 2001, S. 267–292.

Wunschik 2003
Wunschik, Tobias: »Zinker« und »Zellenrutscher«. Die Inoffiziellen Mitarbeiter der Staatssicherheit im Strafvollzug der DDR, in: Horch und Guck, H. 44 (2003), S. 61–70.

Wunschik 2009
Wunschik, Tobias: Hauptabteilung VII: Ministerium des Innern, Deutsche Volkspolizei, Berlin 2009.

Wunschik 2014
Wunschik, Tobias: Knastware für den Klassenfeind. Häftlingsarbeit in der DDR, der Ost-West-Handel und die Staatssicherheit (1970–1989), Göttingen 2014.

Zimmer 1986
Zimmer, Hans-Jürgen: Bestimmung der operativen Schwerpunktbereiche in der Strafvollzugseinrichtung Torgau bezogen auf die Angehörigen des Organs Strafvollzug, Betriebsangehörigen der Arbeitseinsatzbetriebe, Strafgefangenen sowie Objekte der Strafvollzugseinrichtung und die sich daraus ergebenden Anforderungen für die Gestaltung der politisch-operativen Grundprozesse unter Beachtung der Orientierungen des Stellvertreters des Ministers vom 13./14.12.1984 über die Arbeit der Staatssicherheit in der Strafvollzugsanstalt Torgau. Fachschulabschlussarbeit, Juristische Hochschule des MfS, Potsdam 1986 (BStU, MfS, JHS 20668).

Einzelschicksale

Bennewitz, Inge: Die Glatzkopfbande. DEFA-Spielfilm und Realität, in: Deutschland Archiv 34 (2001), S. 65-76.

Beyer, Achim: Urteil: 130 Jahre Zuchthaus. Jugendwiderstand in der DDR und der Prozess gegen die »Werdauer Oberschüler« 1951, Leipzig 2003.

Flade, Hermann: Deutsche gegen Deutsche – Erlebnisbericht aus dem sowjetzonalen Zuchthaus, Freiburg 1963.

Henneberg, Hellmuth: Meuterei vor Rügen – was geschah auf der SEEBAD BINZ? Der Prozess gegen die Junge Gemeinde 1961 in Rostock, Rostock 2002.

Heydemann, Günter: Die gewaltsame Auflösung einer demokratischen Institution. Der Leipziger Studentenrat unter Wolfgang Natonek 1945–1948, in: Schröder, Benjamin/Staadt, Jochen (Hrsg.): Unter Hammer und Zirkel. Repression, Opposition und Widerstand an den Hochschulen der SBZ/DDR, Frankfurt (Main) 2011, S. 43–60.

Klier, Freya: Michael Gartenschläger. Kampf gegen Mauer und Stacheldraht, hrsg. vom Bürgerbüro Berlin e.V., Berlin 2009.

Lienicke, Lothar/Bludau, Franz: Todesautomatik. Die Staatssicherheit und der Tod des Michael Gartenschläger, Frankfurt (Main) 2003.

Natonek, Hans/Natonek, Wolfgang: Briefwechsel 1946–1962, hrsg. und kommentiert von Steffi Böttger, Leipzig 2008.

Natonek, Wolfgang/Pförtner, Kurt: Ihr aber steht im Licht. Eine Dokumentation aus sowjetischem und sowjetzonalem Gewahrsam, Tübingen 1962.

Schmutzler, Georg-Siegfried: Gegen den Strom. Erlebtes aus Leipzig unter Hitler und der Stasi, Göttingen 1992.

ABKÜRZUNGEN

BDVP	Bezirksdirektion der Deutschen Volkspolizei
BStU	Bundesbeauftragter für die Stasi-Unterlagen
CIC	Counter Intelligence Corps, ein Nachrichtendienst der U.S. Army
CDU	Christlich Demokratische Union Deutschlands
ČSR	Československá republika (Tschechoslowakei)
DDR	Deutsche Demokratische Republik
DIZ	Dokumentations- und Informationszentrum
DSF	Gesellschaft für Deutsch-Sowjetische Freundschaft
DVP	Deutsche Volkspolizei
FDJ	Freie Deutsche Jugend
FIM	Führungs-IM
FDGB	Freier Deutscher Gewerkschaftsbund
FSB	Federalnaja sluschba besopasnosti Rossijskoi Federazii (Inlandsgeheimdienst der Russischen Föderation)
GHI	Geheimer Hauptinformator
GI	Geheimer Informator
GO	Grundorganisation
HJ	Hitlerjugend
HO	Handelsorganisation
Hptwm.	Hauptwachtmeister
HS	Haftsachen
HVDVP	Hauptverwaltung Deutsche Volkspolizei
IKM	Inoffizieller Kriminalpolizeilicher Mitarbeiter
IM	Inoffizieller Mitarbeiter
JH	Jugendhaus
JStA	Jugendstrafanstalt
JVA	Justizvollzugsanstalt
KSZE	Konferenz über Sicherheit und Zusammenarbeit in Europa
LDP	Liberal-Demokratische Partei Deutschlands
LPG	Landwirtschaftliche Produktionsgenossenschaft
LStU	Landesbeauftragte/r für die Stasi-Unterlagen
MdI	Ministerium des Innern
MfS	Ministerium für Staatssicherheit
NKWD	Narodnyj kommissariat wnutrennich del (Volkskommissariat für innere Angelegenheiten der Sowjetunion)
OLG	Oberlandesgericht
RAW	Reichsbahnausbesserungswerk
SAG	Sowjetische Aktiengesellschaft
SBZ	Sowjetische Besatzungszone
SDAG	Sowjetisch-deutsche Aktiengesellschaft
SED	Sozialistische Einheitspartei Deutschlands
SG	Strafgefangener
SMAD	Sowjetische Militäradministration in Deutschland
SMT	Sowjetisches Militärtribunal
StEG	Strafrechtsergänzungsgesetz
StGB	Strafgesetzbuch
StVA	Strafvollzugsanstalt
StVG	Strafvollzugsgesetz
SU	Sowjetunion
SV	Strafvollzug
UFJ	Union freiheitlicher Juristen
UVE	Gesellschaft für Umwelt, Verkehr, Energie
VEB	Volkseigener Betrieb
Vopo	Volkspolizist, Volkspolizei
VP	Volkspolizei
WEG	Wiedereingliederungsgesetz
Wm.	Wachtmeister
ZESt	Zentrale Erfassungsstelle der Landesjustizverwaltungen Salzgitter

IMPRESSUM

Ausstellung

Ständige Ausstellung »Spuren des Unrechts«, Ausstellungsteil »Heute: Haus der Erziehung« – Der Strafvollzug der DDR in Torgau 1950–1990

Kuratoren
Wolfgang Oleschinski, Julia Zimmermann

Texte
Dr. Brigitte Oleschinski, Wolfgang Oleschinski, Julia Zimmermann

Mitarbeit
Laura Hottenrott

Ausstellungsdesign, Satz
Dagmar von Wilcken, Berlin

Ausstellungsbau
Jürgen Stöckelmann, Berlin

Fotodruck
PPS imaging, Berlin

Siebdruck
1x2 Siebdruck, Berlin

Konzeption, Texte Videostation
Wolfgang Oleschinski, Julia Zimmermann

Interviews
Kathi Bromberger, Museva, Leipzig

Videoproduktion
Ronny Schmidt, Leipzig

Screendesign
karoshi GmbH, Berlin

Katalog

Herausgeber
Stiftung Sächsische Gedenkstätten zur Erinnerung an die Opfer politischer Gewaltherrschaft

Texte
Wolfgang Oleschinski mit Dr. Julia Spohr, unter Mitarbeit von Julia Zimmermann

Lektorat
Sina Volk, Sandstein Verlag

Gestaltung
Simone Antonia Deutsch, Sandstein Verlag

Satz und Reprografie
Annett Stoy, Jana Neumann, Christian Werner, Sandstein Verlag

Druck und Verarbeitung
FINIDR s. r. o., Český Těšín

Kontakt
Stiftung Sächsische Gedenkstätten
Dokumentations- und Informationszentrum (DIZ) Torgau
Schloss Hartenfels, Flügel B
Schlossstraße 27
04860 Torgau
Tel. 03421 713468
diz.torgau@stsg.de
www.diz-torgau.de

Diese Publikation wurde mitfinanziert aus Steuermitteln auf der Grundlage des von den Abgeordneten des Sächsischen Landtags beschlossenen Haushaltes und gefördert durch die Beauftragte der Bundesregierung für Kultur und Medien.

Die Deutsche Nationalbibliothek verzeichnet diese Publikation in der Deutschen Nationalbibliografie; detaillierte bibliografische Daten sind im Internet über http://dnb.dnb.de abrufbar.

www.sandstein-verlag.de
ISBN 978-3-95498-441-1

Titelabbildung
Blick über den »Stern«, die Schnittstelle der vier Gebäudeflügel, in einen Zellengang der Strafvollzugsanstalt Torgau, 1990. Manfred Bräunlich

Frontispizabbildung
Luftbild der Strafvollzugsanstalt Torgau, 1953. UVE Potsdam